영국 무정부주의 연구

영국 무정부주의 연구

김 명 환 지음

혜안

▷ **헨리 세이무어** 개인주의적 무정부주의의 대표적 인물 중 한 사람인 헨리 세이무어의 사진이다. 그는 『무정부주의자 *The Anarchist*』, 『혁명 리뷰 *The Revolutionary Review*』, 『애덜트 *The Adult*』 등의 무정부주의 잡지 편집장을 지낸 사람이다. 반(反)종교, 반(反)국가, 반(反)관습으로 이어지며 종교와 국가 그리고 사회의 권력에 대해 항의한 영국의 초기 무정부주의는 아직도 검토되어야 할 영역이 많이 남아 있다.

Henry Seymour.

▽ **조지 오웰** 조지 오웰은 아나키즘과 사회주의 양자에 걸쳐 있는 사람이다. 그는 스페인 내란에 참전하여 파시스트와 싸웠지만 그가 바르셀로나에서 발견하고 감동을 받은 무정부주의 질서가 코민테른의 공작에 의해 분쇄되는 것을 보면서 교조적 사회주의에 환멸을 갖게 되었다. 그는 개인의 자유와 개성이 억압당하지 않는 사회를 추구했다.

6

◁ **알렉스 컴포트** 알렉스 컴포트는 반전과 평화주의로부터 출발해 아나키즘으로 나아간 사람이다. 그는 권력이 전쟁을 낳는다고 파악했고, 평화주의를 지지하는 사람은 아나키스트가 되지 않을 수 없다고 지적했다. 그는 성에 대한 사회적 억압을 비판한 사람이기도 한데 그는 성이 사회적 응집력을 높이는 기능을 갖는다고 주장했다.

▽ **백인위원회** 전간기와 2차대전 시기에 나타난 평화주의 운동은 2차대전 이후 반핵 운동으로 이어졌다. 이 과정에서 뉴아나키즘의 운동 방법인 시민불복종 운동, 직접행동, 비폭력 저항운동 등의 형태가 드러났다. 사진은 1961년 2월 100인 위원회의 행진 장면이다. 비폭력 저항 운동과 시민불복종 운동의 사례를 보여준다. 깃발에 핵무기 폐기운동(CND)의 마크를 그려 넣은 것을 볼 수 있다.

The Anarchist.

EDITED BY HENRY SEYMOUR.

NUMBER 1.]   LONDON : 'MARCH, 1885.   [PRICE ONE PENNY

SHELLEY'S SONG

TO THE MEN OF ENGLAND.

Men of England, wherefore plough
For the lords who lay ye low?
Wherefore weave with toil and care
The rich robes your tyrants wear?

Wherefore feed and clothe and save,
From the cradle to the grave,
Those ungrateful drones who would
Drain your sweat—nay, drink your blood?

Wherefore, Bees of England, forge
Many a weapon, chain, and scourge,
That these stingless drones may spoil
The forced produce of your toil?

Have ye leisure, comfort, calm,
Shelter, food, love's gentle balm?
Or what is it ye buy so dear
With your pain and with your fear?

The seed ye sow another reaps ;
The wealth ye find another keeps ;
The robes ye weave another wears ;
The arms ye forge another bears.

Sow seed,—but let no tyrant reap ;
Find wealth,—let no imposter heap ;
Weave robes,—let not the idle wear ;
Forge arms, in your defence to bear.

Shrink to your cellars, holes, and cells,
In halls ye deck another dwells.
Why shake the chains ye wrought? Ye see
The steel ye tempered glance on ye.

With plough and spade and hoe and loom,
Trace your grave, and build your tomb
And weave your winding-sheet, till fair
England be your sepulchre !

MODERN POLITICS.

THE TRICKS OF THE TRADE.

NOTES.

" In a word, we reject all legislation, all authority, and all privileged, licensed, official, and legal influence, even though arising from universal suffrage, convinced that it can turn only to the advantage of a dominant minority of exploiters against the interests of the immense majority in subjection to them. Such is the sense in which we are really anarchists.—*Bakounine*.

" THE SUN " is an American bi-monthly publication devoted to Co-operation, and is published by C. T. Fowler, 16 W. Fifth St., Kansas City. Its price is a dollar a year. It is so full of Anarchistic gems that I cannot refrain from shewing the general tenor of its teachings :

" Rent, Interest, Profit, and Taxes are the four great thieves of History. Rent is the monopoly of land, interest the monopoly of money, profit the monopoly of trade, and government the monopoly of the monopolies."

" Nero fiddled whilst Rome was burning," and Gladstone goes to the play on hearing of the fall of Khartoum. " There is something Nero-like in this adventure " says the "Irish Tribune." Of course. The " grand old man " has always been a famous " fiddler,"—of the English public to wit.

It is due to the fact that thousands of unemployed workmen are parading the streets demanding work or bread, that the labor question, so-called, is at last demanding considerable attention in this country. But it is utterly absurd to imagine that the *state* can cope with the matter. To satisfy the requirements of the unemployed means a considerably increased taxation, and everybody complains of being overtaxed already. Overtaxation indeed is the chief cause of the prevailing depression of Trade. No; all the laborer need ask of the State is to be let alone, and as Auberon Herbert writes to the "Daily News":—

" Each party wants the support of the workmen, each party is ready to bribe them with State services, but for every bribe given there is the fatal equivalent to be rendered ; and as the people accept the bribes of the politician they place obligations on themselves from which there is no escape."

The firm of Pear, of *soap* notoriety, has offered to give one hundred guineas for the best essay on "The depression of trade, its causes and remedy," and with Leoni Levi as one of the *judges* too!

Few labor-reformers see that the only real remedy for their ills they complain of, lies in the abolition of the State. Capital being the creature of labor, labor, when the legal privileges of capital are abolished, will completely control capital instead of allowing capital to control labor. The monopoly of money by the State means the unrestricted monopoly of every commodity that money will purchase, labor inclusive. A free-currency will secure to labor its rights and deprive capital of its privileges. In Anarchy alone can be found the solution of the labor problem.

A Mutual Co-operative Labor Association, based upon the principle of co-partnership for the worker in profits and management, has been started at 6, Adam Street, Adelphi, W.C., with Mr. Henry Rowley as Secretary. One of its objects is to "assist workingmen to organize themselves for mutual self-employment."

Commenting on the late dynamite ' outrage ' at the House of Commons, our friend the Boston *Liberty* says " at any rate the explosions...will cause legislators everywhere to sit much less easily in their seats, for which unquestionable blessing let us be duly thankful."

The extension of the Franchise is one of the most radical mistakes ever made in radical politics, yet it is an astonishing thing that nearly every English ' radical' is so short-sighted as to clamour for it. I see that a public meeting in support of the Woman's Suffrage Bill was held at St. James's Hall on the 24th. ult. And it was there proposed that the women should make themselves as big a set of fools as the men, who, not being able to govern themselves, set out to govern others. Carlyle was right.

Our co-worker *Terra et Liberta* has been compelled to end its existence in France owing to the action of the political police. *L'Audace* takes its place this month and supplies its subscribers. Its address is 3 Ruelle Pellé, Paris.

A proof of the inefficiency of Collectivism lies in the fact of the recent "split" of the Democratic Federation. This is what happened on the Continent when Bakounine and Marx led the old " International," and is what must of necessity always happen until the State Socialists get transformed into Socialists of the Anarchist platform, which is ultimately inevitable.

" The Commonweal " is the organ of the new 'Socialist League.' It is published at 27 Farringdon St., E. C., and its yearly subscription is 1/6 post free.

Now that the English government is getting up a " Dynamite Detective Force," we may reasonably expect to hear of more plots and "outrages."

The French people are seriously considering a proposal to organise a counter-police, owing to the fact that so many explosions have been traced to the police themselves.

The *Cri du Peuple* has lately enraged the officials of the French police by shewing how they have sent their detectives into the ranks of the Socialist party as friends in order to urge them on to aggressive warfare and betray them. It has also published the names, addresses, and antecedents, of these villians to put honest men on their guard.

A plot was recently got up at *Monceau-les-Mines* by a police official, but the government has been compelled to arrest him, in order to hold his several dupes, it having come to light that he organized the whole scheme for a consideration of a sum of 5000 francs from the authorities.

『**아나키스트**』 **1호**   『아나키스트 *The Anarchist*』는 1885년 3월 첫 호가 발간되었다. 개인주의적 무정부주의자 헨리 세이무어가 편집장을 맡았다.

4 THE ANARCHIST.

Review.
A REVIEW OF EUROPEAN SOCIETY:

With an Exposition and Vindication of the Principles of Social Democracy, by J. Sketchley. (Reeves, Fleet St.; Sketchley Cheapside, Birmingham.)

Macaulay commenced his review of Nares, life of Burleigh, by giving details of its size and avoirdupois. The title was a preface, the preface a book, and the book a library. Two thousand pages weighing sixty pounds was too much for even Macaulay to fairly digest. One of the most marked contrasts to that work is the one we have now to consider. In the space of two hundred and forty small octavo pages we have a capital examination of civilised (?) society. The first eleven chapters, dealing with society as it is, is such a marshalling of figures and facts, showing the infinite villanies perpetrated by the ruling classes, that it is hard to conceive the how and the why of a vast proportion of the said ruling classes being at liberty instead of being in Portland and Millbank...

JUSTICE,
The Organ of Social Democracy

EVERY SATURDAY. ONE PENNY.

This Journal upholds the right of the workers to control of all industry in their own interests. It is independent of Capitalist support being edited, written, and in part printed by Socialists without payment. Come and help us.

Post free for 3 months — — 1s. 8d. 27 copies for distribution sent post free, on receipt of sixteen stamps, to any part of the United Kingdom, from the Modern Press, 13, Paternoster Row, E.C.

THE INTERNATIONAL PUBLISHING COMPY.,
are prepared to undertake every description of

PRINTING

And invite the attention of authors especially to the facilities offered for the complete production of

BOOKS AND PAMPHLETS
of every description.

SPECIAL ATTENTION GIVEN TO SOCIALISTIC WORKS.

Now Ready.

The Celebrated Essay BY

ELISEE RECLUS,

EVOLUTION & REVOLUTION.
PRICE ONE PENNY.

The Inherent Evils of all State Governments demonstrated.

A Reprint of "A Vindication of Natural Society;

BY EDMUND BURKE

This work not only attacks the various forms of government, but the principle of government itself.

POST FREE, FOURPENCE.

LA QUESTION SOCIALE.
A Review of the Revolutionary movement generally

Published Monthly at 3 francs per annum.
Address: 52 Rue Monge, Paris.

JUST OUT.

A life-size lithograph portrait of

LOUISE MICHEL.
PRICE 6½d.

THE DAY OF MARCH 18th, 1871.
A Revolutionary Engraving.

(The Union of Soldiers and people brings about the Revolution.) PRICE 4d.

THE DAY OF MAY 24th, 1871,
(The massacre of the defenders of the Commune in the Cemetery of Père Lachaise.) PRICE 4d
"La Question Sociale," 52, Rue Monge, Paris.

IN THE PRESS.
WHAT IS PROPERTY
Or an Inquiry into the principle of Government and of Right,
BY
P. J. PROUDHON.

Translated from the French by Benj. R. Tucker.

The most complete and radical discussion of the institution of Property ever written.

GOD AND THE STATE,
BY
MICHAEL BAKOUNINE,
FOUNDER OF NIHILISM & APOSTLE OF ANARCHY
BY
Benj. R. Tucker.

PRICE 9d. POSTAGE 1d.

The International Publishing Company Are arranging to Publish
MARIE LE COMPTE'S celebrated translation of
GOD & THE STATE.

The whole of the profits arising from the sale of this edition will be given to the RED CROSS of the Russian Revolutionary Party.

LUCIFER,
The Light—Bearer,
AN AMERICAN FREE-THOUGHT AND ANARCHISTIC WEEKLY JOURNAL

Terms: 2d. per single copy.

To be had also at the office of THE ANARCHIST.

GOVERNMENT & LIBERTY:
A Protest against the Majority.
BY
W. BARTON.

『아나키스트』 4호 『아나키스트』에 광고로 실린 책들이 흥미롭다. 프루동의 『재산이란 무엇인가』, 바쿠닌의 『신과 국가』 등이 광고로 실려 있는 것이 보인다. 흥미로운 점은 프루동, 바쿠닌만이 아니라 에드먼드 버크(Edmund Burke)의 『자연적 사회에 대한 옹호 A Vindication of Natural Society』가 무정부주의의 광고로 실려 있다는 점이다. 이 책에는 모든 국가에 내재된 해악에 대해 잘 설명되어 있다는 안내가 실려 있다.

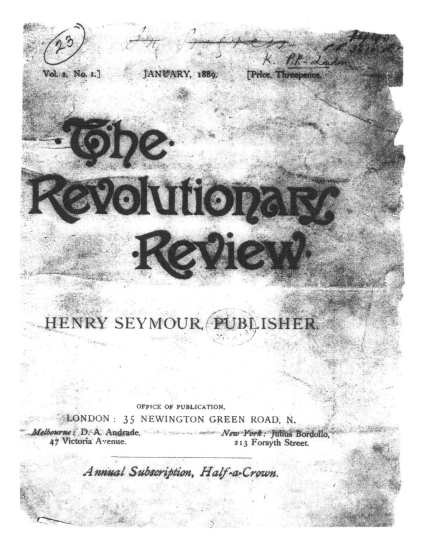

『**혁명리뷰**』 1889년 1월에 처음으로 출판된 『혁명 리뷰』의 표지 사진이다. 헨리 세이무어가 편집장을 맡았다. 흥미로운 점은 표지 타이틀의 활자가 멋스럽다는 점이다. 타이틀의 의미가 던지는 육중함이 디자인의 예술적인 요소에 의해 경쾌하게 변형되어 있다는 생각이 든다. 개인주의적 무정부주의자들에게 미학적 관심이 있었음을 짐작하게 한다.

『무정부 소식』 창간호 1890년 11월에 출판된 『무정부 소식 Herald of Anarchy』의 첫 호이다. 알버트 탄이 편집장을 맡았다. 부제를 '사회적 정치적 경제적 자유사상의 기관지'라고 붙였는데 아나키즘이 자유로운 사상을 대변하고 있음을 보여주고 있는 부분이다. 흥미로운 점은 자유로운 사상의 영역의 순서를 사회, 정치, 경제의 순으로 표기해 놓았다는 점이다. 이들이 사회적 자유의 영역을 중시하고 있음을 보여준다. 국가 사회주의자(state socialist)와 공산주의자(communist) 모두에게 반대한다는 점을 첫 호에서 밝히고 있는 점도 흥미롭다.

8 THE HERALD OF ANARCHY. [November, 1890.

Correspondence.

To the Editor of the "Herald of Anarchy."

SIR,—If your contention that interest is wrong be right, Socialism is right. But if a man have not consumed all he has produced, his possession of it does not make any man the poorer except relatively, not actually. If he had nothing to lend the other would not be any better off. If he does not want the loan of it he can let it alone, but if he wants it he must pay for it for the reason that there is nothing to determine who should get the loan of it; and for another that there is no reason why the owner should lend at all unless he choose. Of course if you can get people to associate and lay by there can be no objection to their doing so and lending for nothing if they choose, but such things are not likely to happen. I am astonished at your quoting authorities against usury. A case must be a bad one that needs authority. You appear to be troubled about a man being in two places, but may he not spend the winter on one property and the summer on another? or any period he chooses?

I am inclined to think that trespass is entirely a matter of damage like libel. In fact that there is no such offence, but that the offence is in the damage, and that in the same way we may carry a road or a railway through a man's ground and he can only claim for the damage, not for the right of way. The railways enhanced the value of the large estates they passed through and yet the country paid enormous sums to the owners.

Fish and game I cannot look upon as private property when they are on one man's land one day and off another. No one can swear to them. I am very much inclined to agree with you with the exceptions about capital and interest and land and rent. Where there is free trade in land there is no land question and where there was free trade in wealth and capital and currency there would be no property or wage questions. This world is self-regulating and all our interferences only put it wrong. Let us adopt a policy of "hands off" and remember that force is no remedy.—Yours sincerely, H. W. FAWCUS.

South Lambeth, Oct. 4, 1890.

From the fact that interest is wrong we do not infer that State interference is right. Indeed, interest on money is due to State interference and when the laws restricting the sale of currency, together with those which prevent the free sale and purchase of land and the taxes whereby the governmental machine is sustained are broken down, usury will disappear. Under the existing conditions of monopoly we are aware that interest must be paid.

We object to anyone owning property which is not the result of his labour, or acquired in exchange for his labour in the free and open market. From the standpoint of equal right we cannot justify any one in the possession of more land than he can cultivate, and as the cause of those who labour against those who leech progresses, it will be found more and more difficult until it becomes impossible to derive income from land cultivated by others. As regards authority it should be remembered that this word as well as a great many others, such as property, competition, egoism, etc., have double and opposite meanings.

We do not advise people to lay by in order to lend without interest. Our contention is that any kind of property that will sell under the hammer would furnish a costless and more secure basis for currency than gold, the palladium of monopoly. The fifteen millions set aside by the Bank of England against an issue of notes to that amount are not in gold, but in "securities" (bonds). Now these securities represent property or they represent nothing at all, and we desire to generalise this principle and make all property a basis for note issuing according to the demands of legitimate trade. This would mean increased facility in the lending of capital, wages would rise, for they would include the amount formerly paid in interest. Workers would be able to provide themselves with the comforts of life, to co-operate and mutually credit each other.

Capitalists would be in a bad way, for instead of living on the interest of their capital, they would have to live on their capital by exchanging it for the satisfaction of their daily wants. Capital would be gradually absorbed by the workers and ultimately every man would be at the same time a capitalist and a worker. Our ideas as regards trespass, libel, and free trade, are much about the same as those of Mr. Fawcus, but I think he has not followed them out to their logical conclusions. HINDS GREEN.

Mr. Fawcus will see that we have in the current number defined our position on the Land Question. If Mr. Fawcus is prepared to criticise that position and to defend "Free Trade in Land" as against Free Land, we shall be happy to insert and consider such criticism. In our (editorial) opinion Free Trade in Land (i.e., in the mere land-space and untouched resources) means Free Trade in Monopoly. We fail to see

『무정부 소식』광고면　『무정부 소식 *Herald of Anarchy*』에서 광고하고 있는 잡지들이다. 벤자민 터커(Benjamin Tucker)에 의해 1881년 미국 보스턴에서 발간된 『리버티 *Liberty*』, 1886년 크로포트킨(Kroptkin), 샬롯 윌슨(Charlotte Wilson) 등에 의해 영국 런던에서 시작된 『프리덤 *Freedom*』 등의 잡지가 등장한다.

서문

　내가 영국의 무정부주의에 대해 알게 된 것은 석사 학위 논문을 쓰는 과정에서였다. 나는 당시 페이비언 사회주의에 대해 연구하고 있었으므로 페이비언 협회에서 나온 페이비언 트랙트들Fabian Tract(팸플릿 형태의 소책자들이다)을 검토하는 작업을 하고 있었다. 그런데 이 소책자들 중에 버나드 쇼가 쓴 "무정부주의의 불가능성Impossibilities of Anarchism"(Fabian Tract 45, 1893)이라는 제목이 붙은 소책자가 있었다. 내가 당시 이 글과 관련하여 가졌던 생각은 페이비언 사회주의 사상가 중 대표적인 사람 중 하나였던 버나드 쇼가 무정부주의 사상에 대해 문제 제기를 하는 글을 썼다는 점이 다소 의아했다는 것이다. 영국에서 노동당이 성립되고(1905) 이후 노동당의 집권으로(1924) 이어지는 일련의 과정에서 중요한 역할을 하게 되는 페이비언 사회주의에―노동당은 1918년 생산수단의 공유화common ownership of the means of production를 규정한 제4조Clause IV를 포함하는 사회주의 강령을 채택한다― 비해 본다면 무정부주의는 영국의 정치 과정에서 별로 부각되지 않았으므로 이런 의구심은 어쩌면 당연한 것이었다. 페이비언 사회주의의 중요 이론가가 영향력도 크지 않은 별로 중요하지도

않은 사상에 대해 소책자를 발간했다는 점이 부자연스러운 현상으로
여겨지기까지 했다. 그리고 무정부주의에 대한 관심은 멀어졌다.

　이후 나는 영국의 신디칼리즘을 공부하는 과정에서 영국의 사회주
의에는 산업통제권을 국가가 장악해야 한다는 페이비언 사회주의
류의 사회주의 조류와 함께 산업통제권을 노동자 혹은 생산자들이
장악해야 한다는 또 하나의 사회주의 조류가 있다는 점을 발견하게
되었다. 산업통제권을 국가가 장악해야 한다는 페이비언들의 입장에
는 물론 국가가 정치적으로 민주화되어야 한다는 중요한 전제가
깔려 있었고 그래서 그들의 입장은 국민에 의해 통제되는 국가가
산업을 통제한다면 산업은 민주화될 수 있다는 주장으로 연결되었던
것이다. 이들은 이를 정치의 민주화에서 한 발 더 나아간 경제의
민주화라고 불렀고, 국민과 소비자의 지위가 겹친다고 보면서 소비자
민주주의라고 주장했다. 반면 산업 통제권을 노동자 혹은 생산자가
장악해야 한다고 주장한 신디칼리스트들은 이런 방식의 경제 민주화
즉 국민의 위임을 받은 정부 관료들이 위로부터 산업을 통제하는
행위는 결국 엘리트주의로 귀결되며 노동자들이 위로부터의 지시를
따르며 복종하는 기존의 관행에 아무런 변화가 일어나지 않는다는
주장을 폈다. 이들은 산업조직을 직접 민주화하는 방법만이 산업의
질서를 바꿀 수 있으며 그렇게 하기 위해서는 가장 하부의 노동자
조직부터 민주적으로 조직하면서 최상부의 산업 조직까지 차례로
바꾸어 나가야 한다는 주장을 폈다. 이들은 이를 생산자 민주주의라고
불렀다. 신디칼리스트 운동은 1911년부터 1914년까지 지속되며 영국
을 혁명 전야로 몰아간 노동불안기에 실질적 세력으로 등장했고
여기서 신디칼리즘은 중요한 역할을 했다. 그런데 이 신디칼리즘을

연구하는 과정에서 나는 또 한 번 무정부주의를 발견하게 되었다. 신디칼리스트 운동 세력의 한 분파로 무정부주의 세력이 가세하고 있었기 때문이다. 하지만 이때도 무정부주의 사상이나 운동은 신디칼리스트 운동의 주변 세력으로 인지되었으며 그저 무정부주의가 현실 운동에 관여한다는 점이 흥미롭게 여겨졌을 따름이었다. 그리고 역시 무정부주의는 나의 관심에서 멀어졌다.

그 이후 나는 보수주의와 급진 우파, 파시즘, 자유주의 등 좌파와 우파의 사상들에 차례로 관심을 가지면서 공부를 하게 되었다. 그런데 그 과정에서 한 가지 진지한 의문이 떠올랐다. 그것은 다름 아닌 진정한 민주주의가 무엇일까 하는 의문이었다. 그러한 의문이 들게 된 이유는 많은 사상들이 서로 다른 질서를 지향하거나 혹은 아예 적대적인 사상임에도 불구하고 모두 민주주의를 내세우고 있었기 때문이다. 이런 현상을 관찰하는 과정에서 나는 어떤 이념을 주장하는 사람이나 세력이든 그들은 자신의 권력을 정당화하는데 민주주의를 포장용지로 사용하고 있을 따름이라는 생각을 하게 되었다. 그러다 보니 민주주의는 권력의 입맛에 맞게 변형되어 정의되고 그에 걸맞게 적절하게 왜곡되는 현상이 벌어지고 있었던 것이다.

정치적 민주주의의 효과에 대한 의문도 함께 일어났다. 민주주의는 본래 권력에 대한 처방책으로 나온 것이다. 억압적 권력, 독재 권력을 무너뜨리고 정당한 권력을 세워야 한다는 생각 속에서 권력을 정당화하는 방법으로 채택된 것이 보통 선거를 도입한 정치적 민주주의였던 것이다. 그런데 이러한 민주주의는 정말 권력에 대해 진정한 처방책으로 작동하였을까? 그러나 선거라는 민주 절차를 통해 만들어진 권력도 지배를 멈추지 않는다. 오히려 권력의 정당성을 담보로 하여 더 큰 지배력을 행사하는 경우가 많은 것이다. 보수파가 권력을 잡으면 새로운 억압과 부패 현상이 나타나는 경우가 비일비재하다. 진보파가 권력을 잡으면 정당한 권력을 통해 정의를 실현하겠다면서 새로운 독재를 시작하는 경우가 비일비재하다. 아집에 사로잡혀 자신들이 전체주의로 나간다는 사실조차 모르는 경우가 허다하다. 그러니 우리는 정당한 권력이라는 허상 속에 갇혀 권력의 문제에 접근하고 있으며 정당한 권력이 들어서면 모든 문제를 해결할 수 있다는 신기루를 쫓고 있는 것이 아닐까 하는 생각을 하게 된 것이다. 정당한 권력을 세우는 것보다 권력 그 자체를 민주적으로 통제하는 것이 중요한데, 사람들은 권력을 잡는데 혈안이 되어 있지 권력을 민주적으로 통제하는데 관심을 갖지 않는다. 결국 현재의 민주주의는 국가권력을 잡기 위한 도구로 이용되고 있을 따름이지 권력에 대한 근본적 처방책은 아니지 않나 하는 의구심을 갖게 된 것이다.

이런 생각을 하고 있을 즈음 나는 영국에서 19세기 후반에 세속주의 secularism라고 불리는 운동을 발견하고 여기에 대해 관심을 가지게 되었다. 사실 이 운동은 정치나 사회 개혁운동이라기보다는 종교에 대한 운동이었으므로 나의 관심을 끌었던 이유는 이념 자체라기보다는 좀 다른 곳에 있었다. 세속주의라는 용어는 르네상스기의 특성을 표현하는 용어로 쓰이는 것이었는데 19세기 후반의 영국에서 이런 용어가 쓰인다는 게 어딘가 의아하게 생각되었고 그 의미가 다가오지 않았기 때문이다. 그래서 살펴보게 된 이 세속주의라는 운동은 이 용어로는 잘 이해되지 않는 내용을 가지고 있었다. 19세기 후반 영국에서 나타난 세속주의라는 운동은 종교에 의해-영국이니 기독교를 의미한다- 만들어져 있는 여러 가지 사회적 제도들에 대해 의문을 제기하고 그러한 제도들에 아무런 정당성이 없다는 점을 주장하는 운동이었기 때문이다. 이러한 주장은 결국 종교의 정당성에 대해 의문을 제기하였기 때문에 나올 수 있었다. 따라서 19세기 후반 영국의 세속주의를 굳이 우리 말로 표현하려고 한다면 "반反종교(혹은 탈종교) 합리주의"라고 하는 것이 타당할 것 같다. 그리고 영국에서 종교는 기독교였으므로 세속주의는 결국 반기독교 합리주의가 되는 셈이다. 그래서 세속주의자들은 대체로 무신론자의 입장을 가지고 있었다. 그런데 이 세속주의자로 등장한 사람들 속에서 무정부주의자들이 출현하고 있었던 것이다. 그래서 나는 좀 혼란스럽기도 하면서 흥미로워졌다. 페이비언들이 거부 의사를 표명할 정도로 무게감을 지니고 있었던 무정부주의, 신디칼리스트 운동에서 모습을 드러낸 무정부주의, 세속주의자들에게서 이어지는 무정부주의, 이것들은 다 어떻게 연결되는 것이란 말인가.

이런 의문 속에서 나는 무정부주의 사상에 대해 관심을 가지게 된 것이다. 그렇게 무정부주의에 대해 살펴보는 과정에서 나는 흥미롭게도 무정부주의가 민주주의에 대해 전혀 다른 패러다임을 제시할 가능성이 있는 사상이라는 점을 발견하게 되었다. 그리고 영국에도 무정부주의 사상이 영국 사상사의 강력한 한 조류로 존재한다는 점과 영국의 무정부주의는 대륙에서 들어온 무정부주의와는 달리 영국 사상의 전통 속에서 출현하고 있다는 점을 발견하게 된 것이다.

사실 무정부주의만큼 오해를 받는 개혁 사상도 없는 것 같다. 나역시 커다란 오해를 하고 있었다. 우선 아나키anarchy—우리 말로 "무정부"로 번역되는데 이는 고대 아테네의 최고 행정관인 아르콘archon이 없는 상태를 의미하는 것이다—라는 용어 자체가 그러하다. 무정부라는 용어는 곧 바로 무질서, 혼란이라는 용어로 이어진다. 사실 이 세 가지 용어는 일상에서 거의 동의어로 사용되고 있다. 무정부 상태는 대체로 혼란 상태를 의미하는 것으로 쓰이기 때문이다. 그러니 무정부를 지향하는 무정부주의는 혼란을 조장하는 사상이라는 생각을 하게 만든다. 그런가 하면 무정부주의는 극단적 과격주의를 연상시킨다. 무정부주의 운동이 강력했던 러시아에서 무정부주의자들이 택한 방법은 극단적 폭력이었으며 이는 테러 행위로 이어졌기 때문이다.

그러나 이러한 생각은 무정부주의에 대한 비난과 편견에서 나온 것이다. 무정부 상태라는 용어에 과연 혼란이 자동적으로 대입되는 것일까. 무정부 상태라는 것은 지배와 통치가 없는 상태를 의미하는데 지배자가 사라지면 과연 혼란이 오고 뒤죽박죽이 되어 버리는 것일까. 우리는 시장이라는 말을 너무나도 자연스럽게 쓰는 시대에 살고 있다. 그런데 시장에 지배자가 있는지 살펴보자. 시장은 지배자가 없기 때문에 시장인 것이며 질서가 유지되는 것이다. 만약 시장에 지배자가 있으면 시장은 왜곡되어 버린다. 시장에 세금을 거두는 조폭이 출현해도 시장의 평화는 깨어지며, 상권을 장악하는 독점적 세력이 등장해도 시장의 질서는 깨어져 버린다. 지배가 없는 상태에서 시장은 온전한 시장이 될 수 있는 것이며 시장의 질서가 유지될 수 있는 것이다. 우리는 지배가 없는 시장의 상태에 대해서 혼란이라는 말을 쓰지 않으며 오히려 시장의 질서라는 표현을 쓰고 있다. 아담 스미스가 주장한 보이지 않는 손이 사실은 보이지 않는 질서인 셈이다.

무정부주의자가 과격 폭력집단으로 간주되는 것도 편견이다. 왜냐하면 무정부주의 역시 사회주의처럼 그 안에 여러 갈래의 무정부주의가 있기 때문이다. 이런 생각은 마치 사회주의를 혁명세력과 동일시하는 편견과도 같다. 코민테른의 수립 이후(1919) 사회주의가 코민테른의 노선을 거부하고 민주적 노선을 따라 사회주의를 추구해 나간 세력과 이에 반해 소련을 추종하며 민주적 방법을 포기한 세력으로— 우리 사회에서 사회주의는 대체로 이 노선을 따른 사회주의로 이해되고 있다— 나누어졌듯이, 무정부주의도 과격 폭력 노선을 추구한 세력과 평화적 방법을 추구한 세력으로 나누어지는 것이다. 비록 무정부주의자들 안에서 극단적 방법을 추구하는 경향이 나타났다 해도 그것은 하나의 갈래였을 뿐 그것이 전체 무정부주의를 설명하지는 않는 것이다. 무정부주의 사상을 처음 표명했던 곧윈Godwin의 경우 그는 폭력이나 혁명적 방법을 주장하지 않았다. 초기 무정부주의의 이런 현상은 비단 영국만이 아니라 대륙의 다른 나라의 경우에도 마찬가지였다.

　무정부주의 안에서 두드러졌던 계급투쟁적 혹은 집단주의적 무정부주의는 대체로 대륙에서 들어온 사상가들에 의해 부각되고 발전되었다. 특히 영향력이 강했던 바쿠닌은 제1인터내셔널에서 맑스와 적대적이었고 투쟁을 벌였지만 운동 과정에서 혁명을 추구하고 그 과정에서 폭력을 사용하는 문제에 있어서 맑스와 별 차이가 없었다. 그렇지만 이런 갈래의 무정부주의는 무정부주의 안에서 그저 하나의 갈래로 자리잡았으며 또 다른 무정부주의와 병립하고 있었음을 잊어서는 안 된다. 또 하나의 중요한 무정부주의의 갈래였던 개인주의적 무정부주의가 존재하고 활동했기 때문이다. 그리고 비폭력과 평화를 추구하는 이 갈래가 의미있는 영국의 무정부주의 운동으로 확대되었고 부각되었다는 점을 환기하고 싶다.

　무정부주의에 대한 편견이 있다는 점을 먼저 지적했는데 이쯤에서 무정부주의에 대한 이해를 돕기 위해 몇 가지 사항을 언급해 두고 싶다. 먼저 무정부주의와 사회주의의 관계에 대해 언급할 필요가 있을 것 같다. 지금 무정부주의와 사회주의는 성격이 다른 사상으로 구별하여 취급되지만 19세기 후반(보다 엄밀하게는 1880년대) 영국에서 "사회주의의 부활"이라는 현상이 나타났을 때의 모습을 살펴보면 이 두 사상에 대한 이해는 지금과는 전혀 달랐던 것으로 보인다. 왜냐하면 이 두 사상은 같은 범주에서 다루어졌기 때문이다. 무정부주의anarchism라는 용어는 쓰였지만 무정부주의는 넓은 의미의 사회주의 안에서 다루어졌다. 페이비언 사회주의가 넓은 의미의 사회주의의 범주 안에서 한 갈래의 사회주의로 다루어졌던 것과도 같았다. 따라서 무정부주의자와 다른 여러 갈래의 사회주의자들은 서로 교류하며 교통했다. 페이비언 협회에서도 초기에는 협회 안에 무정부주의자가 페이비언 사회주의자들—이들은 집단주의적 사회주의자들로 간주되었다—과 뒤섞여 함께 활동하기도 했다. 하지만 무정부주의자들은 집단주의적 사회주의자들과 결별한다. 그러므로 무정부주의와 사회주의의 관계는 매우 미묘하다. 이렇게 놓고 본다면 무정부주의는 사회주의 안에서 집단주의적 사회주의가 강력해지고 집단주의에 대한 목소리가 커짐에 따라 이에 대한 비판세력으로 등장한 또 하나의 조류로 이해하는 것이 타당하다. 이는 집단주의적 사회주의가 자본주의의 모순을 지적하면서 여기에 대한 대안으로 국가의 역할을 강조하는 것에 비해, 무정부주의는 동일한 문제의식을 가지고 있지만 그 대안에서 국가를 강조하지는 않는 차이점을 보여주는 것이다. 그런 점에서 무정부주의는 자본주의를 비판한다는 점에서 집단주의적 사회주의를 지지하지만 그 집단주의적 사회주의를 다시 비판한다는 점에서 자본주의도 사회주의도 함께 비판하고 있는 사상인 셈이다. 무정부주의는 비록 용어에서 사회주의와 결별하기는 하였지만 초기에 넓은 사회주의의 범주 안에서 집단주의적 사회주의와 함께 묶여 있었던 점을 고려해 본다면 이러한 무정부주의를 개인주의적 사회주의라고 명명해도 크게 틀리지는 않다고 생각된다.(여기서 개인주의는 사회주의를 불러왔던 부르주아 개인주의와는 다른 개념이며, 개인의 자유를 중시하지만 타인에 대한 개인의 책임이 살아 있는 개인주의라는 점을 환기시키고 싶다)

무정부주의와 자유주의의 관계에 대해서도 언급이 필요하다. 무정부주의와 사회주의가 함께 묶여 있었던 것 못지않게 아니 그 이상으로 무정부주의와 자유주의는 함께 묶여 있었다. 자유주의의 요체가 국가권력에 대한 항의라는 점을 놓고 본다면 이 두 사상의 연결성은 쉽게 발견될 수 있다. 자유주의가 항의한 권력의 성격이 모두 동일하지도 않고(전제나 독재 권력일 수도 있고 민주적 권력일 수도 있다), 자유주의를 외친 세력이 모두 동일한 성격을 지니는 것도 아니지만(인권이나 정치적 권리를 위해 자유주의를 외치는 세력도 있으며, 독점의 철폐를 위해 자유주의를 외치는 세력도 있으며, 재산권을 위해 자유주의를 외치는 세력도 있다) 자유주의를 주장하는 사람들이 모두 국가권력에 대해 항의하고 개인의 권리를 강조한다는 점에서는 차이가 없는 것이다. 자유주의가 깊이 추구되면 될수록 국가의 역할은 점점 줄어들게 된다는 점에서 자유주의는 무정부주의에 다가가고 있으며, 무정부주의자들이 무엇보다 개인과 자유의 가치를 강조하고 있다는 점에서 무정부주의는 이미 자유주의를 바탕에 깔고 있는 것이다.－무 정부주의 조직인 자유 그룹Freedom group이 발간한 잡지 이름도 『자유 *Freedom*』였으며 벤자민 터커Benjamin Tucker가 발간한 무정부주의 잡지의 이름도 『자유*Liberty*』였다. 『자유*Liberty*』는 미국에서 발간되었지만 많은 영국의 개인주의적 무정부주의자들이 여기에 기고하였다－ 우리 말 로 자유만능주의 혹은 자유지상주의로 표기되고 있는 리버테어리어 니즘libertarianism이 종종 무정부주의와 동의어로 사용되는 이유가 여기 에 있는 것이다. 리버테어리어니즘은 집단의 간섭에 대항하여 개인의 자유와 권리를 중시하는 자유주의라는 의미를 지니고 있다.(하지만 이 용어는 거대 자본의 완전한 자유를 추구하는 주장에도 사용되기 때문에 어떤 맥락에서 사용되는지 주의하여 이해하여야 한다. 이런 경향과 구별하기 위해 지금은 자본주의를 비판하는 리버테어 리어니즘에 대해 좌파 리버테어리어니즘이라는 표현이 쓰이기도 한다)

　19세기 후반 영국의 현실을 놓고 볼 때도 무정부주의는 자유주의와 더 강한 연결성을 보여준다. 왜냐하면 무정부주의는 사회주의 안에서 집단주의적 사회주의가 주류가 되어가면서 사회주의와 차츰 결별하 게 되었지만, 무정부주의는 영국 내에서 자유주의에 대한 요구가 강화되는 현상 속에서 자유주의와 점차 강력한 연결성을 지니는 경향을 보여 주었기 때문이다. 국가에 의한 집단주의적 경향이 나타나 는 가운데서 개인을 강조하는 자유주의자들의 주장이 논리적으로 귀결되는 영역은 무정부주의였기 때문이었다. 한 예로 국가의 간섭을 배제하고 개인의 중요성을 강조하는 주장을 편 허버트 스펜서의 자유주의는－그는 『개인 대 국가*The Man versus The State*』(1884)라는 책을 썼다- 논리적으로 본다면 결국 무정부주의로 이어지는 것이다. 당시의 사람들도 스펜서에 대해 그런 의구심을 피력했다.

영국의 무정부주의에 두 개의 조류가 있었다는 점에도 유의해야 하겠다. 하나는 사회적 무정부주의(이외에도 혁명적 무정부주의, 계급투쟁적 무정부주의, 공산주의적 무정부주의, 집단주의적 무정부주의 등 여러 가지 명칭으로 불린다)로 규정되는 무정부주의로 무정부주의에 대한 통념을 만들어 놓은 무정부주의이다. 이 갈래의 무정부주의는 행동으로 보여주기 식의 방법을 통해 무정부주의를 알리려 하였고 대중 봉기와 같은 방법을 인정했다. 그런데 이러한 경향의 무정부주의는 대체로 대륙에서 건너온 망명자들에 의해 발전되고 보급되었다. 마치 영국의 맑스주의가 대륙에서 건너온 망명자의 활동에 의해 나타났듯이 말이다.

그리고 또 하나의 조류가 있었는데 그것은 영국의 사상적 조류 속에서 출현한 무정부주의였다. 마치 사회주의에서 페이비언 사회주의가 영국의 사상적 조류 속에서 출현하였듯이 무정부주의에서도 그러한 성격의 무정부주의가 출현하고 있는 것이다. 이 무정부주의는 곧윈으로 소급되며 더 올라가면 무정부주의자는 아니었지만 무정부주의적 정서를 보여주고 곧윈Godwin에게 큰 영향을 준 톰 페인Tomas Paine-그는 사회가 국가가 하는 모든 일을 할 수 있다고 주장했다-으로 연결되는 무정부주의였다. 단지 차이가 있다면 페이비언 사회주의는 19세기말 집단주의의 거대한 조류에 편승하면서 크게 부각된 반면 이러한 무정부주의는 집단주의와는 정 반대편에 서 있었던 관계로 주변화되어 버렸다는 점이다. 이렇게 출현한 무정부주의는 개인주의적 무정부주의로 규정되었다.

　이 두 개의 조류 중 후자는 집단주의의 경향에 편승하거나 노동운동의 물결을 타지 않았기 때문에−집단주의와 노동운동은 20세기 개혁운동의 키워드였다− 영국의 사회 운동에서 별로 부각되지 않는 결과를 낳았지만 마치 저변에 흐르는 조용한 물길처럼 그 힘은 숨어 있었으며 19세기에 개인주의로 출발한 무정부주의가 20세기에는 평화주의로 다시 부상하는 모습을 보여주고 있다. 내가 살펴보고 싶었던 것은 바로 이 후자의 영국적 무정부주의였다. 이 영국적 무정부주의는 계급투쟁적 무정부주의와는 다른 여러 가지 특징들을 보여주고 있다. 그런 특징들에 대해 언급해 두는 것이 책을 읽어 나가는데 도움이 될 것이다.

　개인주의적 무정부주의로 규정한 영국적 무정부주의의 특이한 점으로 먼저 지적할 사항은 이 무정부주의가 앞서 언급하였듯이 반종교 합리주의secularism로부터 출발하였다는 점이다. '종교가 휘두르는 권력의 정당성에 의구심을 표명하면서 사회의 여러 제도들을 종교의 영향력에서 벗어나게 해야 한다는 주장secularism'을 편 사람들은 대체로 무신론자들이었다. 이들이 반드시 무신론자들이어야 할 필요는 없었지만 이들이 당시의 기독교가 휘두르는 사회적 권력을 근본적으로 비판할 수 있었던 이유는 기독교의 주장에 받아들이기 어려운 오류가 있다는 믿음에서 나왔으므로 이들은 무신론자이든지 아니면 무신론과 비슷한 입장을 가질 수밖에 없었을 것이다.(영국은 무신론자atheist라는 용어를 공공연히 사용할 수 없는 분위기였으므로 이 용어 외에도 불가지론자agnostic, 이신론자deist, 자유사상가free-thinker, 세속주의자secularist 등 여러 용어들이 비슷한 의미로 사용되었다) 만약 이들이 종교를 믿는 사람들이었다면 종교가 행사하는 권력의 정당성에 대해 의구심을 제기하지 않았을 것이다. 이들이 당시의 종교인 기독교가 사회 전반에 대해 행사하는 권력에 대해 의문을 제기했을 때 이들은 이미 합리주의적인 사고로 종교에 접근하고 있었던 것이다. 그런데 이런 합리주의적인 태도가 또 다른 권력의 영역으로 확대되었다. 그것이 바로 국가권력이었고 이들은 과연 국가권력은 존재해야 할 정당성을 지니고 있는가 하는 의문을 던진 것이다. 그런데 합리주의적인 태도로 권력에 대해 생각하게 되면 고대의 전제적 권력만이 아니라 근대의 권력에서도 정당성은 사라지게 되고 한 발 더 나아가 권력이 존재할 필요성에 대해 의구심이 제기되는 것이다. 이미 여러 사상가들이 권력의 정당성을 주장하기 위해 근대적 권력이론이라 할 수 있는 사회계약설을 들고 나왔지만 이들은 그러한 생각을 추상적 차원의 논의로 간주하면서 여기에 대해서도 의문을 제기했다. 이들은 "우리가 태어날 때 언제 사회계약을 했고 언제 그러한 계약에 동의를 표시했느냐"고 반문하는 것이다. 무정부주의는 종교에 대한 회의에서 국가에 대한 회의로 나아갔다는 점이 특이한 점이라고 지적할 수 있다. 결국 이들은 합리주의의 아들인 셈이다.

두 번째로 지적할 특이한 점은 영국의 무정부주의는 국가권력에 대한 회의에서 나아가 사회적 권력에 대한 회의로 이어졌다는 점이다. 이러한 점에서 본다면 이들에게 붙여진 무정부주의자라는 용어는 다소 부적절하다. 왜냐하면 이들은 국가에 항의할 뿐만 아니라 사회에도 항의하고 있기 때문이다. 국가권력은 법으로 금기를 설정하고 인간의 자유를 억압하지만 사회적 권력은 관습으로 금기를 설정하고 인간의 자유를 억압했다. 그래서 이들은 국가와 사회의 지배 즉 법과 관습 그리고 여론에 모두 항의하는 입장을 견지하게 되었다. 신문과 방송이 여론을 형성하는 작업을 통해 사회적 권력을 행사하는 주체라는 점을 고려해 보면 무정부주의는 국가권력만이 아니라 언론의 권력에 대해서도 항의하고 있다. 사실 언론은 국가권력을 비판하는 기능으로 인해 이 기구가 사회적 권력을 행사하는 기구라는 사실을 사람들이 잊고 있다는 점에서 더욱 위험한 권력인 셈이다.

이들이 특히 억압적이라고 본 사회적 권력은 남녀 관계를 규정하는 관습이었다. 성과 결혼을 둘러싸고 형성되어 있는 사회적 관습은 사회가 행사하는 거대한 권력이었다. 무정부주의자들은 국가의 정당성에 대해 의문을 던졌듯이 결혼제도와 성도덕의 정당성에 대해 의문을 던졌다. 그리고 이들은 합리주의적인 태도를 가지고 결혼제도와 성도덕에 대해 검토해 보았을 때 결혼제도도 성도덕도 모두 정당한 근거를 결여하고 있다는 주장을 펴게 되었다. 결혼제도에서 사람들은 결혼을 할 때 평생 동안 함께 살 것을 서약하고, 평생 동안 배우자와만 성관계를 가질 것을 서약하고, 평생 동안 다른 사람을 사랑하지 않겠다는 서약을 하지만 그것은 관습이 부여한 억압이라는 것이다. 결혼을 하는 이유는 사랑이지만 사랑 없이 이루어지는 결혼이 무수히 많았기 때문이다. 설혹 사랑하는 이유로 결혼을 한다 해도 많은 경우 사랑은 식어 버리는데 그래도 사람들은 사랑 없이 평생을 살아야 하는 것이다. 그리고 결혼을 하면 다른 사람을 사랑할 수 없게 만드는 결혼제도는 인간이 사랑할 권리를 억압하는 결과를 낳고 있는 것이다. 왜냐하면 인간은 소유될 수 없는 존재임으로 누구도 인간을 독점할 수 없기 때문이다. 무정부주의자들은 사랑은 독점할 수 없는 것임에도 다른 사람을 사랑한다는 이유로 배우자를 처벌하도록 만들어 놓은(법적으로든 사회적으로든) 결혼제도는 폐지되어야 한다는 주장을 폈다.

그리고 인간을 구속하는 결혼제도 대신에 자유로운 사랑free love이 대체되어야 한다고 주장했다. 자유로운 사랑free love은 상대방을 속박하지도 않고 독점하지도 않는 사랑을 의미하는 것이다. 결혼제도에 대한 비판과 자유로운 사랑에 대한 주장은 19세기 후반 헨리 세이무어와 같은 개인주의적 무정부주의자들에게서 크게 강조되었지만 거슬러 올라가 보면 18세기 말의 곧윈Godwin과 같은 최초의 영국 무정부주의자들에게서 이미 발견되고 있다.

성도덕 역시 인간을 억압하는 거대한 사회적 권력이었다. 사회는 인간이 성관계를 하기 위해서는 결혼을 하도록 했고 결혼제도 밖에서 이루어진 성관계는 모두 비도덕적인 것으로 간주했다. 결혼하기 이전에는 순결을 지켜야 했으며 결혼 이후에는 정절을 지켜야 했다. 자식도 결혼을 해야만 낳을 수 있었다. 그러나 무정부주의자들은 성에 대해 가해지는 여러 가지 규범들은 권력과 함께 탄생한 것으로 이런 규범들에는 모두 근거가 없으며 따라서 그것들은 인간의 자유에 대한 억압일 뿐이라고 주장했다. 순결, 정절, 간음, 처녀성, 처녀막과 같은 용어들은 모두 성적 억압을 위해 만들어진 허구적인 용어일 따름이었다. 억압적인 성에 대한 규칙을 매개하기 위해 결혼제도가 만들어졌고 이 제도를 강화하는 데 미혼모, 첩, 서자, 사생아와 같은 편견에 찬 용어들이 동원되었다. 그리고 이 두 장치는 서로를 보강하면서 수천 년의 역사 속에서 인간을 억압해 온 것이다. 그 속에서 인간의 성적 욕망은 사랑의 욕망과 함께 억압되고 왜곡되는 결과를 빚은 것이다. 순결과 정절, 불륜이란 허구적인 개념을 사회가 강요함에 따라 그로 인해 고통받고 죽어간 역사 속의 수많은 여성들을 생각해 보면 사회적 권력은 국가권력 못지않게 거대한 범죄를 저지른 셈이다. 지금 남아 있는 열녀비들은 사회가 저지른 끔찍한 범죄들을 증거하고 있는 셈이다. 영국의 무정부주의는 그런 사회의 범죄에 대해 발언하고 있다.

세 번째 특징은 영국의 무정부주의는 평화주의로 나아갔다는 점이다. 역사는 전쟁으로 점철되어 있다. 전쟁의 시작은 권력의 탄생과 궤를 같이 한다. 더욱 거대한 국가가 출현할수록 전쟁도 더욱 잔혹하고 비참한 결과를 낳았다. 20세기의 첫 번째 세계대전이 끝나고 난 후 전쟁의 책임이 권력에 있다는 점을 발견한 사람들은 국가권력에 대한 회의를 품게 되었다. 그리고 이들은 전쟁은 결코 대중의 상호 적대감으로 인해 일어나는 경우는 없으며 모두 권력자들의 이해관계나 적대감에서 발생한다는 점을 발견했다. 무정부주의는 국가권력을 의심해야 할 중요한 이유를 하나 더 얻게 된 것이다. 국가라는 존재의 정당성에 대한 회의만이 아니라 인간을 죽음과 재앙으로 몰아넣는 주체로서의 위험성을 깨닫게 된 것이다. 무정부주의가 평화주의와 결합하는 현상에서 나타난 특별한 측면은 평화를 향한 무정부주의자들의 요구와 노력이 강력한 운동으로 나타났다는 점이다. 그리고 이 과정에서 무정부주의의 새로운 방법론이 차츰 윤곽을 잡기 시작했다. 반핵운동에서 두드러진 무정부주의자들의 운동은 불복종 운동과 직접행동이라는 모습으로 전개되었으며 이 운동 자체가 지도자가 없는 반엘리트주의적인 방식으로 움직여 나가면서 평화를 향한 평화적 방법의 운동에 대한 지침을 만들어 내었다. 무정부주의가 평화주의를 지향하는 운동과 결합하는 단계에서 무정부주의는 신무정부주의(뉴아나키즘)라는 명칭을 얻게 된다.

영국 무정부주의의 네 번째 특징은 이들의 주장이 과학에 근거하고 있으며 과학을 강조하고 있다는 점이다. 무정부주의가 세속주의자(반종교 합리주의자)들로부터 나온 점부터가 그러하다. 종교에 대한 회의에서 출발하여 사물을 합리적으로 바라보려는 태도는 결국 대상을 과학에 근거하여 판단하려는 태도로 이어질 수밖에 없었다. 무정부주의자들이 종교에 대하여 생각할 때나 국가권력에 대하여 생각할 때나 나아가 사회적 권력에 대하여 생각할 때도 결국 그것의 정당성을 판가름해 줄 수 있는 근거는 과학뿐이었다. 무정부주의자들이 성도덕에 대한 허구성을 주장하였을 때 그들은 해부학에 근거하여 처녀막이란 것이 존재하지 않는다는 주장을 폈으며, 자위를 죄악으로 규정하는 성윤리에 대해 비판했을 때는 킨제이 보고서를 근거로 했다. 나아가 성sex이 사회적 응집성을 높이는 작용을 한다는 주장을 폈을 때는 그 주장을 영장류학primatology을 토대로 하여 전개시켰다.

비합리적 전통을 깨뜨리고 근대를 만든 힘은 무엇보다도 과학이었다는 점을 놓고 보면 과학을 강조한 무정부주의자들이 합리성을 추구하면서 전통을 깨뜨리는 노력을 했다는 것은 당연하다. 조지 오웰은 영국성Englishness에 대해 분석하면서 영국인들은 합리적이지 않다고 주장했다. 그가 예를 들고 있는 부분은 영어와 화폐단위이다. 영어의 철자법은 비합리적이며 화폐단위는 복잡하다. 예를 들자면 영국인은 이웃을 의미하는 영어 '네이버'의 스펠을 neighbour라고 표기하며, 12펜스가 1실링이 되고 20실링이 1파운드가 되는 화폐를 쓴다는 것이다. 그런데 이런 주장은 오웰만이 아니라 1890년대의 개인주의적 무정부주의자들에게서 이미 제기되고 있다. 이런 점을 놓고 볼 때 영국의 무정부주의자들은 영국 사회의 그러한 비합리성을 인식하고 영국 사회를 합리적으로 개선시키려 노력한 사람들이라고 할 수 있다. 이들은 영어 개선 운동을 벌이면서 네이버neighbour를 naber로 표기하자고 주장하는 등 비합리적인 영어 스펠링을 수정하자는 주장을 폈다. —although나 knowledge 같은 단어의 스펠링이 모두 비합리적이다— 이런 운동은 이들이 비합리적인 제도나 관행을 고치려는 노력을 하고 있다는 점을 보여주고 있다. 과학에 대한 믿음은 곧윈에게서 이미 나타났으며, 이후 19세기 후반에 대표적인 개인주의적 무정부주의자였던 헨리 세이무어가 우생학, 골상학 등을 포함해 당시의 온갖 과학적 경향들을 다 받아들이려 했던 점이나, 뉴아나키스트였던 알렉스 컴포트가 노화 연구 과학자였다는 점 등도 무정부주의가 과학과 손잡고 있다는 점을 잘 보여주는 대목이다.

다섯 번째로는 영국의 무정부주의는 자본주의에 대하여 항의하고 있지만 그 항의 방식이 집단주의적 사회주의나 신디칼리즘과는 다르다는 점을 지적하고 싶다. 영국 무정부주의가 자본주의에 대해 항의하고 수정하려는 부분은 '독점'이며 이를 제거하고자 하는 것이다. 이들은 국가가 산업통제권을 장악하겠다든지 노동조합이 산업통제권을 장악하겠다든지 하는 식의 방법으로 자본주의를 공격하는 것은 온전한 결과를 낳지 못한다고 보았다. 이런 식의 공격은 모두 권력을 장악하는 방식이다. 물론 권력 장악을 주장하는 개혁세력은 이런 권력은 민주적 권력이라고 이전 권력과 차별화시키려 하겠지만 무정부주의자들이 보기에는 새로운 권력이 들어선다 해도 그 결과가 좋아질 것이라고 보지 않았다. 왜냐하면 권력을 장악한다는 것은 법을 만들 수 있다는 것을 의미하는데, 국가가 경제 영역에서 법률을 만들어 집단주의적 조치를 취하는 것은 재산권을 침해하고 개인의 자유의 영역을 침해하는 결과를 초래하게 될 것이기 때문이다. 그리고

권력 장악은 권력 독점으로 이어지며 독점된 권력은 부패하게
되는 것이다. 정부만 부패하는 것이 아니며 정당도 부패하며 노동
조합도 부패하며 언론도 부패하며 독점된 모든 것들은 다 부패하는
것이다.

　그래서 이들은 자본주의의 문제를 해결하기 위해서는 국가권력이
개입할 것이 아니라 자본의 독점, 토지의 독점, 노동의 독점, 화폐의
독점과 같이 독점된 모든 경제 요소들에서 독점을 제거해야 한다는
주장을 폈다. 자본주의가 지적 재산권과 같은 영역을 만들어 내며
계속 독점의 영역을 넓혀가고 있는 현상을 볼 때 이들이 자본주의의
핵심을 독점으로 본 것에는 타당성이 있다. 맑스가 살아 있다면 아이
러니컬하게도 자본주의가 그를 거대한 갑부로 만들 것이다. 독점이
거대 자본을 만들어 낸다는 점을 놓고 보면 이들은 독점을 제거해
거대 자본을 해체하려 했다고도 볼 수 있다. 이들은 경제 영역 그
자체에서 거대 권력을 몰아내고 경제 주체들의 자유를 회복시켜야
한다고 생각했던 것이다. 즉 자본주의의 문제를 해결하는 방식은
시장의 모순을 국가와 같은 또 다른 외부의 힘으로 푸는 것이 아니라
시장을 경쟁이 살아 있는 건전한 상태로 만드는 방식이어야 한다는
주장을 펴고 있는 것이다. 그리고 경제의 여러 독점들을 가능하게
만들고 있는 기구가 바로 국가라는 점에서 자본주의의 문제를 해결하
려는 노력은 국가의 문제를 해결하는 노력과 연결된다고 주장하는
것이다.

　국가가 재산권을 건드리기보다는 독점이 사라진 시장을 통해 부의
균형을 이끌어 내는 것이 자본주의 모순을 해결하는 효과적인 처방이
라는 개인주의적 무정부주의자들의 생각은 자본주의에 대한 처방으

로 특이해 보이고, 20세기에 들어서며 주변화된 것처럼 보였지만 20세기 후반에 출현한 시장 아나키즘market anarchism에 입각한 좌파 리버테어리어니즘이나, 속물 리버테어리어니즘vulgar libertariniaism(자유 시장과 자본주의를 구분하지 않는 리버테어리어니즘을 지칭하는 용어)을 비판하는 논리들과—로더릭 롱Roderic Long이나 케빈 카슨Kevin Carson 등이 이런 논리를 제시한다— 맥이 닿는 현상을 놓고 볼 때 이들은 자본주의의 모순에 대한 하나의 유효한 제안을 제시하고 있는 셈이다. 개인주의적 무정부주의는 개인주의와 시장 경제를 지지하는 원리가 대처류의 자본주의 강화 논리와는 전혀 반대되는 길로 나아갈 수 있다는 점을 보여주고 있는 것이다.

　이런 여러 가지 특징들을 놓고 볼 때 영국의 무정부주의는 집단주의적 무정부주의보다는 개인주의적 무정부주의 경향이 강하게 내재해 있었으며 평화주의로 이어지는 특징을 보여주고 있다. 방법론에서도 일찍이 곧윈이 교육을 강조한 이래 계속하여 비폭력적 방법에 대한 모색이 이루어졌고 20세기에 들어와서는 불복종 운동이라는 독특한 개인의 저항 운동을 찾아내었다. 그리고 혁명은 강조되었지만 혁명 개념은 단 한 번의 사건으로 성취되는 혁명 개념이 아니라 끊임없이 만들어가는 혁명이라는 개념으로 구체화되었다. 해머를 내리쳐 한 번에 구멍을 뚫는 것이 아니라 방울방울 떨어지는 물방울의 힘이 모여 언젠가 바위에 구멍을 뚫는 식의 길고 긴 혁명의 개념을 만들어내고 있는 것이다. 그 저항의 중심에 한 방울 한 방울의 물방울에 해당하는 개인이 서 있는 것이다.

　영국의 개인주의적 무정부주의에 대한 검토는 무정부주의에 대한 오해도 해소해 줄 것이지만 민주주의, 자유주의, 보수와 진보, 애국심,

사랑과 결혼 그리고 나아가 문명의 방향과 자본주의의 미래 같은 지금 이 시대에 우리가 다루고 있는 중요한 주제들에 대해서 다시 한 번 생각해 보고 이런 주제들을 정리하는 기회를 제공한다. 이런 문제들을 새로운 패러다임으로 접근해 볼 수 있는 단서를 제공하는 것이다. 각각의 경우를 간단히 살펴보도록 하겠다.

 민주주의는 이 시대의 보편적 가치로 자리잡은 것이 확실한 것 같다. 심지어 좌우파의 독재 정권에도 민주주의라는 용어가 붙어 있는 기현상을 볼 수 있으니 말이다. 그러니 형식적으로는 누구도 민주주의를 추구하는 노력에 대해 반대하는 사람이 없는 것이 현실이다. 하지만 구체적으로 들여다보면 반드시 그런 것도 아니다. 민주주의를 싫어하는 사람도 많이 있는 것 같다. 실제로는 민주주의에 대해 회의적이면서도 민주주의에 대해 정면으로 반대하지 못하는 사람들을 보면 안쓰러움을 넘어 연민의 정이 느껴진다. 물론 자기 잇속을 다 챙기면서 민주주의를 외치고 좌파연하는 사람들을 보는 것도 유쾌하지는 않지만 말이다. 이러한 딜레마는 민주주의에 다양한 수식어가 붙는 현상으로 나타나고 있다. 이는 민주주의의 "민주성"을 자기 나름대로 해석하기 위해 이런 저런 수식어를 붙여 민주주의의 의미를 설정하는 현상을 의미한다. 그렇게 하여 민주주의는 여러 개로 갈라지게 되고 민주주의라는 이름을 달고 서로 다투는 것이다. 우리들은 대의 민주주의와 참여 민주주의, 자유 민주주의와 사회 민주주의와 같은 민주주의 용어들을 놓고 자신이 참된 민주주의라고 주장하는 언쟁을 종종 볼 수 있다. 이런 식의 민주주의에 대한 논쟁이 나쁜 것만은 아니라고 생각된다. 이런 과정에서 민주주의는 그 내용이 풍부해지고 민주주의의 구체적 의미를 찾게 되는 효과를 낳기도

하는 것이다. 그렇지만 유감스럽게도 이런 민주주의 설명 방식은 여전히 한계를 지니는 것으로 보인다. 왜냐하면 우리는 민주주의를 주어진 틀 안에서 바라볼 수밖에 없기 때문이다. 그 틀은 국가권력의 틀이다. 이런 여러 민주주의들은 모두 민주주의를 국가가 권력을 행사하는 제도로 이해하는 점에서는 결국 동일하다고 할 수 있는 것이다. 이는 달리 말하면 왕을 어떻게 뽑을지에 대해서는 의견이 달라도 왕을 세우자는 생각으로부터는 여전히 벗어나지 못하고 있다는 말과도 같다. 그러나 진정한 민주주의에서 권력은 자신이 행사하는 힘이 되어야 한다는 점을 인정한다면 민주주의를 새로운 사고의 틀 속에서 바라볼 필요가 있다. 이는 국가권력의 지배가 사라지는 것을 의미하는 것이다. 그래서 국가의 권력이 잘게 나누어져 개인이 권력을 행사하는 차원으로 나아갈 것을 지향하는 무정부주의야말로 진정한 민주화를 지향한다고 볼 수 있을 것이다. 무정부주의는 민주주의에 대하여 대통령이 있는 민주주의와 대통령이 없는 민주주의로 나누는 새로운 패러다임을 제시하고 있는 셈이다.

자유주의라는 용어 역시 많이 회자되는 용어로 우리는 그 의미를 종종 서로 다른 의미로 쓰고 있으며 그 의미는 여러 가지로 나뉘어진다. 자유방임의 자유주의, 인권의 자유주의, 국가개입을 추구하는 신자유주의의 자유주의 등이 그것이다. 그런데 이런 자유주의 용어의 용법은 그 의미가 다르기는 하지만 한 가지 공통점을 가지고 있다. 모두 자유를 추구하는 대상으로서 국가를 전제로 놓고 자유에 대하여 이야기하는 것이다. 그런데 무정부주의는 진정한 자유주의는 국가만이 아니라 국가 밖의 영역을 향해서도 발언해야 하며 ― 넓은 의미의 사회라고 하자 ― 그 영역으로 확대되어야 한다는 점을 주장하고 있는 것이다. 인간은 국가가 만들어 낸 장치만이 아니라 사회가 만들어 낸 장치에 대해서도 자유를 위해 투쟁해야 한다는 생각은 민주주의에서만이 아니라 자유주의에서도 우리들의 사고의 틀을 바꿀 것을 제안한다. 무정부주의는 민주화―이 용어는 대체로 정치적 민주화를 의미한다―가 해결하지 못하는 억압의 영역까지도 해방시키면서 자유를 확대시키려 하며 국가가 사라진다 해도 자유는 추구되어야 하는 것이다. 자유주의에 개인의 자유를 중시하는 무정부주의적 의미에서의 자유 개념을 적용시킨다면 자유주의는 훨씬 풍부한 의미를 지니게 될 것이다. 그렇게 된다면 19세기의 자유주의의 개념은 21세기의 새로운 자유주의 개념으로 확장되어 나갈 수 있을 것이다.

　보수와 진보라는 용어도 한 사회의 세력을 구분하는 중요한 용어로 사용되고 있기는 하지만 이들 모두 권력을 잡으려는 욕구에 있어서는 그 태도가 동일하다는 점을 놓고 보면 우리가 그 차이를 과장하고 있다는 생각을 해 볼 필요가 있다. 그래서 진보세력이 개혁을 한다면서 권력을 잡지만 금방 보수세력이 되어 그 세력이 그 세력이 되는 현상이 비일비재하게 나타나는 것이다. 보수와 진보의 이데올로기도 마찬가지로 그 차이를 과장하고 있다는 생각을 해 볼 필요가 있다. 권력을 끼고 있는 이데올로기는 어느 순간 갑자기 그 진영을 바꾸어 버린다. 그러니 진보세력이 사용하는 이데올로기는 상대적으로 진보적일 따름이지 절대적으로 진보적인 것은 아니다. 진보세력이 기득권 세력이 되면 자신이 사용한 이데올로기를 보수를 위해 이용하는 아이러니컬한 상황이 벌어진다. 19세기 영국의 자유주의가 대표적인 경우이다. 그리고 이 경우 더욱 흥미로운 점은 보수주의와 이전에는 보수를 배격했던 자유주의가 어지럽게 뒤섞여 보수의 논리로 이용되는 현상이 벌어졌다는 점이다. 다른 이데올로기들도 예외는 아니다. 지금 맹위를 떨치고 있는 페미니즘도 방향성에서 아나키즘anarchism (무지배주의)을 지향하지 않는다면 새로운 보수와 억압을 대변하는 논리가 되는 것은 시간문제이며, 결혼과 성을 해방하기보다는 이 영역에서 또 다른 억압을 낳게 될 것이다.

많은 이데올로기들은 권력을 추구하는 세력들의 도구로 이용되고 있을 뿐이다. 이데올로기가 만들어진 역사적 맥락 같은 것은 종종 무시되며 금방 잊혀져 버린다. 서구에서 보수주의는 귀족세력이 신분제를 정당화하기 위한 논리로 제시되었지만ー버크의 보수주의는 프랑스 혁명이 왕에 대한 공격을 넘어 귀족을 공격하는 현상을 보이자 여기에 대해 나타난 반응이었다. 버크는 왕에 대해 항의한 미국 독립혁명에 대해서는 우호적이었다ー 지금 보수를 주장하는 세력은 신분제를 깨뜨리고 등장한 세력임에도 불구하고 그들이 비판했던 보수주의를 이제는 다른 맥락에서 자신들을 위해 이용하고 있다. 자유주의는 개혁의 논리로 이용되었지만 이제는 보수세력의 방어 논리로 이용되고 있다. 권력을 추구하는데 이용되는 이데올로기들은 결국 권력과 운명을 같이 하게 되는 것이다.

이런 점을 고려해 볼 때 무정부주의는 우리들로 하여금 진정한 진보에 대해 생각해 보게 만든다. 권력과 운명을 같이 하는 이데올로기의 이러한 운명은 자유와 정의를 실현시키려는 노력은 그러한 노력이 권력의 틀에 갇혀 있는 한 성취되기 어렵다는 점을 일깨워 주는 것이다. 진정한 진보는 권력을 잡고 권력을 행사하는 행위에 있는 것이 아니라 권력을 개인들에게 되돌려 주는 행위에 있는 것이 아닌가 하는 생각을 해 볼 필요가 있다.

무정부주의는 애국심에 대해서도 깊이 생각해 보게 한다. 애국심은 국가에 대한 사랑이란 의미를 지니지만 실제로는 초월적 실체에 대해 자신을 결합시킬 것을 요구하는 정신이다. 이런 종류의 정신은 근대에 와서 국민국가가 세워지면서 애국심이란 표현으로 등장하였지만 고대부터 모든 권력자들이 충성심이란 표현으로 강조해 왔던 정신이다. 황제에 대한 충성이든 왕에 대한 충성이든 당에 대한 충성이든 모두 자신을 추상적 존재에 결합시키기는 마찬가지인 것이다. 이런 종류의 정신은 현재의 고통과 희생을 정당화시키면서 아무런 대가없이 이를 인내하게 한다. 스탈린이 산업화를 추진하면서 노동자들을 동원하였을 때 그는 이런 정신을 잘 활용했다. 노동자들은 국가를 위해 봉사하는데 대한 대가를 요구하지 않았을 뿐 아니라 오히려 자발적으로 생산성을 더욱 높였다.

그래서 애국심은 어느 나라에서도 강조된다. 독재 국가에서는 더욱 강조된다. 그런데 이런 애국심은 결국 권력에 대한 인식을 변화시킨다. 국가에 대한 사랑은 국가를 하나의 유기체로 간주하는 결과를 낳고 그 결과 집권자를 통치자가 아니라 국가 지도자로 인식되게 만들기 때문이다. 즉 권력자는 지배하는 자가 아니라 국가를 끌고 나가는 사람인 것이다. 결국 애국심은 국가를 매개하여 권력자를 정당화하는 기능을 하면서 권력 추구의 정신과 삶을 강화한다. 반면 인간으로서 져야 할 책임은 애국심을 내세운 구호 앞에서 종종 무너져 버리고 마는 것이다. 역사 속의 수많은 전쟁에서 애국심을 내세운 학살 행위가 일어났으며 고문과 학대의 비인간적 행위들이 발생했다. 하지만 각 국가의 권력자들은 그들이 저지른 모든 비인간적 행위에 대해 애국심으로 변명했다.

무정부주의자들이 애국심을 받아들일 수 있다면 그것은 아마도 오웰이 제시한 애국심 개념으로서일 것이다. 일반적으로 이해되는 애국심이 권력 추구의 삶을 강화한다면 오웰이 제기하는 애국심의 개념은 그와는 상관이 없기 때문이다. 오웰은 애국심을 국가권력에 대한 사랑이 아니라 자신을 둘러싼 환경에 대한 사랑 즉 자신이 살고 있는 자연과 문화에 대한 사랑으로 자리매김했다. 이는 달리 말하면 자신의 이웃과 고향에 대한 사랑이며, 자신의 삶에 대한 사랑으로서의 애국심인 것이다. 그리고 이러한 애국심은 국가에 순응하고 권력을 강화하는 작용을 하기보다는 그 반대로 권력을 깨뜨리는 힘으로 작용할 수 있는 것이다. 그러나 이렇게 자발적으로 일어나고 형성되는, 권력과 무관한 애국심을 발견하기란 쉽지 않다.

무정부주의는 사랑과 성, 결혼의 문제도 이성적으로 생각해 보게 만든다. 사실 우리는 수천 년 동안 이런 문제들에 대한 현재의 가치관에 대해 반추하지 않으면서 지내왔기 때문이다. 한 사람과 결혼하여 평생을 살아야 하고 결혼 이후에는 다른 사람을 사랑하면 안 된다는 이런 편견은 지금도 동서양을 막론하고 강력하게 관철되고 있다. 이런 윤리를 어겼을 경우 가해지는 사회적 처벌은 매우 가혹하며 어떤 나라에서는 지금도 결혼한 여자가 남편 외의 다른 남자와 성관계를 했을 때 이 여자를 다중이 돌을 던져서 죽이는 처벌이 버젓이 자행되고 있는 형편이다. 결혼하지 않은 남녀 사이에서도 사랑을 독점하려는 현상은 일반화되어 있고 그로 인해 일어나는 폭력 사건은 비일비재하다. 현재의 가치관은 사랑, 섹스, 번식, 공동생활 등의 문제를 모두 결혼제도를 매개로 하여 함께 엮어 놓고 있다. 그러니 결혼을 하지 않으면 사랑도 섹스도 번식도 공동생활도 모두 불가능하며 결혼 밖에서 이런 현상이 일어나게 되면 이는 전부 비도덕적인 행위로 간주되는 것이다. 그러나 이런 생각은 수천 년 전에 형성된 편견의 지속에 불과하다. 사랑과 섹스와 번식과 공동생활을 결혼이란 제도 속에 묶어 둔 주체는 정치적 사회적 권력의 필요에 따라 이를 만들어 낸 과거의 사람들이다. 권력에 대해 민주적 처방을 내리고 있는 현재의 사람들은 권력의 산물로 존재하는 제도들에 대해서도 새로운 해석을 내려야 할 필요가 있다. 그렇다면 결혼이란 제도보다도 결혼이 매개하고 있는 사랑, 섹스, 번식, 공동생활과 같은 각각의 요소들이 진정으로 중요한 부분들이라는 생각이 가능해진다. 현재의 결혼제도에서 사람들이 벗어나게 된다면 사랑과 섹스와 번식과 공동 생활이 패키지로 묶여 평생을 가게 되는 상태에서 풀려나게 될 것이다. 이런 요소들이 함께 묶이지 않는 여러 가지 경우의 수가 가능할 수도 있다. 과학이 개입하게 되면 심지어 이제까지는 필연적으로 묶일 수밖에 없다고 생각해 온 섹스와 번식의 관계마저도 깨어질는지 모른다.

하지만 사회적 권력에 의해 지지되고 있는 결혼제도는 그것을 유지시키는 힘이 미시적 단위에서 행사되기 때문에 국가권력보다 사실상 깨뜨리기가 더 어려워 보인다. 10대 중반까지는 부모의 가치관이 자녀의 가치관이다. 유교적 전통을 가진 우리나라는 30대까지도 그러할지 모른다. 결혼에 대한 관념도 마찬가지다. 그래서 결혼을 유지시키는 힘은 가족 단위에서부터 강력하게 발휘되는 것이다. 가족의 압력에서 벗어나려 할 경우 그나마 남자의 경우에는 부모로부터 독립함으로써 결혼제도에 대한 저항이 가능하지만 독립이 불가능한 여자들은 결혼제도에 대한 저항 자체가 불가능하다. 무정부주의가 정치제도만이 아니라 사회·경제제도에 대한 관심을 함께 표명하게 되는 이유가 여기에 있는 것이다.

문명과 역사에 대한 생각도 선입견과 통념을 깨뜨리게 하는 각성효과를 낳고 있다. 우리는 역사 속에서 문명의 탄생에 대한 논의를 시작하면서 국가의 출현을 필수적인 요소로 다루고 있다. 국가를 성립시키지 못하고 부족의 단계에 머문 집단의 경우 아예 문명이란 표현을 쓰지 않는다. 이렇게 기존의 역사 설명에서 국가는 문명과 등치되고 있지만 무정부주의는 이런 설명방식에 대해 항의하는 논리적 틀을 제시한다. 국가가 출현하면서 지배와 종속이라는 현상이 나타났고, 전쟁이 시작되었으며, 보편적 가치라 할 수 있는 자유가 훼손되기 시작했기 때문이다. 국가의 출현은 조직적 폭력기구의 출현인 셈이다. 그렇다면 아무리 피라미드가 세워졌다 해도 그것은 문명이 아니라 야만의 시작에 불과한 것이다. 오히려 피라미드는 야만의 증거인 셈이다. 그리고 소위 문명은 역사의 전개와 함께 발전했다기보다는 오히려 퇴보하면서 현재에 이르고 있는 것이다. 왜냐하면 국가가 보여주는 야만의 모습과 성격은 더욱 악성으로 변화되었기 때문이다. 20세기에 나타난 두 번의 세계대전은 더욱 강력해진 국가가 얼마나 더 끔찍한 야만을 보여줄 수 있는지를 잘 드러내 주었다. 결국 고대 이래 국가와 함께 전개되어 나간 인류의 역사는 야만의 역사가 되고 있는 셈이다. 왕들의 이야기, 지배의 이야기로 엮어져 나가는 많은 역사서들은 문명사가 아니라 야만사로 간주되어야 하며 왕들의 치적에 대한 언급은 야만을 문명으로 위장하는 구실에 불과한 것으로 보아야 한다. 그래서 무정부주의는 문명의 정신과 야만의 정신에 대해 새로운 기준을 요구한다. 2차대전 중 수만 명의 민간인을 살해한

드레스덴 폭격에 참여한 영국 조종사들의 애국심은 문명의 정신인지 야만의 정신인지 물어보게 되는 것이다.

 자본주의의 미래에 대해서도 시사하는 바가 크다. 자본주의는 대량 생산을 실현시켜 물질적 풍요를 안겨 주었지만 모순도 함께 만들어 내었다. 역사는 산업혁명이 전개되어 나가는 과정에서 차례로 임금제 와 실업의 문제가 나타났다는 점을 보여주고 있다. 그 모순이 너무나 컸기 때문에 여기에 대한 대응도 이데올로기의 형태로 차례로 나타났 다. 저임금 문제에 대해 항의하며 사회주의가 나타났고, 실업의 문제 를 해결하려는 시도 속에서 파시즘이 출현했다. 하지만 이런 이데올로 기가 현실에 적용된 결과를 놓고 보면 비참하기 그지없다. 사회주의는 혁명을 낳았고 파시즘은 전쟁을 낳으며 비인간적인 결과들을 초래했 기 때문이다. 이런 결과들을 초래하며 자본주의는 역사의 교훈을 얻었지만 저임금과 실업이란 모순을 함께 해결하기는 난망한 것으로 보인다. 자본주의의 구조가 저임금 없이 낮은 실업률을 유지하는 것을 어렵게 만들기 때문이다. 자본주의는 착취의 문제와 실업의 문제를 여러 가지 방법으로 완화시키면서 위기를 피해가려 하지만 위기를 막는 여러 가지 방법들이 근본적인 해결책이 되지는 못하기 때문에 결국 더 커다란 위기의 가능성을 만들면서 그 때 그 때 위기를 넘기는 결과를 빚어낼 수밖에 없다.─예컨대 자본주의는 노동과 자본 의 대립 모순을 대기업과 하청기업을 대립시키고 정규직 노동자와 비정규직 노동자를 구별하는 방식으로 변형시키고 복잡하게 만들어 버렸지만 그것은 모순이 변형된 것이지 해결된 것은 아니다─ 자본주 의의 모순이 견딜 수 없는 지경이 되면 결국 위기가 터질 것이다. 그런 상황이 되면 나타날 수 있는 대안이 무엇일까. 이제까지의 경험을 놓고 보면 좌파든 우파든 국가와 같은 권력이 개입할 가능성이 가장 크다. 그러나 역사적 경험을 놓고 보면 이러한 권력이 개입한 집단주의적 방법으로 문제는 해결되지 않았으며 민주주의는 크게 훼손되는 결과가 빚어졌다. 아직 시도되지 않은 대안들을 생각해 볼 수 있다. 하나는 신디칼리즘적 형태로 기업민주화가 실현되는 것이다. 그러나 이것이 성공할지는 미지수다. 정치적 민주주의의 역사를 보면 보통선거가 실현되었다고 해서 바로 민주주의가 실현되지는 않았기 때문이다. 주어진 권리와 거기에 대한 책임을 인지하는 데 상당한 시간이 필요한 것이다. 다른 대안은 무정부주의이다. 그러나 그 중 혁명을 통해 시장을 공동체적 질서로 바꾸려는 집단주의적 무정부주의가 성공할 것 같지는 않다. 질서를 근본적으로 변화시키려는 급작스런 시도는 자칫 사회를 더 큰 혼란으로 몰아넣을지도 모른다. 이렇게 놓고 보면 자본주의의 미래는 자본주의의 모순을 수정시키려는 노력을 하는 여러 운동들의 힘이 차츰 커져 나가는 것에만 희망이 있다. 권력을 포함한 사회의 불합리성에 대한 각성이 일어나면서 구조에 대해 저항하는 개인들의 힘이 점점 커지고, 그래서 각성한 개인들의 힘이 구조 자체를 변화시키고 무너뜨릴 수 있을 정도로 강력해져야만 하는 것이다. 그 때 비로소 새로운 질서에 대한 단서를 찾아내게 될 것이며, 그것은 끊임없이 수정되면서 완성을 향해 나아갈 수 있을 것이다. 개인주의적 무정부주의는 그런 운동이 일어나야만 한다는 경각심을 일깨워주고 있는 것이다.

그러고 보면 무정부주의라는 용어는 잘못된 용어라는 생각이 든다. 무정부주의라기보다는 반권력주의라고 해야 타당할 것이다. 아니면 반권력 민주주의라고 하는 것이 더 맞을지도 모르겠다. 국가의 권력만

이 아니라 사회의 권력도 그리고 또 다른 어떤 외부의 권력도 개인을
지배해서는 안 된다는 생각이 이 사상의 요체이기 때문이다. 그렇지만
지배가 없는 국가, 지배가 없는 사회라면 그런 국가와 사회를 거부할
이유는 없을 것이다. 그러니 무지배주의자들은 사실 국가와 사회를
거부하는 것이 아니라 지배가 없는 국가와 사회를 추구하고 있는
것이다. 그런데 고대부터 현대에 이르기까지 역사 속의 모든 국가는
인간을 지배하는 국가였으며 20세기에 들어서도 파시즘과 공산주의
의 국가는 말할 것도 없고 맑시즘의 프롤레타리아 독재나 심지어
보통선거의 대의 민주주의도 이 "지배하지 않는 국가"를 실현시키지
못하고 있는 것이다. 보통선거의 민주주의도 선거 기간 동안 그저
잠시 지배에서 벗어나게 될 뿐 선거가 끝나면 임기가 끝날 때까지의
긴 시간동안 다시 권력자의 지배 상태로 들어가게 되는 것이다. 그리
고 국가만이 아니라 역사 속의 모든 사회 역시 인간을 지배하는
사회에서 벗어나지 못했다. 사회는 다중의 편견 즉 관습과 제도로
인간을 지배하였으며 이런 것들은 국가와 종교가 행사하는 권력에
의해 부과되고 만들어진 가치 체계를 그 토대에 두고 있었다. 대표적
인 것이 남녀관계를 둘러싼 관습과 제도들이다. 결국 역사의 새벽에
국가가 만들어졌을 때부터 지금까지 모든 국가와 사회는 인간을
지배하는 제도로 존재해 왔으므로 무지배주의자들은 국가와 사회에
대해 비판하는 것이다. 그렇지만 지배가 사라진다면 거기에서부터
진정한 국가와 사회가 출현하게 될 가능성이 있다. 서로 존중하는
태도를 가지고, 상호성의 원칙 위에서 형성되어 나가는 인간들의
관계를 발견할 때, 우리는 거기에서 얼마든지 인간들이 함께 연결
되고 소통하면서 만들어 나가는 질서의 가능성을 확인할 수 있기

때문이다. 개인으로부터 출발하는 이러한 인간들의 관계로부터 나타나는 질서야말로 진정으로 민주주의라는 말을 쓸 수 있는 질서가 될 것이다.

더욱 중요한 점은 이러한 민주주의는 현재의 사회를 지배하고 있는 권력 추구의 정신을 생명 추구의 정신으로 바꾸어 놓을 것이라는 점이다. 지금의 사회는 주권이 국민에게 있는 민주화된 사회라고 하지만 거의 모든 사람들이 권력을 추구하는 분위기 속에서 살아간다. 그 권력이 국가권력이든 기업권력이든 문화권력이든 무엇이던 간에 말이다. 권력을 추구하는 과정에서 형성되는 인간들의 관계는 지배와 복종의 관계가 될 수밖에 없다. 그러나 진정한 민주주의가 실현된 사회에서 인간들의 관계는 사랑과 존중을 매개로 하여 형성되어 나갈 것이다. 영국에서 출현한 여러 종류의 사회주의 사상들은 정치의 민주화와 경제의 민주화 등을 주장하며 민주주의의 연장선상에 자신을 위치시켰다. 그러나 그 민주화는 권력을 장악하기 위한 민주화였을 따름이다. 이 민주화는 다수가 권력을 잡기만 하면 민주화가 실현된다는 의미를 지니며 따라서 민주화의 전선은 권력을 유지하려는 소수와 권력을 획득하려는 다수 사이에 형성되었다. 그에 비해 개인주의적 무정부주의는 민주화의 의미와 전선을 완전히 바꾸어 놓는 새로운 패러다임을 제시하는 민주화 운동인 셈이다. 이는 정당한 권력을 만들기 위한—권력의 크기는 그대로 둔 채— 민주화 운동이 아니라 권력에 대한 개인의 통제가 가능할 정도로 권력을 잘게 부수는 민주화 운동인 것이다.

근대로 접어들며 사람들은 역사의 새벽에 탄생한 지배자의 권력을 국민들의 권력으로 바꾸는 것에 집착했다. 이것이 바로 근대 민주주의의 역사다. 그러나 그러한 처방이 권력이 제기하는 본질적 문제인 지배의 문제를 해결하지 못했다는 점은 거의 분명해진 것 같다. 아울러 근대 민주주의 운동은 권력을 추구하는 정신을 바꾸어 놓는데 아무런 효과를 발휘하지 못했을 뿐 아니라 오히려 그러한 정신을 더욱 조장하였음을 보여주었다. 그렇다면 근대 삼백 년의 민주화 운동은 결국 실패한 것이며―혹은 커다란 한계를 지니고 있는 셈이며 ― 따라서 민주화 운동은 권력 추구의 정신을 바꾸는 운동, 즉 이제까지의 민주화 운동과는 달리 생각의 틀을 바꾼 새로운 운동으로 진행되어야 할 것 같다. 권력에 대한 관심보다 생명에 대한 관심을 가지고 삶을 추구해 나가는 사회가 진정한 민주주의 사회일 것이다.

집단주의적 사회주의가 사회운동가 혹은 정치운동가에 의해 추구되고 신디칼리즘이 노동조합주의자들에 의해 추구되면서 운동가들은 사회를 개혁하려고 했지만 이들은 사실상 번영과 정의의 문제 어느 것도 해결하지 못했다. 운동은 종종 왜곡되었고 혁명이 일어난 곳에서 왜곡은 더 심했다. 권력을 무너뜨리기 위해 더 큰 권력을 행사하려 했던 모든 시도들이 결국은 새로운 형태의 지배를 낳는 방식으로 귀결되어 버렸다. 그래서 무지배주의자들은 기존의 개혁 운동방법에 대해 근본적으로 비판하고 있는 것이다. 나쁜 권력을 무너뜨리기 위해 기존의 권력을 붕괴시킬 더 큰 권력을 만들어 내어야 하고 그리고 누군가가 이 큰 힘을 이끌어서 기존의 나쁜 권력을 무너뜨리고 좋은 권력을 세우는 방식으로 운동이 전개되어야 한다는 생각을 정면으로 비판하는 것이다. 나쁜 권력을 붕괴시켜야 한다면 외부에서 가해지는 힘에 의해서가 아니라 바로 내가 붕괴시켜야 하는 것이다. 새로운 권력을 만들지 않으면서 권력이 붕괴되어야만

악순환의 고리가 끊어지는 것이다. 권력을 잡겠다는 욕심을 갖지 않은 수많은 개인들의 저항으로 권력을 붕괴시켜야 하는 것이다. 이러한 저항 운동은 단번에 권력을 무너뜨리지는 못하겠지만 지속적인 공격을 통해 차츰 권력을 무너뜨리게 될 것이다. 권력도 단번에 사라지는 것이 아니라 쪼개지고 쪼개지면서 점점 사라져 갈 것이다. 그리고 이런 저항이 성공하기 위해 운동과정에서 일어나야 할 필수적인 사항은 사람들의 정신이 변화되는 것이다. 사람들은 개인의 자유라는 가치가 무엇보다 중요하다는 믿음과 함께, 개인은 개인으로서 타인에 대한 책임을 져야 한다는 믿음을 가진 존재로 변화되어야 하는 것이다. 결국 운동은 양 방향에서 전개되며 그것이 상호작용을 일으킬 때만 성공할 수 있을 것이다. 권력을 잘게 깨뜨려 나가는 제도를 향한 운동과 책임있는 인간을 만들어 나가는 개인을 향한 운동이 그것이다. 그러므로 무지배주의자들은 영원한 인문학 교육자이며 영원한 계몽운동가들이며 영원한 과학자들이며 영원한 저항자들이며 영원한 개혁가들인 셈이다.

그러나 개인주의적 무정부주의에도 몇 가지 문제점을 지적해 볼 수 있다. 우선 가장 큰 문제점은 전쟁에 대한 입장과 관련해서 지적해 볼 수 있다. 이들이 전쟁을 당하는 입장에 놓여 있는 국가의 국민들에 대해 내리는 처방은 "회피"이다. 어찌 보면 비겁한 태도로 비칠 수 있는 이러한 처방을 뉴아나키스트들은 강조하고 있다. 이런 주장이 겁쟁이의 옹졸한 마음에서 나온 것이 아니라는 점을 인정할 수 있다 해도 이러한 방법에 대해서는 비판해 볼 구석이 있다. 왜냐하면 뉴아나키스트의 입장은 패배주의에 빠져 있는 것으로 보이기 때문이다. 어떤 세력과 싸우기 위해 개인의 희생을 강요할 수 없다는 주장은 타당한 것으로 보이지만 투쟁을 위해 개인들이 자발적으로 나설 수 있다는 점도 인정해야 할 것이다. 이때 개인들은 사랑하는 무언가를 위해 나서는 것이니 그 개인들의 행위를 비판할 수만은 없을 것이다. 뉴아나키스트들이 야만에 맞서지 말고 야만을 피할 것을 주문하는 이유는 야만에 맞서는 행위는 결국 야만으로 귀결된다는 점을 알고 있었기 때문일 것이다. 그래도 야만에 대해 싸움을 회피하며 그것이 제풀에 지쳐 가라앉을 때까지 기다리는 방식의 처방이 과연 유일한 처방인가 하는 점은 생각해 볼 일이다. 이는 마치 한 쪽 뺨을 내주면 다른 쪽 뺨을 내주라는 종교적 차원의 처방과도 유사하게 보이는 것이다.

전쟁을 막기 위한 뉴아나키스트의 방법은 결국 국가의 권력을 제거하는 것이다. 그러기 위해서 이들이 제시하는 방법은 국민들의 직접행동과 불복종 운동이다. 그러나 이 운동은 끊임없이 계속되는 혁명이기는 하지만 단번에 이루어지는 혁명은 아니다. 게다가 이러한 운동은 전쟁이 일어나려 할 경우 전쟁의 당사국들 모두에서 신속하게 일어나야 실효성이 있을 것이다. 그래서 이런 방법이 장기적인 관점에서는 전쟁에 대한 매우 훌륭하고 근본적인 전략으로 작동할 수 있다는 점을 인정한다 해도 임박한 전쟁에 대해 즉시 제시할 수 있는 전략이 될 수 있을 것인가에 대해 의구심을 제기하게 되는 것이다.

두 번째 문제점은 자본주의의 문제에 대한 처방과 관련하여서이다. 개인주의적 무정부주의자들은 자본주의의 문제를 해결하는 것은 독점을 제거하는 것이라는 점을 잘 지적하였다. 그리고 그것이 국가권력과 연결되어 있다는 점도 잘 지적하였다. 그렇지만 국가권력이 사라진다 하여 독점의 문제가 모두 사라질 것인지는 의문이다. 국가권

48

력이 사라지면 많은 독점들이 사라지게 될 것이지만 국가권력이 없어도 유지될 수 있는 독점이 있을 수 있으며 아울러 시장 안에서 발생하는 독점들도 있기 때문이다. 따라서 국가권력이 없는 상황에서 독점을 막을 수 있는 방법들에 대한 전략이 다양하지 못하다는 점에 대해 문제점을 제기해 보아야 한다. 누구라도 변호사가 될 수 있고 누구라도 의사가 될 수 있도록 직업의 독점을 제거하는 작업은 가능하다 해도 누구라도 토지를 사용할 수 있도록 토지 사용권의 독점을 제거하는 작업과 같은 것은 국가권력을 없애는 것으로 바로 해결될 수 있는 문제는 아니라고 보이기 때문이다.

그래서 세 번째 문제점이 제기될 수밖에 없다. 과연 사회에 어떤 성격의 조정자가 없어도 개인들은 조화를 찾고 그 조화를 유지해 나갈 수 있을 것인가 하는 문제이다. 여기에 대한 답은 무정부주의자의 강력한 긍정에도 불구하고 사실 그럴 수도 있고 아닐 수도 있다는 것이다. 비록 오웰이 인간의 온전함decency을 주장하고 컴포트가 인간의 응집성cohesion을 강조한다 해도 이 문제에 대한 의구심을 완전히 떨쳐 버릴 수 없다. 아마도 여기에 대한 궁극적 해답은 인간에 대한 정의에 달려 있을 것이다. 그래서 이런 의구심으로 인해 집단주의와 개인주의 사이에서 어떤 조화를 찾으려는 노력이 종종 나타나는 것이다. 코울G.D.H. Cole의 길드사회주의가 그러하고 오웰George Orwell이 후기에 민주 사회주의를 표명한 것이 그러하다. 그러나 어떤 경우라도 국가의 간섭은 개인을 위한 것이어야 하며 그 정도는 최소화되어야 하고, 무게중심은 개인에게 놓여져야 한다는 점이 이들에게도 공통적으로 강조되고 있다는 사실에 유의해야 할 것 같다.

끝으로 지적하고 싶은 중요한 점 한 가지는 무정부주의자들이 권력에 반대한다는 점이 무정부주의자들이 힘을 부정하고 있다는 것을 의미하지는 않는다는 점이다. 무정부주의자들은 권력의 지배를 부정하는 것이지 힘 자체를 부정하지는 않는 것이다. 오히려 그와는 반대로 힘을 추구한다는 점을 지적하고 싶다. 이들이 국가권력에 대해 항의하며 불복종과 직접행동에 대해 단호한 결단을 내리는 개인을 추구했을 때, 인간이 대면하는 가장 강력한 적대적 대상인 죽음에 대해 결연히 맞서는 인간을 그렸을 때, 사회의 제도와 관습에 맞서 싸우며 편견을 두려워하지 않는 인간을 제시했을 때, 국가나 집단에 매몰되지 말고 타인에 대하여 개인으로서 책임을 져야 하는 용기를 강조할 때 이들은 모두 자신의 불완전함으로 인해 초월적 존재에 종속되는 인간이 아닌 주체적 입장을 견지하는 인간이 될 것을 추구하며, 집단적 의사에 흔들리지 않고 굳건한 의지를 견지할 수 있는 강력한 개인이 될 것을 추구하고 있는 것이다.

이 책은 영국의 무정부주의에 대해 내가 연구했던 몇 가지 테마에 대한 글들을 묶어서 만들었다. 크게는 19세기 말의 개인주의적 무정부주의와 20세기 중반기의 오웰의 사상(토리 아나키즘을 포함한)과 20세기 중후반기의 알렉스 컴포트의 뉴아나키즘 사상을 다루고 있다. 오웰을 무정부주의자의 범주에 넣는 것에 대해 이의를 제기할 수 있겠지만 그에게 무정부주의 사상이 매우 중요하고 큰 부분으로 자리잡고 있다는 점은 분명한 것으로 보였기에 무정부주의의 범주에서 다루어도 무방하다고 생각했다. 대학시절 나의 은사들은 팔이 하나 떨어져 나가는듯한 고통을 감내하면서 글을 쓰라고 주문했다. 물론 그 분들이 실제로 자신에게 그런 기준을 적용했는지는 알 수 없다. 단지 그런 주문을 놓고 나의 글을 되돌아보면 나는 부끄럽기

짝이 없다. 내 글에 대해 흠이 잡히지 않으려는데 급급했을 따름이지 정말 팔이 하나 떨어져 나가는듯한 절실한 고뇌가 담긴 글을 썼는지 내 자신에게 반문하게 되기 때문이다. 그저 내가 한 연구가 누군가가 인간과 사회에 대해 새로운 발견을 하는데 조금이라도 도움이 될 수 있지 않을까 하는 기대로 나 자신을 위로해 볼 따름이다.

2018년 11월 연구실에서

글 싣는 차례

서문 13

영국의 무정부주의 및 관련된 주요 사건들의 연표 54

1장 영국 자본주의에 대한 개인주의적 무정부주의의 비판

개인주의에서 나온 자본주의 비판 : 反대의 민주주의와 反독점 사상 ······ 59

1. 머리말 ·· 61
2. 대의 민주주의에 대한 도전 ··· 64
3. 반독점의 경제학 ·· 74
4. 개인주의적 무정부주의의 방법론 ·· 80
5. 맺음말 ·· 85

2장 영국의 개인주의적 무정부주의와 경제적 해방

가치와 재산에 대한 입장과 자유 화폐론 ································· 89

1. 머리말 ·· 91
2. 가치 및 재산론 ··· 94
3. 자유 화폐론 ··· 104
4. 맺음말 ·· 116

3장 영국의 개인주의적 무정부주의와 사회적 자유

결혼(marriage)과 성(sex)에서 자유의 의미 ················· 121

1. 머리말 ·· 123
2. 사회적 억압에 대한 도전 – 결혼제도와 성의 문제 ············ 126
3. 과학과 결혼, 성 ·· 131
4. 서자권리회복 운동과 『디 애덜트』 ································· 139
5. 맺음말 ·· 145

4장 조지 오웰의 무정부주의와 사회주의

좌파를 비판한 좌파의 사상 : 토리 무정부주의와 민주적 사회주의의 만남
··· 149

1. 머리말 ·· 151
2. 무정부주의적 요소 – 토리 무정부주의 ························· 155
3. 민주적 사회주의의 두 요소 ·· 164
4. 맺음말 ·· 182

5장 조지 오웰의 혁명 개념과 애국심

무정부주의자의 애국심? ··· 185

1. 머리말 ·· 187
2. 혁명 개념의 특이성 ·· 188
3. 오웰의 계급분석 – 혁명의 견인세력 ······························ 199
4. 애국심과 혁명 – 혁명을 이끄는 정신 ····························· 208
5. 맺음말 ·· 222

6장 알렉스 컴포트의 뉴아나키즘

권력, 평화주의 그리고 성(sex)의 문제 ……………………………………… 225

1. 머리말 …………………………………………………………… 227
2. 권력의 민주화? ………………………………………………… 228
3. 평화주의와 반전의 의미 ……………………………………… 236
4. 새로운 혁명개념 – 평화적 행위의 집적체로서의 혁명 …… 240
5. 성(sex)과 사회적 응집 ……………………………………… 250
6. 신자유주의, 뉴아나키즘과 개인의 책임 …………………… 254
7. 맺음말 …………………………………………………………… 256

7장 조지 오웰과 알렉스 컴포트 사상의 비교

토리 아나키즘 vs 뉴아나키즘 …………………………………………… 259

1. 머리말 …………………………………………………………… 261
2. 오웰과 컴포트 사상의 유사점들 …………………………… 265
3. 오웰과 컴포트 사상의 상이점들 …………………………… 277
4. 맺음말 …………………………………………………………… 291

참고문헌   293

주   303

찾아보기 337

영국의 무정부주의 및 관련된 주요 사건들의 연표

1883년   헨리 세이무어, 바쿠닌의 『신과 국가 God and the State』 출판. 페이비언 협회 Fabian Society 수립됨.

1884년   사회민주 동맹 Social Democratic Federation 결성됨.

1885년   헨리 세이무어, 잡지 『무정부주의자 The Anarchist』 출간 시작. 사회주의자 연맹 Socialist League 결성됨.

1886년   크로포트킨 Kropotkin 영국 도착. 샬롯 윌슨 Charlotte Wilson 등과 함께 프리덤 그룹 Freedom group을 만들면서 『자유 Freedom』 발간함.

1887년   사회주의자 연맹 안에서 의회를 강조하는 분파에 대응하여 아나키즘 경향이 대두함.

1888년   사회주의자 연맹 안에서 의회를 강조하는 분파 추방됨.

1889년   헨리 세이무어, 『혁명 리뷰 The Revolutionary Review』 발간. 사회주의자 연맹 회의 Socialist League Council에서 아나키스트가 다수가 됨.
8월, 9월 런던 부두 스트라이크 London Dock Strike 발생함. 비숙련자들의 노조가 조직되고 파업 일어남.

1890년   알버트 탄 Albert Tarn, 『무정부 소식 Herald of Anarchy』 발간. 윌리엄 모리스와 햄머스미스 지부가 이탈하면서 사회주의자 연맹은 쇠락함.

1891년   『세필드 무정부주의자 *Sheffield Anarchist*』 출간됨. 케어 하디 Keir Hardie 하원
의원에 선출됨.

1892년   월살 Walsal 아나키스트들이 폭파 음모로 재판을 받음. 『자유 교환 *Free
Exchange*』 발간됨. 헨리 세이무어 등 여기서 활동.

1893년   리즈 Leeds에서 서자권리회복연맹 Legitimation League 결성됨. 세이무어, 배
드콕, 피셔 등 개인주의적 무정부주의자 참여하여 활동함. 서자권리회복
연맹의 기관지로 『성인 *The Adult*』 출판됨. 브랫포드 Bradford에서 독립노동
당 Independent Labour Party 결성됨.

1895년   헨리 세이무어, 『자유 *Liberty*』에 「Monomaniacs: a Fable in Finance」 게재.

1897년   헨리 세이무어가 서자권리회복연맹 Legitimation League의 잡지 『성인: 성적
관계의 자유의 진보를 위한 저널 *The Adult: A Journal for the Advancement of Freedom
in Sexual Relationship*』의 편집장을 맡음.

1898년   헤벌록 엘리스 Havelock Ellis의 『성적 도착 *Sexual Inversion*』을 배포한 것으로
인해 베드버로우 Bedborough가 기소됨.

1903년   여성 사회 정치 연합 Women's Social and Political Union 결성됨.

1907년   직접 행동주의자의 산업 동맹 Industrial Union of Direct Actionists의 잡지로
『노동의 소리 *Voice of Labour*』 창간됨.

1909년   가이 알드레드 Guy Aldred가 투옥 당함.

1910년   가이 알드레드 Guy Aldred가 『저항 소식 *Herald of Revolt*』 발간.

1912년   리즈 Leeds에서 아나키스트 회의 열림. 주간지 『아나키스트 *Anarchist*』 창간.

1913년   리버풀 Liverpool에서 아나키스트 회의 열림.

1914년   뉴카슬 Newcastle에서 아나키스트 회의 열림. 크로포트킨 독일에 반대하여

전쟁을 지지함. 킬Keell이 『자유Freedom』를 넘겨받음.

1916년   『자유Freedom』 급습 당함. 킬Keell은 투옥됨. 많은 아나키스트들이 양심적 병역거부자conscientious objector를 선언하고 감옥으로 감.

1921년   가이 알드레드Guy Aldred 투옥됨.

1927년   『자유Freedom』 발간 중지함.

1929년   실업자들, 글래스고우에서 런던까지 기아행진Hunger March 벌임.

1936년   오웰, 잉글랜드 북부 탄광 지역의 생활을 경험하면서 『위건 부두로 가는 길The Road to Wigan Pier』 집필. 스페인에서 내란 발생, 오웰은 12월 스페인의 카탈로니아로 향함. 그는 통합맑스주의노동당POUM: Partido Obrero de Unificación Marxista; Workers' Party of Marxist Unification에 참여하고 여기서 무정부주의의 모습 발견함.

1937년   『위건 부두로 가는 길The Road to Wigan Pier』 출판됨. 코민테른의 공작 속에서 바르셀로나에서 벌어진 "5월 사건"으로 POUM은 와해되고 조지 오웰은 목에 관통상을 당함.

1938년   스페인 내전 중 바르셀로나에서 벌어진 소련 공산당에 의한 스페인 무정부주의자들의 탄압을 고발하는 『카탈로니아 찬가Homage to Catalonia』 출판됨.

1942년   조지 오웰과 알렉스 컴포트 전쟁 참여를 놓고 논쟁 벌임.

1945년   조지 오웰의 『동물농장』 출판됨.

1949년   조지 오웰의 『1984』 출판됨.

1957년   핵전쟁에 반대하는 평화주의 조직으로 직접행동위원회Direct Action Committee: DAC가 조직됨.
          핵무기 사용에 반대하는 핵무기 폐기 운동 협회Campaign for Nuclear

Disarmament: CND 조직됨.

1958년   전쟁에 반대하고 평화를 주장하며 부활절 주간에 올더마스턴에서 런던
         까지 행진하는 비폭력 저항운동인 올더마스턴 행진 the Aldermaston March이
         시작됨. 1965년까지 계속됨.

1960년   반전 그룹인 100인 위원회 Committee of 100가 조직되고 시민불복종 운동이
         전개됨.

1장
영국 자본주의에 대한
개인주의적 무정부주의의 비판

개인주의에서 나온 자본주의 비판 :
反대의 민주주의와 反독점 사상

개인주의적 무정부주의는 국가에 대해 개인이나 소수의 지배만이 아니라 다수의 지배마저 배격하고 권력이 개인 주권의 단계로까지 나아가야 한다는 주장을 담고 있다. 이 이념은 대의 민주주의를 거부했지만 민주주의를 거부했다기보다는 대의 민주주의의 비민주성을 비판했다고 보아야 할 것이다.

개인주의적 무정부주의는 자본주의를 비판하면서도 자본주의의 본질인 시장을 중시했다. 이 이념을 대표하는 헨리 세이무어는 시장을 파괴하려 하지 않았고 오히려 시장의 원리인 경쟁을 옹호함으로써 시장을 정상 상태로 돌려놓으려 했다. 그는 자본주의의 모순을 독점에서 발견하였고 이것을 공정한 경쟁의 원리를 실현시킴으로써 해결하려고 했다. 자본주의를 비판함으로써 개인주의적 무정부주의는 자유만능주의적 자본주의libertarian capitalism로 빠져 들어가지 않았다.

헨리 세이무어

1. 머리말

영국에서 무정부주의 사상과 운동은 사회주의 운동에 비해 뚜렷이 부각되지 않았다. 러셀은 그의 책『자유로의 길』에서 사회주의, 무정부주의, 신디칼리즘을 균형있게 다루면서도 서문에서 무정부주의는 신디칼리즘의 수정된 형태에서 드러났을 뿐 결코 널리 퍼진 이념은 되지 못하였다고 지적했다.[1] 하지만 19세기말 유럽의 자본주의에 대한 비판은 자본주의의 경제적 모순에 대해 함께 비판하면서도 권력의 문제를 둘러싸고 두 개의 커다란 경향으로 갈라졌다. 혁명을 택하든 의회를 택하든 권력을 추구하는 쪽에 섰던 비판세력에는 사회주의라는 용어가 쓰여진 반면 권력 자체를 거부하는 쪽에 섰던 비판세력에는 무정부주의라는 용어가 붙여졌다.

이 두 경향의 차이는 제1인터내셔널에서 이미 맑스와 바쿠닌의 갈등으로 부각되었지만 영국에서는 19세기말까지 여전히 두 사상이 서로 공유하는 부분이 더 크다고 인식되었던 것으로 보인다. 『아나키스트』가 1887년 11월호에서 무정부주의의 경제적 내용은 사회주의라고 밝히고 있는 것을 보면 이런 점을 알 수 있다.[2] 19세기말 사회개혁 운동과 여성운동을 옮겨 다닌 샬롯 윌슨이 자신의 이데올로기를 가장 포괄적인 방식으로 묘사하기 위해 무정부주의적 사회주의라는 용어를 선택한 사실도 이를 증명하고 있다.[3] 권력에 대한 방향이 달랐지만 무정부주의와 사회주의가 기본적으로 개인의 자유와 사회적 평등을 추구하는 공동의 관심을 가진 두 개의 경향이었다는 점은 윌슨이 조직했던 함스테드 역사 클럽The Hampstead Historic Club의 이름에서도 찾아볼 수 있다. 1884년 윌슨이 조직한 이 클럽은 처음에

칼 맑스 클럽이라는 이름을 사용하며 『자본론』을 읽는 스터디그룹으로 시작되었다. 시드니 웹은 이를 두고 "윌슨부인의 경제학 차 모임"이라고 불렀는데 이 모임은 이후 페이비언들의 정책이 만들어지는 데 중요한 역할을 하게 된다. 여기에는 시드니 웹, 버나드 쇼, 애니 베산트, 시드니 올리비어, 그래엄 왈라스 등 페이비언 협회의 초기 구성원들이 다 들어 있었기 때문이다. 그런데 이들은 맑스를 읽은 후 다음의 한 해를 무정부주의를 공부하는 데 바쳤다. 그리고 모임의 이름을 프루동 클럽이라고 수정했다. 그 후에 이 모임의 이름이 보다 중립적인 함스테드 역사 클럽The Hampstead Historic Club으로 개칭된 것이다. 이런 일련의 과정은 이 클럽에 페이비언들만이 아니라 프랑스와 러시아의 망명자들이 있었으며 국가사회주의자와 무정부주의자들이 뒤섞여 활동했음을 보여주고 있다.4)

19세기말 영국에서 무정부주의가 사회주의와 함께 작용했던 중요한 대안 이데올로기였음에도 불구하고 "영국의 무정부주의"라는 개념이 낯설게 여겨지는 것에는 이유가 있다. 무정부주의 운동 자체가 집단주의적 사회주의의 인기에 압도되어 그 의미가 희석된 부분도 있었지만 무정부주의 안에서도 바쿠닌, 크로포트킨 등 망명가들로 대변되는 사회적 무정부주의social anarchism가 무정부주의 사상의 주도권을 장악하고 있었기 때문이다.5) 하지만 영국의 무정부주의 사상에는 러시아에서 들어온 무정부주의와는 다른 또 하나의 갈래가 있었다. 마치 대륙의 사회주의 사상이 페이비언적 수정을 거치고, 대륙의 생디칼리즘이 톰 만의 변형을 거치듯이 대륙의 무정부주의도 영국에서는 또 다른 무정부주의의 경향을 낳았던 것이다.

이러한 경향은 영국의 지적 전통의 조류를 타고 있었으며 그 바탕에는 영국 급진주의의 여러 조류가 깔려 있었다. 그 중의 하나로 세속주의 운동과 자유사상freethought을 들 수 있는데 찰스 브래들로우의 친구였던 헨리 세이무어는 바로 이 운동을 통해 무정부주의로 나아갔다.[6] 그는 국가는 교회의 다른 반쪽이며 무정부주의자들은 자유사상가Freethinker들이 교회에 대해 하는 일을 국가에 대해 하고 있다고 주장했다.[7] 자유주의 사상도 한 몫을 했다. 허버트 스펜서의 사상은 후기로 가면서 결국 보수파의 이익에 조율되어 버리긴 했지만 그의 사상에서 무정부주의를 읽어 낸 사람들도 여럿 있었다. 개인의 자유에 대한 보장과 국가의 어떤 간섭도 거부하는 태도 등은 무정부주의의 핵심 개념과 연결되고 있었기 때문이다. 버크의『자연적 사회에 대한 옹호』도 곧윈Godwin에 의해 영국 무정부주의의 초기 사상으로 평가된 이후『아나키스트』등의 잡지에서 지속적으로 선전되는 것을 볼 수 있다.

이러한 전통 위에서 등장한 무정부주의는 크로포트킨의 계급투쟁적 무정부주의와는 달랐는데 여기에는 개인주의적 무정부주의individualistic anarchism라는 이름이 붙여졌다.[8] 두 경향 다 개인의 자유를 공약했지만 이들은 경제 문제 특히 재산과 교환의 문제에 대해 의견이 분명하게 갈라졌다. 계급투쟁적 무정부주의가 재산 없는 사회를 추구했던 반면 개인주의적 무정부주의는 사용과 노동을 통한 소유권과 자유롭게 협상되는 교환과 거래의 체제를 옹호했다.[9] 이러한 경향에 서 있었던 사람들로서 알버트 탄, 존 배드콕, 존 암스덴, 존 바실 반힐, 로쓰롭 워씽튼 등 여러 사람이 출현했다. 그런데 그들 중에서도 가장 많은 출판물을 남겼을 뿐 아니라『무정부주의자』,『혁명 리뷰』,『성인』등 여러 무정부주의 잡지들의 편집장으로 일하며 가장 활동적인 면모를 보여 주었던 사람은 헨리 세이무어였다. 그는 서자 권리회복legitimation 운동과 자유통화free currency 운동, 결혼 및 성과 관련한 여러 운동에 관여했을 뿐 아니라 말라테스타, 토차티, 엠마 골드만, 조세핀 틸튼, 세바스티안 포레, 루이즈 미셸, 벤자민 터커 등 다양한 무정부주의자들과 교류하며 종횡무진으로 활동한 인물이기도 했다.10) 여러 출판물을 통해 드러나는 그의 사상은 무정부주의의 넓은 경향 위에 서 있으면서도 프루동, 바쿠닌, 크로포트킨으로 대별되는 무정부주의와는 차별화되는 여러 가지 생각들을 보여주고 있어서 무정부주의에 대한 새로운 시각을 갖게 만든다. 그의 사상은 영국의 무정부주의는 어떻게 사회주의적 시각으로 자본주의를 비판하면서도 자유주의적 시각으로 집단주의적 사회주의를 함께 비판할 수 있는가를 보여주는 하나의 좋은 예를 제공하고 있다. 그래서 여기서는 세이무어의 사상을 통해 개인주의적 무정부주의에 대해 다음과 같은 질문을 던져 본다. 과연 개인주의적 무정부주의는 민주주의를 거부했는가, 자본주의에 대해서는 어떻게 비판했는가, 개혁의 방법론으로 제시한 혁명에 대해서는 어떤 입장을 가졌는가 하는 질문을 던지며 여기에 답해 보도록 하겠다.

2. 대의 민주주의에 대한 도전

세이무어가 대의 민주주의를 비판하고 거부했다는 사실은 마치 그가 민주주의를 거부하고 있다는 인상을 주고 있다. 하지만 과연 그를 비롯한 개인주의적 무정부주의자들은 반反민주주의자들인 것일까? 여기에 대해서는 주의를 기울여야 하며 따져 보아야 할 부분들이 있다.

세이무어는 이미 자신들이 오해를 받고 있다는 점을 잘 알고 있었다. 그래서 세이무어는 많은 사람들이 아나키즘을 혼란confusion과 무질서disorder한 상태로 보고 있다는 점을 지적했다.[11] 그렇지만 세이무어는 이러한 평가야말로 무정부주의에 대한 극단적인 오해라고 주장한다. 그는 정부가 없는 상태에서 안정되고 평화로운 삶이 유지되는 여러 사례들을 다음과 같이 제시했다.

> 본윅Bonwick은 타스마니아의 지배가 없는 부족들에 대해 말하고 있는데 그들의 행복한 사냥터는 적절하게 분배되어진다는 것이다. … 피츠로이Fitzroy는 만약 파타고니아인들은 그의 이웃을 해치지 않는다면 그들은 다른 사람들에 의해 침해받지 않는다고 알려 준다. 월러스Wallace는 유아우페족Uaupe's에 대해 말하는데 그들은 어떤 종류의 법도 갖고 있지 않다는 것이다. … 핫숀Hartshorne은 우드-베다족 Wood-Veddahs은 완전히 문명과는 거리가 멀지만 어떤 사람이 그에게 속하지 않는 것을 갖는다거나 그의 동료를 때린다거나 거짓말을 하는 것을 생각할 수 없는 것으로 여긴다고 말한다.[12]

세이무어는 실증적 사례들을 들면서 정부가 없는 상태에서 투쟁과 혼란이 일어난다는 홉스적 명제를 거부했다. 그러므로 아나키Anarchy의 개념에 대한 사전적 정의는 완전히 왜곡되어 있었다. 사전에서 아나키Anarchy는 무질서disorder로 정의되고 있기 때문이었다. 세이무어는 다음과 같이 지적했다.

아나키는 사전에서 무질서disorder로 정의되는데 이것은 오류이다. 아나키An-archy는 정부(통치)가 없는without government 상태를 의미한다. 정부(통치)government는 제약constraint을 의미한다. 그러므로 아나키는 제약이 없는 상태 즉 자유를 의미한다. 사전적 정의의 오류는 정부(통치)가 없으면 무질서가 자연적으로 나타난다는 가정에 기초하고 있다. 사실은 그 반대이다. 이것은 역사의 사실에 의해 증명되었다. 제약이 없는 곳에서는 개인의 권리에 대한 상호 인정이 존재하게 된다. 그리고 조화와 상호주의가 나타나게 된다. 이것이 완벽한 질서의 기초인 것이다.[13]

세이무어가 아나키의 상태를 조화로운 상태로 규정하였다면 국가와 정부가 없다는 의미를 지니는 아나키는 민주주의와는 어떤 연관성을 갖는 것일까? 여기에 대한 답변을 얻기 위해서는 아나키의 구체적 의미에서부터 출발해야 할 것 같다. 세이무어에게 아나키는 단순하고 순수한 자유liberty를 의미하고 있었다. 그런데 이 자유는 모두에게 평등하게 주어져 있었다. 여기서 하나의 과학적 원리가 탄생했다. 즉 평등한 자유의 법칙law of equal liberty이라는 원리인 것이다.[14] 모두에게 자유가 평등하게 주어져 있는 상태에서 자유와 권리는 상호성reciprocity에 기초하고 있었다. 그러므로 지배와 권력의 행사는 오직 자신만이 할 수 있는 영역이었다. 이러한 전제에서 세이무어는 주권의 자리에 왕도, 대통령도 올라설 수 없다고 생각했다. 그리고 세이무어는 여기서 한 발 더 나아갔다. 설사 다수의 뜻이라 해도 다수가 지배력을 행사해서는 안 된다는 생각을 제시한 것이다. 즉 다수가 소수의 삶과 자유를 규제하려는 시도 역시 전제tyranny에 해당된다고 주장한 것이다.15) 어떤 종류의 소수자들에게도 다수는 전횡을 저질러서는 안 되며, 수의 강제력은 비판받아야 했다.16)

대의 민주주의에 대한 판단은 이러한 시각으로부터 시작된다. 이런 생각 위에서 의회를 바라볼 때 세이무어의 눈에 의회는 단지 다수가 소수를 지배하기 위해 권력을 획득하려 하는 싸움터로 간주되었다. 의회가 행사하는 권력을 정당화하기 위해 동원되는 선거권과 투표는 세이무어의 눈에는 전제행위를 은폐하기 위한 사기 행위에 불과했다. 그는 다음과 같이 주장했다.

> 무정부주의자는 투표함을 사기sham로 간주하고 선거권을 광대극 farce으로 간주한다. 선거권을 확대하는 것은 무정부주의자가 없애려 고 하는 국가를 단지 강화시킬 따름이다. … 투표함은 복권lottery이며 곧 중세 미신의 잔재인 것이다. 여기서 이 편 혹은 저 편이 승리하겠지 만 국민은 늘 패배하는 결과를 낳게 되는 것이다.17)

그러니 선거권의 확대 같은 것도 무의미했다. 그런 행위는 무정부주 의자들이 없애려고 하는 전제적 권력을 오히려 정당화하고 강화시키 는 결과를 낳을 따름이었다. 민주주의를 이해하는 방식은 여러 가지가 있을 수 있겠지만 민주주의의 궁극적인 의미를 국가가 개별 시민과 동의어가 될 수 있을 정도로 권력이 개인과 밀착되어 결국 자기 지배의 원리를 실현시키는 상태라고 규정해 볼 수 있다면 선거권의 확대가 민주주의를 실현시키는 것도 아니었다. 왜냐하면 선거권의 확대는 대의 민주주의의 기반을 확대시킬지는 모르지만 대의 민주주 의의 본질을 변화시키는 것은 아니었기 때문이다. 세이무어의 눈에는 의회는 대표자들이 뽑혀 다수결의 원리로 서로 지배권을 다투는 권력 기구였을 따름이지 자기 지배의 원리를 실현시키는 기구가 아니었다.

의회에 의해 민주주의가 완성되거나 실현되지 않는다면 세이무어에게 대의 민주주의라는 개념은 다소 기만적이었다. 의회조차 지배의 기구였기 때문이다. 세이무어는 다음과 같이 주장했다.

> 신Right Divine의 통치(신을 대리하는 정부-야만의 산물)로부터 헌법의 통치와 보통선거에(국민주권이라는 정치적 미신 위에 세워진 민주Democracy 정부) 이르기까지 계급 지배라는 하나의 원리가 지배적이었다. 우리가 한 사람에 의해 지배당하든 백만 명에 의해 지배당하든 거기에는 차이가 없다. 우리는 똑같이 지배당하고governed 있는 것이다.[18]

그래서 세이무어는 대의 민주주의를 실현시킨 국가를 포함하여 어떤 국가도 정의롭지 못하며, 불평등과 부정의의 기반 위에 서 있다는 주장을 했던 것이다.[19]

그런데 세이무어는 이러한 국가의 도덕성에 대한 비판과는 별도로 국가의 필요성 자체에 대해 의문을 제기했다. 국가의 중요한 기능은 법을 만드는 것인데 세이무어는 그러한 법률들은 불필요하다고 생각했기 때문이다. 이러한 결론의 바탕에는 법률 일반에 대한 세이무어의 생각이 깔려 있었다.

우선 그는 모든 법은 그것이 한 사람에 의해 만들어졌든 다수의 이름으로 만들어졌든 개인을 지배하려는 의도를 가지고 있으며 해로운 것이라고 보았다. 입법은 해로운 것이라는 생각은 법률 전체에 대한 부정적 사고로 이어졌다. 입법의 해악을 지적하는 점에서 세이무어는 허버트 스펜서와 견해를 공유하고 있다.20)

세이무어는 법이 인간을 도덕적으로 만들고 있기 때문에 법이 필요하다는 법률 옹호자들의 주장도 반박했다. 세이무어는 인간은 원래 선하지도 악하지도 않다는 인간관을 가지고 있었다. 그는 인간을 만드는 것은 환경이라고 주장했다. 그러므로 환경을 좋은 방향으로 유도하는 것이 중요했다. 세이무어는 환경을 법의 방향이 아니라 자유의 방향으로 만들어 나가야 한다고 주장했다. 인간을 자유의 방향으로 나가게 하면 그는 자유를 사랑하고 다른 사람들의 권리를 존중하는 사람이 될 것이다. 그러나 만약 인간을 법의 방향으로 나가게 하면 그는 노예가 될 것이다. 그러면 그는 모든 자발성을 잃어버리고 야만적인 존재가 되어 버리는 것이다.21)

인간이 불완전하므로 법에 의한 정부의 지배가 필수불가결하다는 주장도 타당하지 않았다. 왜냐하면 바로 인간이 불완전하다는 사실 그 자체가 지배가 존재해서는 안 되는 이유를 제공하기 때문이다. 인간은 불완전하기 때문에 타인을 지배해서는 안 되는 것이며, 자신의 불완전성을 타인에게 강요하려 해서는 안 되는 것이다.22)

공공의 권리를 위해 개인의 권리를 제한하는 법이 필요하다는 주장에 대해서도 세이무어는 반박했다. 그는 개인의 권리를 침해하는 방식으로 유지될 수 있는 일반적 권리와 같은 것을 인정하지 않았다. 그는 모두의 이익을 위해 부분의 이익에 적대적인 행위를 하는 것의 정당성을 인정하지 않았다.23)

한 발 더 나아가 세이무어는 법률에 대한 반박을 하는 과정에서 법의 아이디어 자체에 대해 의문을 제기했다. 사람들이 생각하는 법의 중요한 기초는 그것의 불변성immutability과 고정성fixity이었다. 그러나 우주에서 고정된 것을 하나 찾을 수 있다면 그것은 모든 것은 서로 다르게 움직인다는 점이었다. 그는 자연법natural law이란 개념에 대해 의문을 제기하면서 다음과 같이 지적했다.

> 자연법이라고 잘못 불리고 있는 것은 단지 일단의 환경의 조화로운 작동harmonious operation of a certain set of circumtances을 의미할 따름이다. 불이 탄다는 것은 오직 특정한 환경에서 불이 타는 것을 의미하는 것이다. 불은 모든 조건에서 타는 것은 아니다. 다른 모든 것도 마찬가지이다. 의료를 예로 들어보자. 사람을 죽이는 어떤 것이 다른 사람을 고칠 수도 있다. 모든 것은 개별화individualize된다. 어떤 두 개의 것도 정확히 동일하지 않다. 지구의 모든 것every atom은 개별화되고, 획일성uniformity은 법law의 가능성과 논리로부터 배제된다.[24]

세이무어의 생각은 단자론을 제시한 개인주의자들의 생각과 그 바탕이 비슷하다. 세계는 단자로 나누어져 있고 그것들은 모두 개별성을 가지고 있기 때문에 그것들을 획일적으로 묶는 법 즉 규칙과 같은 것을 찾을 수 없다는 주장인 것이다. 자연은 모든 곳에서 법法에 반발하고 있었고, 자연은 아나키를 드러내고 있었다. 이러한 생각은 우주는 개별 주권에 의해 움직인다는 결론으로 이어졌다.

법에 대한 이러한 생각이 정치적 측면에서 표출되었을 때 그것은 바로 개인 주권이란 주장으로 구체화되었던 것이다. 그러므로 세이무어에게 궁극적인 정치적 결론은 국가 주권이 개인 주권으로 대체되는 상황이었다.25) 개인은 그가 하고자 하는 것에 대해 절대적인 권리를 즉 자기 결정권을 가져야 하는 것이다. 세이무어는 특히 개인을 즉 개체성individuality을 강조했다. 그는 다음과 같이 주장했다.

> 무정부주의는 평등한 자유equal liberty 그 이상을 포함하고 있다. 무정부주의는 개인의 절대적이고 내재적인 권리inherent right를 인정하고 있다. 평등한 자유가 아닌 자유는 없다는 점을 우리는 확인한다. … 우리는 좀 더 나아가 개인의 자유가 아닌 자유는 없다는 점을 확인한다. 이점을 다른 개혁가들은 치명적으로 무시했다. 당신이 자유의 기초적 조건으로 개체성individuality을 인정하지 못한다면 명확한 원리로서 자유를 인식하는 것은 불가능하게 된다.26)

자유의 기초를 개인에게 두고 있고, 권력의 정당성을 개인 주권에 근거하고 있다면 이런 상태에서 나타날 수 있는 권력의 성격을 어떻게 규정지어야 할까? 이러한 권력이야말로 진정한 민주적 권력이라고 할 수 있지 않을까? 그것은 바로 자기 지배의 원리가 실현되는 권력일 것이기 때문이다.

이러한 권력은 대표자를 통해 권력을 만들어낸다는 대의 민주주의의 권력과는 전혀 다른 성격을 지닌다. 대의 민주주의의 대표에 대하여는 "당신이 진정한 나의 대표인가"라는 대표의 진정성의 문제가 언제든지 제기될 수 있기 때문이다. 아울러 그런 대표들이 모여 다수결의 원칙으로 만들어낸 법에 대해서는 "내가 진정으로 거기에 동의하는가"라는 민주주의의 기본적인 의문을 언제든지 제기할 수 있기 때문이다.

　이러한 권력은 직접 민주주의에 의해 형성되는 권력과도 달랐다. 고대 아테네에서 나타났던 민주주의의 형태는 대표자들의 모임으로 진행되는 민주주의가 아니었다는 점에서 세이무어의 권력과 유사성을 지니지만 다수의 지배가 나타났다는 점에서는 세이무어가 추구한 권력형태가 아니었다.

　개인주의적 무정부주의의 권력은 국가사회주의와는 다른 계열로 출현했던 신디칼리즘이나 길드사회주의의 권력과도 상이했다. 물론 유사한 점을 찾아 볼 수는 있겠다. 신디칼리즘이 국가권력을 부정했다는 점에서는 개인주의적 무정부주의와 커다란 유사성을 지녔다. 아울러 신디칼리즘이 직능을 기초로 하여 작업장의 하층에서부터 대표자를 뽑아나가는 방식을 통해 대표의 진정성을 추구했다는 점에서도 다른 권력과는 달리 개인주의적 무정부주의에 보다 근접해 있다는 사실이 발견된다. 그렇지만 신디칼리즘도 새로운 기초를 통해 만들어진 대표기구가 산업통제권을 넘겨받고 국가의 지위에 상응하려 했다는 점에서 대의 민주주의의 성격을 완전히 벗어나지는 못했다.

　세이무어가 생각한 권력은 권력에 대한 자기 통제가 가능한 정도로까지 권력의 진정성이 추구된 상태의 권력인 것이다. 민주주의라는 표현을 쓰기는 하지만 그것의 진정성에 지속적인 의문이 제기되는 여러 가지 형태의 "민주주의들"을 넘어선 주권 개념을 만들어내었다는 점에서 세이무어의 질서야말로 진정한 민주적 질서라고 볼 수 있을 것이다.

　그렇다면 세이무어는 파편화된 개인만으로 구성되는 사회를 가정한 것일까? 그렇지는 않았다. 그는 평등한 자유를 가진 개인들로 구성되는 사회에서도 조직은 존재하게 될 것이라고 보았다. 그렇지만 조직은 권력이 행사되는 강제적 결사체로 존재하지 않으며 자발적이고voluntary 자연발생적이고spontaneous 자율적인autonomous 형태의 협력체cooperation로 존재하게 될 것이라고 보았다. 아울러 이러한 조직은 개인들의 자유로운 연합free federation으로 존재하는 것이며 따라서 여기서 행사되는 결정권에는 여전히 자기 지배의 원리가 관철되는 것이다.[27]

아울러 한 가지 남게 되는 심각한 질문이 있다. 개인주권이 존재하는 사회에서 개인주권이 침해되는 상황 즉 범죄적 상황이 발생하면 이를 어떻게 해결할 것인가 하는 문제이다. 국가가 없다면 범죄의 문제를 누가 처리할 것인가? 아담 스미스도 이러한 문제를 처리하기 위해 국가의 필요성에 대해 양보하는 입장을 취했지만 세이무어는 여기에 대해서도 단호한 입장을 취했으며 나름의 대안을 가지고 있었다. 그것은 협동조합 보험Co-operative Insurance과 같은 방어적 결사체가 나타날 것이라는 생각이었다. 세이무어는 자유로운 연합의 형태라는 원칙에 따라 만들어진 이 결사체가 개인을 보호하고 도난당한 물건을 되찾아 주는 역할을 할 수 있을 것이라 생각했다.[28]

국가에 대한 적대감이 강조되고, 아울러 국가권력의 한 형태인 대의 민주주의도 거부하는 입장이 두드러지면서 무정부주의는 민주주의에 대한 도전세력인 것처럼 비쳐지는 결과를 낳았다. 그러나 세이무어의 권력에 대한 입장을 자세히 들여다보면 거기에는 반反민주주의적 주장이 들어가 있는 것이 아니라 진정한 민주주의에 대한 주장이 제시되고 있다. 민주적 권력이란 개인주권의 단위로 내려와야만 진정성을 갖는 것이며, 인간에 의한 인간의 지배라는 의미를 지니게 되면 그것이 왕이든, 대통령이든, 의회든, 사회의 다수 세력이든

간에 결국은 반反민주적인 권력에 불과한 것이 되고 마는 것이다. 세이무어는 특히 다수결의 원리를 통한 소수에 대한 다수의 지배에 대해서도 그 부당성을 강조하고 있다는 점에서 투표함 민주주의 혹은 대의 민주주의 권력이 가진 비非민주성을 강력하게 고발하고 있다. 소수에 대한 억압 나아가 개인에 대한 억압은 아무리 다수의 뜻이라 해도 정당화될 수 없다는 점을 강조한다는 점에서 세이무어는 오히려 진정한 민주주의를 주장했다고 볼 수 있을 것이다.

3. 반독점의 경제학

무정부주의가 넓은 의미에서 사회주의에 포함될 수 있는 이유는 무정부주의가 자본주의에 대해 사회주의적 비판을 가했기 때문이다. 즉 자본주의 경제 구조에서 발생하는 지대, 이자, 이윤 등에 대해 분석하고 비판하는 작업을 하였기 때문이다. 그런데 19세기 후반 발생했던 두 종류의 무정부주의 중 개인주의적 무정부주의는 자본주의에 대한 비판을 공산주의적 무정부주의와는 다른 방식으로 전개했다. 여기에 개인주의적 무정부주의의 독특한 부분이 존재한다.

개인주의적 무정부주의자였던 세이무어 역시 자본주의에 대한 비판을 제기했고 그것을 당시 그의 투쟁의 가장 중요한 전선으로 인식했다. 그는 싸움은 더 이상 한 정부 형태와 다른 정부 형태 사이의 싸움이 아니며 노동과 자본 사이에서 벌어지고 있는 싸움이라고 주장했다.[29] 그는 자신의 무정부주의 사상의 경제적 본질을 사회주의라고 기술하고 잡지 『아나키스트』의 목적을 반反정치의 사회주의라

고 공언해 그의 사상을 자유주의와 분명히 구별했다.30)

그런데 그가 독특했던 점은 그가 자본주의에 대한 비판을 반反독점
의 방식으로 제기했다는 점이다. 공산주의적 무정부주의자들이 빈곤
과 불평등의 원인을 재산이라고 주장했던 것과 비교하면 세이무어는
근본적으로 다른 방식의 접근법을 취하고 있었던 것이다. 세이무어는
고전경제학에 대해 혁명적인 공격을 가하기는 했으나 흥미롭게도
시장을 거부하지 않았고 경쟁을 배척하지 않았다. 오히려 진정한
자유 경쟁을 추구하는 것에서 자본주의의 문제에 대한 해결책을
찾으려고 했다. 세이무어는 자유 시장free market을 옹호하는 혁명적
반反자본주의자였던 셈이다.31) 이런 서술은 얼핏 보면 모순적인 것으
로 보인다. 왜냐하면 지금 자본주의와 시장은 거의 동의어로 쓰이고
있기 때문이다. 그러나 세이무어는 자본주의와 시장을 구별하는 방식
으로 논리를 전개하였으며32) 문제가 있는 쪽은 자본주의로 규정했던
것이다.

세이무어가 자본주의를 파악하는 과정에서 제기한 독특한 시각은
자본주의를 독점체제로 인식했다는 점이다. 세이무어는 당대의 산업
제도가 한 사람 혹은 계급이 다른 사람 혹은 계급을 독점의 힘으로
노동하도록 만들고 있는 제도라고 주장했다.33) 그는 자본주의에서
발생하는 착취의 문제가 결국 독점에서 발생한다고 보았다. 그는
몇 가지의 중요한 독점을 발견했는데 그 중 첫 번째는 토지였다.
그리고 토지의 독점으로 인해 지대라는 형태의 착취현상이 발생한다
고 보았다. 두 번째의 독점은 자본이었는데 자본의 독점으로 인해
이윤이란 형태의 착취현상이 나타난다고 보았다. 그리고 세 번째의
독점은 화폐였는데 이로 인해 이자소득unearned interest이 발생하게

된다는 것이다.

아울러 세이무어는 한 가지의 착취를 더 들었는데 그것은 국가에 의한 과세였다. 국가는 앞에 든 세 가지의 독점을 보호하는 역할을 맡고 있었으며 그 수단으로 법을 이용했는데 자신의 비용을 조달하는 수단으로 과세를 부과했다. 이것은 또 하나의 착취며 절도행위였던 것이다.[34]

세이무어는 토지에 대해 원래 사람들에게는 토지 점유에 대한 자연권이 있었다고 주장했다. 그는 우드-베다Wood-Veddahs는 어떤 정치적 조직도 갖고 있지 않지만 작은 씨족조차도 그들의 땅을 가지고 있으며, 이렇게 할당된 소작인들의 토지는 항상 존중되어 왔다는 사실을 지적하고 있다.[35] 하지만 이러한 자연권은 합법적 재산legel property 제도에 의해 침해당하게 되었다는 것이다. 그리고 토지에 대한 독점 현상이 나타나게 된 것이다. 그래서 세이무어는 "토지에 부과되는 지대는 결국 생존권에 대한 과세"라는 입장을 표명했다.[36]

세이무어는 토지만이 아니라 모든 자연자원에 대한 평등한 접근을 주장했다. 세이무어는 사회 속에서 개인은 자연의 모든 요소들에 자유롭게 접근할 권리를 태어나면서부터 가지고 있다고 주장했던 것이다.[37] 그 중에서도 특히 누구라도 토지를 사용할 수 있는 권리가 강조되었을 따름이다. 이런 생각은 스펜서의 토지공유화론과 일맥상통한다. 스펜서 역시 평등한 자유권 개념으로부터 토지공유화론을 이끌어 낸 것을 고려해 보면 사실상 세이무어와 스펜서는 이 점에서 동일한 사고의 궤적을 보여주는 것 같다. 우리가 주의해야 할 점은 토지공유화의 의미가 토지를 동일하게 분배하자는 식의 평등 개념이 아니라 누구라도 원하는 사람이면 자유롭게 토지를 경작할 수 있어야 한다는 평등한 자유equal liberty 개념에서 출발하고 있다는 점이다.

세이무어에게 자본은 노동이 만들어낸 생산물일 따름이었으며 그 자체로는 어떠한 내재적 가치도 갖지 않은 것이었다. 자본은 노동에 필수적인 것이 아니었지만 노동은 자본에 필수적이었다. 그래서 세이무어는 자본을 단지 "지나간 노동의 축적된 잉여의 결과물 accumulated surplus result"이라고 정의했다. 그렇다면 자본 소유에 주어지는 이익과 특권은 노동자들에게서 노동의 가치를 훔쳐가는 행위에 불과했다.38)

그런데 세이무어는 이러한 자본이 노동과는 달리 자의적인 법률적 특권을 소유한다는 점을 지적했다. 그 결과 자본은 독점적 지위를 갖게 되며 그것을 바탕으로 자본은 노동시장을 완전히 통제하고 있었다. 자본의 독점은 노동이 가능한 한 최하의 가격에 고용되는 결과를 낳았다. 그리고 국가의 법률적 개입은 이러한 자본의 독점 현상을 더욱 강화하고 있었다. 세이무어는 이러한 자본의 독점 현상으로 인해 자본가는 합법적인 도적으로 변모해 있다고 지적했다. 나아가 더욱 아이러닉하게도 국가가 도적은 처벌하지만 합법적인 도적에 대해서는 오히려 상을 주는 현상이 벌어지고 있었다.39) 그는 자본의 독점이 결국 노동을 자본에 종속시키는 현상을 낳았다고 주장한다. 독점이 자본을 노동에 대해 '갑'의 지위로 부상시켰던 것이다.

세이무어가 보다 중요한 독점으로 간주한 것은 화폐의 독점이었다. 그는 화폐의 독점을 자본주의 사회를 지탱하는 기둥으로 보았으며 이를 사회적 악이라고 규정했다. 이런 주장을 하게 된 근거는 세이무어가 자유경쟁을 옹호했기 때문인데 자유경쟁은 공정한 교환이 없이는 불가능하다고 생각했기 때문이다. 그런데 화폐의 독점으로 인해

78

이러한 공정한 교환은 방해받고 있었다. 자본가들은 한편으로는 화폐 공급을 제한해 놓고, 다른 한편으로는 내재적 가치를 지니지 않은 재화인 금에 화폐가치를 고정시켜 놓았다. 그리고 이런 장치를 통해 자본가들은 노동에 의해 생산된 부를 그들 자신의 이익으로 전유하고 있었던 것이다. 화폐로 보상받지 못하는 노동은 노동자들에게는 아무런 쓸모가 없었다. 설사 그것이 가치를 만들어낸다 해도 말이다. 세이무어는 노동자들은 단지 돈을 위해 서로 경쟁하게 되며 이런 현상이 그들이 받는 임금을 압박하게 된다고 생각했다. 세이무어는 자본주의 사회에서는 모든 것이 화폐로 측정되는데 그 화폐 공급을 바로 국가가 독점하고 있다는 점을 지적하고 있다. 결국 세이무어는 자본가가 이윤을 확보할 수 있는 것은 국가가 화폐를 독점하고 있기 때문이라는 결론을 끌어내고 있는 셈이다.[40]

사실 이러한 생각에는 기발하면서도 매우 예리한 점이 있다. 세이무어는 국가의 화폐독점 때문에 노동자들은 국가가 발행한 화폐로 보상받는 노동만을 하려고 하며, 결국 화폐를 가지고 있는 사람들 즉 독점하고 있는 사람들을 위해 노동자들이 서로 경쟁하는 현상이 벌어진다는 생각을 하고 있다. 그는 자본주의는 화폐로 교환될 수 있는 것만을 생산하도록 만드는 질서라는 점을 정확하게 포착하고 있는 것이다. 돈이 되지 않는 노동은 그것이 아무리 가치가 있다 해도 자본주의 체제에서는 쓸모가 없는 노동으로 간주되고 사람들은 그런 노동을 하려 하지 않는 현상을 낳고 있는 것이다. 다양한 노동의 가치를 되살리려면 그것에 대한 보상이 이루어져야 하는데 화폐가 독점되어 있으니 보상을 해 줄 수가 없는 것이다. 세이무어가 주장한 자유 화폐의 도입은 노동자들로 하여금 화폐를 독점한 사람들을

바라보지 않고 다양한 측면으로 생산물을 만들어낼 수 있게 하려는
의도를 담은 것이라고 해석해 볼 수 있다.

독점으로 인한 이러한 착취에 더해 국가에 의한 착취가 지적된다.
국가는 노동자들에게 세금을 부과하는데 이 세금으로 인해 국가가
유지되고 있다. 세금은 법의 이름으로 부과되며 형태를 가리지 않고
이 곳 저 곳에 부과된다. 세이무어는 다음과 같이 지적했다.

> 심지어 물마저도 독점되고 과세된다. 그리고 앞으로는 신선공기세
> fresh air tax 같은 것이 부과될지도 모른다. … 심지어 우리는 죽은 뒤에도
> 과세된다. 땅에 묻힐 권리에 대해서도 세금이 부과되는 것이다. 마치
> 요람에서 무덤까지 과세되는 것도 충분치 않다는 듯이 말이다.[41]

그리고 그는 사실상 대부분의 세금들이 노동자들에 의해 지불되고
있다고 주장했다. 그런데 노동자로부터 세금을 받는 이런 국가의
목적은 아이러니하게도 이러한 착취들이 가능할 수 있게 국가 내의
여러 독점들이 유지되도록 하는 것이었다. 세이무어는 다음과 같이
지적했다.

> 세금은 명백한 협박이다. 국가가 자신이 받는 것에 대한 등가물을
> 제공한다는 것은 웃음을 자아낸다. 모든 사람이 세금은 노동자들이
> 국가기구를 먹여살리기 위해 강제로 내고 있는 뇌물이며 비용이라는
> 것을 알고 있다. 국가의 유일한 기능은 지대, 이자, 이윤의 착취에
> 정당하게 저항하는 용감한 사람들을 고문하고 근절시키는 것일 따름
> 이다.[42]

80

이러한 여러 가지 독점들을 유지하는 수단은 바로 독점세력의 권리를 보호하는 다양한 법률적 장치들이었다. 법률의 허가를 바탕으로 해서 독점적 이익을 누리는 독점세력은 사람들의 평등한 자유equal liberty를 무시하고 있으며 다른 사람들과 공정한equitable 관계 속에서 살아가지 않는다.43) 세이무어는 독점의 뒤에는 법률이 있고, 그 법을 국가가 만들고 있으니 결국 국가로 인해 독점이 유지된다는 논리를 제시하고 있다.44) 독점을 보호하고 유지하는 국가의 굴레를 벗어나지 못하기 때문에 결국 모든 사람들은 독점의 장치 안에 갇혀서 착취를 당할 수밖에 없는 것이다. 이런 장치에서 벗어나려고 자살을 시도하는 사람이 있지만 국가는 자살을 금지하는 법을 만들어 심지어 자살마저 못하게 만들고 있다.45) 세이무어는 독점과 그것을 지키는 법률이야말로 당대의 자본주의가 지니고 있는 최고의 모순이라고 보았던 것이다.

4. 개인주의적 무정부주의의 방법론

자본주의 사회에서 일어나는 착취에 대한 분석과 국가에 대한 인식 또 세이무어가 보상을 거부한 점46) 등을 놓고 보면 세이무어의 생각은 과격한 사회주의자들과 닮아 있는 것 같다. 그런데 세이무어로 대표되는 개인주의적 무정부주의자들을 계급투쟁적 무정부주의자와 구별하게 만드는 중요한 한 요소는 이들이 제시한 방법론이었다.

우선 그가 시장의 원리를 이용한 개혁 방법론을 주장했다는 점을 지적해 볼 수 있다. 세이무어는 경제혁명의 첫 단계로서 화폐가치의 근원으로서의 금을 포기할 것을 주장했다. 그렇게 함으로써 통화를 자유 경쟁에 개방시켜야 했다. 두 번째 필요한 조치는 노동자들 자신에 의해 공정한 생산과 교환의 체제를 조직하는 것이다. 이러한 조직들은 자유롭고 개방된 경쟁에 참여하게 될 것이며 시장을 매개로 해 부를 늘려나갈 수 있을 것이다.[47] 그런데 이런 방법론은 당대의 사회주의자들의 접근법과는 매우 다른 방법론이라는 점을 알 수 있다. 당대의 사회주의자들은 모두 시장을 제어하고 경쟁을 없애거나 완화시키려는 대안을 제시했다. 맑시스트든, 페이비언 사회주의자들이든, 공산주의적 무정부주의자든 이 점에서 크게 벗어나지는 않았다. 하지만 세이무어는 시장 경제의 중요원리를 모두 옹호했을 뿐 아니라 오히려 그런 원리를 더 활성화시킬 것을 주문했다. 그는 자유로운 거래와 경쟁이 적절하게 자본과 노동의 균형을 맞출 것이며 레세페어의 원리는 이 원리가 엄격하게 적용된다면 사회를 구원하게 될 것이라고 지적했다.[48] 그는 다음과 같이 지적했다.

> 국가사회주의자들은 경쟁의 원리를 노동자들이 겪고 있는 모든 해악의[㎖] 원인이라고 간주하는데 이것은 잘못된 것이다. 그리고 의회의 행위를 통해 경쟁을 즉석에서 폐지하려고 한다. … 이는 마치 지진을 없애기 위해 법률을 통과시키는 것과도 같다. 양자(즉 경쟁과 지진) 모두 의회 입법의 범위 밖에 있는 것이다. … 노동과 자본의 문제는 법률이 없는 가운데서 해결되어야 하는데 이는 모든 특권과 독점의 폐지를 의미하는 것이다.[49]

세이무어는 경쟁을 비난하지 않았으며, 사실상 경쟁은 없앨 수 없는 현상이라고 보았다.[50] 하지만 그는 그 경쟁이 먹느냐 먹히느냐

하는 적자생존의 냉혹한 원리를 의미한다고 생각하지는 않은 것으로
보인다. 그는 지적 성취의 분야에서 일어나는 경쟁처럼 경쟁이 발전을
낳을 수 있는 원리라고 생각했다.[51] 그러므로 중요한 문제는 경쟁을
방해하고 있는 독점을 제거하는 작업이라고 생각했던 것이다.

　시장의 기능에 무게중심을 두고 있고 시장이 균형점을 찾아낼
것이라는 주장을 한 점에서 이런 생각은 아담 스미스의 생각과 닮아
있다. 세이무어는 심지어 노동마저 시장에서 사고 팔리는 상품이라는
점을 인정했다. 노동은 수요과 공급의 조건에 따라 가격이 변하는
상품인 것이다.[52] 단지 세이무어는 이러한 균형을 국가가 방해하고
깨뜨릴 뿐 아니라 독점을 지지하는 작용을 하고 있다고 주장한 점에서
고전경제학에서 벗어나고 있는 것이다.

　방법론에서 또 하나 구별되는 측면은 용어에서 세이무어가 혁명이
란 방법론을 주장했지만 그것의 의미가 공산주의적 무정부주의의
그것과는 달랐다는 점이다. 그러한 차이점 중 첫째로 지적할 것은
세이무어가 평화적 경제혁명과 그 과정에서 수반되는 사회혁명을
추구하면서 혁명이란 용어를 쓰긴 하였지만 그의 혁명적 행위는
그 용어만큼 과격하지는 않았다는 점이다. 그의 글을 보면 그가 혁명
의 폭력성을 몹시 혐오했다는 점을 알 수 있다. 그는 다음과 같이
서술했다.

　　혁명은 다른 모든 전쟁처럼 말할 수 없이 나쁜 것이다. 전국적
　재앙이다. 혁명에 대한 역사는 심지어 가장 좋은 것이라 해도 피와
　비자연적인 행위와 제멋대로 행해지는 학살과 강제된 명분으로 이루
　어지는 죽음 등에 대한 불쾌한 기록으로 가득 차 있다. … 전쟁보다

더 나쁘게도 혁명은 형제를 살해한다. 자유를 사랑하는 사람으로서 나는 생각 가능한 모든 평화적인 방법이 소진되기 전에는 내란에 호소하는 것은 도덕적으로 정당화될 수 없다고 단정한다.[53]

두 번째로는 세이무어는 정치적 폭력에 반대했을 뿐 아니라 그의 혁명적 행위도 정치적이지 않았다는 점이다. 그는 공산주의자들처럼 정치적 혁명을 시도하려 하면 그것은 반드시 실패한다고 주장했다.[54] 그는 혁명주의자revolutionist를 두 개의 범주로 나누고 도덕적 힘으로 혁명을 이루려는 노력을 하나의 범주로 설정함으로써 물리적 폭력이 아니더라도 혁명이 일어날 수 있다고 보았다.[55] 그것은 정치적이기보다는 교육적이었으며 노동자들로 하여금 그들의 힘과 가능성을 자각하게 만드는 것이었다. 그는 교육이 성취되면 수동적 저항이 나머지를 다 해낼 것이라고 생각했고, 자각이 일어나면 아나키의 방향으로 나아가는 움직임이 신용credit, 노동labour, 교환exchange 조직의 모습으로 자연스럽게 나타나게 될 것이라고 보았다.[56] 이런 점에서 그는 비폭력 저항운동을 일찍이 표명했고[57] 이런 운동의 경향에서 선구적 위치를 차지하고 있는 것으로 보인다.

세 번째로 국가를 사라지게 하는 방법에 대한 세이무어의 생각도 사실 혁명적이기보다는 점진적이었다는 점을 지적해 볼 수 있다.[58] 그의 구상은 노동자조직이 자본과 자유경쟁을 해서 국가를 도태시키겠다는 것이었기 때문이다. 세이무어는 혁명이란 표현을 사용했지만 맑스의 생각과 같은 혁명은 아니었다. 시장원리에 의한 국가의 소멸이 그가 생각한 방식이었다. 문제는 노동자조직이 과연 경쟁을 통해 국가를 소멸시킬 수 있을 것인가 하는 것이다. 흥미로운 것은 페이비

언들은 자치시 기업을 통해 사유 기업들을 넘겨받을 수 있다고 본
반면 세이무어는 노동자조직이 자본과 경쟁을 벌여 독점기업들을
도태시킬 수 있다고 보았다는 점이다. 세이무어는 다음과 같이 지적했
다.

> 노동조직의 자본과의 자유경쟁은 결국 정부를 파산하게 만들 것이
> 다. 왜냐하면 어떤 정당이 권력을 잡든 자본가들이 항상 지배할
> 것이기 때문이다. 무정부주의자들은 정부를 다이너마이트로 빨리
> 없애려 하지 않는다. 단지 국가를 사업의 원칙business principle에 입각
> 해 사라지게starve 하는 것이다.59)

개인주의적 무정부주의가 제시한 반反자본주의는 분명 사회주의
적이었지만 그 방법론은 흥미롭게도 산업화 초기의 자본주의 원리를
활성화시키는 것이었다는 점에서 이 사회주의는 특이하다. 자본주
의 심장과도 같았던 시장을 중시했다는 점에서 이 사상을 시장 무정부
주의라고 간주할 수 있을 것 같다. 그러므로 개인주의적 무정부주의는
자본주의 못지않게 시장을 통제하려 했던 집단주의적 사회주의도
맹렬하게 공격했던 것이다. 세이무어에게 사회주의의 본질은 산업통
제의 민주화에 있었던 것이 아니다. 즉 산업통제를 국민들의 대표가
할 것인가 생산자들의 대표가 할 것인가 하는 문제가 아니었다. 산업
통제에 국가가 관여해야 하는지 노동조합이 관여해야 하는지와 같은
문제가 아니었다. 이런 대안들은 모두 권력의 문제를 야기했다. 그러
므로 국가사회주의자들에 대한 비판에서 그는 이들이 새로운 노예제
를 만들어내고 있다는 허버트 스펜서의 주장에 동조했던 것이다.60)

개인주의적 무정부주의의 경우 사회주의의 본질은 자본의 모순을 교정하기 위해 다수 혹은 민중들이 국가권력을 통제하는 것이 아니라 상호주의reciprocity에 입각한 사회체제를 만드는 것이었다.61)

5. 맺음말

헨리 세이무어를 통해서 본 개인주의적 무정부주의의 특징은 그가 자본주의를 철저히 비판하면서도 자본주의의 본질이라고 할 수 있는 시장을 중시했다는 점이다. 그는 시장을 파괴하려 한 것이 아니라 시장을 정상 상태로 돌려놓으려 했다고 할 수 있다. 아울러 그는 시장의 원리인 경쟁을 옹호했다. 단지 그는 공정한 경쟁의 원리를 실현시키려 했던 것이다. 그가 여러 형태의 독점을 지적하면서 반독점을 주장했을 때 그는 부패하고 왜곡된 경쟁이 아니라 공정한 경쟁을 추구해야 한다는 주장을 하고 있었던 것이다.

자본주의를 비판함으로써 개인주의적 무정부주의는 무정부주의적 자본주의 혹은 자유만능주의적 자본주의libertarian capitalism로 빠져 들어가지 않았다. 그렇지만 개인주의적 무정부주의는 시장을 제어하는 정부의 역할도 인정하지 않아 집단주의적 사회주의로 빠져 들어가지도 않았다. 세이무어는 자본주의에서 공정함과 정의로운 경제를 추구하였지만 외부의 힘이 개입하는 것에 반대했으며 경제 주체들 스스로에 의한 교정을 추구했다. 그는 그 과정에서 개인의 주권이 실현되고 노동의 가치가 회복될 수 있을 것이라고 생각했다.

세이무어는 자신이 추구하는 변화를 여러 곳에서 혁명이라고 규정해서 수사적으로는 과격한 면모를 보여주었다. 하지만 그는 그가 주장한 혁명으로 물리적 폭력을 의미하지 않았으며, 오히려 혁명의 야만성과 혁명이 몰고 올 역사의 왜곡을 경계했다. 단지 그는 부분적인 개혁이 아닌 근본적인 개혁을 추구했으며, 노동문제에 대해 임금인상과 같은 방식이 아니라 임금제의 폐지와 같은 방식으로 접근하려 했다.

이런 바탕 위에서 개인주의적 무정부주의의 특징들을 다음과 같이 정리해 본다.

1. 권력이 개인의 수준까지 내려오는 상태를 추구했다는 점에서 민주주의의 이상에 보다 접근해 있는 사상이라고 할 수 있다.

2. 자본주의의 문제점을 독점으로 파악하고 자원에 대한 평등한 접근을 주장했지만 시장과 경쟁의 효율성을 건드리지 않으면서 노동과 자본의 모순을 해결하려는 대안을 제시하고 있다.

3. 비폭력 혁명의 아이디어를 제시했다는 점에서 이후 대중 운동의 방향에 하나의 지침을 제공했다.

4. 다수의 횡포에 대해 강력하게 경고하는 주장을 담고 있으므로 모든 소수자 권리운동에 지지대 역할을 하고 있다.

5. 개인주의적 무정부주의는 현대의 다원주의적 경향과 잘 어울린다는 점에서 지금의 현실과 조응하는 측면을 찾아볼 수 있다.

개인주의적 무정부주의는 19세기말 혁명운동, 노동운동, 대의 민주제 등에서 강력한 힘을 얻어 가던 각종의 집단주의적 경향에 의해 그 의미가 가려지고, 개혁 사상의 범주 안에서는 주변화되었다. 하지만 전체주의 국가와 복지국가로 구체화된 집단주의가 개인의 자유와 공동체적 평등이란 19세기말 개혁 사상 공통의 이상을 실현시키는

데 실패했거나 한계를 드러내었다는 점이 분명해진 상황에서 집단주의의 대척점에서 자본주의의 문제를 해결하려 했던 개인주의적 무정부주의는 여러 부분에서 흥미로운 시각을 제공한다. 아울러 맑시즘과 계급투쟁적 무정부주의가 산업화가 부진한 지역으로 퍼져 나가고 오히려 그런 지역에서 더 활기를 띠었던 것에 비해 개인주의적 무정부주의는 산업화가 가장 진척되었던 지역에서 제안되고 선전활동이 진행되었다는 점에서 더욱 흥미롭다.

2장
영국의 개인주의적 무정부주의와 경제적 해방

가치와 재산에 대한 입장과 자유 화폐론

개인주의적 무정부주의자들이 원했던 것은 당시의 많은 사회주의자들이 공통적으로 가졌던 관심인 자본주의가 만들어 낸 정의롭지 못한 현실을 고치는 것이었다. 그런데 개인주의적 무정부주의자들은 자본주의로부터 제기된 노동문제나 산업통제의 문제에 대해 매우 독특한 방법을 제안하고 있다. 임금인상이나 노동조합의 활성화(노동조합주의자) 혹은 국유화(집단주의적 사회주의자) 또는 노동자의 의사결정권 확대(신디칼리스트)와 같은 방식과는 달리 자유로운 화폐를 통해 문제를 해결할 수 있다고 주장하고 있기 때문이다.

이들은 신디칼리스트들과 동일하게 임금제를 폐지해야 한다는 매우 근본적인 개혁을 주장했지만, 그것을 이루기 위한 방법은 노동자 집단의 힘 혹은 의회를 매개한 정치권력을 행사하는 것과 같은 방식이 아니라 화폐의 독점을 폐지함으로써 나타나게 될 공정한 교환에 입각한 시장의 힘을 이용하는 방식이 되어야 했던 것이다. 시장의 모순을 시장의 힘으로 해결하려는 일종의 동종요법을 제안하고 있는 것이다.

에드먼드 버크(Edmund Burke)의
『자연적 사회에 대한 옹호(*A Vindication
of Natural Society*)』광고 (『아나키스트 4
호』에 게재)

1. 머리말

영국의 좌파 사상 혹은 개혁 사상에서 무정부주의는 별로 주목을 받지 못했다. 무정부주의의 역사를 쓴 조지 우드콕G. Woodcock조차 영국의 무정부주의는 황야에서 외치는 고함소리 그 이상이 되어 본 적이 없다고 지적함으로써 영국 무정부주의의 연약성에 대해 지적하고 있다.[1] 그러나 영국의 무정부주의가 인권 사상의 깊은 뿌리와 연관되어 있다는 점을 포착한다면 조금 달리 생각해 볼 수도 있다. 톰 페인T. Paine은 1792년 『인간의 권리 *The Rights of Man*』라는 책을 발간했는데 여기서 페인은 "인간들 사이에서 형성된 질서는 정부에 의해 시행된 것이 아니며, 그것의 기원은 인간들의 자연스런 상태에 있다"고 지적하면서 나아가 "질서는 정부 이전에 존재했으며 정부가 사라진다 해도 존재하게 될 것"이라고 주장했다. 그런데 이 책이 출간된 한 해 후에 곧윈Godwin은 『정치적 정의 *Political Justice*』라는 책을 발간했고 여기서 그는 정부 없이도 사람들은 살아갈 수 있다고 주장했는데 사실 이러한 주장은 페인의 주장에서 약간 변형된 주장일 따름이었던 것이다.[2]

인권 사상의 맥락 속에서만이 아니라 영국 사회주의의 전통 속에서도 무정부주의는 하나의 축을 형성하고 있다. 그린리프Greenleaf는 영국의 사회주의 형태 중 국가사회주의state socialism와 비국가 사회주의non-state socialism의 대립 속에서 무정부주의의 맥락을 찾고 있다. 그는 영국의 지난 한 세기 반 동안의 국내 정치를 "집단주의의 증가하는 압력과 여기에 반대하는 리버테어리언적 경향의 변증법"으로 특징지었다. 콜린 워드 역시 사회 정책에 대해 위에서부터 내려오는 방식의 페이비언적 접근을 비판하면서 중앙집권적인 관리적 사회주의와 리버테리언적 자율적 조직self-organized의 전통을 가진 사회주의를 구별했다.3)

영국 사회주의의 한 축으로서의 무정부주의에 대한 인식은 사실 영국 사회주의의 부활기인 1880년대에 이미 나타났던 것으로 보인다. 1886년 출판된『사회주의에 대한 설명What Socialism Is』이라는 소책자는 집단주의적 사회주의와 여기에 대한 대안인 무정부주의적 사회주의를 강조하며 다음과 같이 지적하고 있기 때문이다.

영국의 사회주의자들은 두 개의 진영으로 구분된다. 강력한 중앙집중식 관리를 강조하는 집단주의적 진영Collectivist party과 그러한 관리에 반대하여 개인의 주도권initiative을 옹호하는 무정부주의적 진영 Anarchist party이 그것이다.4)

이렇게 무정부주의는 사실상 영국 사회주의의 한 축으로 일찍이 자리매김되었지만5) 그 경향이 단일하지는 않았다. 영국에서 무정부주의는 두 개의 경향으로 나뉘어 나타났다. 헨리 세이무어가 1885년 『더 아나키스트』라는 잡지를 출판하면서 개인주의적 무정부주의 individualistic anarchism 사상을 제시했던 반면, 곧 이어 크로포트킨 등 사회적 무정부주의자social anarchist들도 활동을 하기 시작했던 것이다. 댄 체터튼 역시 1884년 발행한『채터튼의 꼼뮨』이라는 잡지를 통해 독특한 그의 사상을 제시했다.6) 두 개의 경향 중 주류로 자리매김되는 쪽은 대륙의 영향을 받은 집단주의적 무정부주의로 나타났지만 개인주의적 무정부주의는 나름의 논리를 가지고 영국 무정부주의의 한

2장 영국의 개인주의적 무정부주의와 경제적 해방   93

경향을 구성했다. 두 경향은 모두 국가권력에 반대하고 자본주의의 모순을 지적하였지만 중요한 차이점을 안고 차츰 서로 다른 방향으로 나아갔다. 그 결과 초기에 두 그룹은 헨리 세이무어가 그가 편집장으로 있던 잡지 『무정부주의자 *The Anarchist*』를 크로포트킨과 샬롯 윌슨에게 넘길 정도로 긴밀한 관계를 가졌었지만, 10년 뒤인 1896년 9월 샬롯 윌슨은 한 글에서 세이무어에 대한 언급을 하지 않는 것이 좋을 것이라고 지적할 정도로[7] 그 사이가 벌어졌다.

이들이 서로를 공격할 정도로 중요한 이론적 차이는 어디에 있었던 것일까? 두 경향은 모두 자본주의의 모순을 공통적으로 인식하고 자본주의가 분배의 문제를 제대로 해결하지 못했다는 점을 지적하고 있으며, 아울러 노동에서 관철되고 있는 임금제를 폐지해야 한다는 점을 주장했다. 결국 이들은 자본주의로부터의 경제적 해방을 공통적으로 지향하고 있는 것이다. 그럼에도 불구하고 이들을 구분한 차이는 의외로 컸으며 그 차이는 경제문제를 바라보는 관점의 상당히 중요한 부분들을 건드리고 있었다. 특히 가치와 재산 그리고 시장의 역할에 대한 관점에서 개인주의적 무정부주의자들은 사회적 무정부주의자들과는 커다란 차이를 보였다. 여기서는 개인주의적 무정부주의자들의 경제적 해방의 논리가 집단주의적 사회주의나 사회적 무정부주의의 그것과 어떻게 달랐는지를 가치에 대한 관점, 재산에 대한 관점 및 그들의 핵심적 주장이었던 자유화폐론을 통해 살펴보도록 하겠다.

2. 가치 및 재산론

개인주의적 무정부주의는 생산물을 집산하여 재분배하자는 논리를 가진 집단주의적 사회주의만이 아니라 국가권력을 부정하는 점에서 동질적이었던 사회적 무정부주의와도 노동의 가치에 대한 입장에서 뚜렷한 차이를 보였다. 세이무어는 다음과 같은 질문을 던지며 가치에 대해 이들과는 다른 입장을 밝혔다.

> 양복공이 주어진 시간에 양복 한 벌을 만든다고 가정하자. 다른 사람은 기술이 뛰어나 주어진 시간에 동일한 노동을 하면서 두 벌의 양복을 만든다고 하자. 세 벌의 코트에 대한 수요가 있다면 하나의 생산물에 대해 두 개의 가격이 있을 수는 없다. … 한 벌 만든 양복공은 두 벌의 코트를 만드는 데 들어간 노동과 동등한 노동의 가치를 받아야 하는가?[8]

이러한 질문은 동일한 노동이 투입되었다 해도 노동자의 기술에 따라 생산된 결과가 다를 수 있으며 그럴 경우 기술이 뛰어난 노동자에게 더 많은 몫이 돌아가야 한다는 점을 지적하고 있는 것이다. 세이무어는 노동과 기술이 가격의 정당한 근원이라는 생각을 다른 글에서도 밝혔다.[9] 그런데 대표적인 집단주의적 사회주의자들이었던 페이비언들도 세이무어가 든 비유인 양복공의 기술 차이에 대해 설명하는 논리를 가지고 있었다. 페이비언들은 그들의 잉여가치 이론인 렌트 이론으로 이를 설명하고 있는데 여기에 대해 페이비언들은 능력의 렌트 rent of ability라는 명칭을 붙였으며 이것을 사회적으로 재분배되어

야 할 가치의 범주에 넣었다. 렌트를 사회적으로 공유되어야 할 가치
로 본 페이비언들의 입장은 세이무어와는 정반대의 입장이었던 것이
다.10)

세이무어는 페이비언들의 렌트 이론에 대해 검토했으며 이를 비판
했다. 그는 버나드 쇼의 경제적 렌트economic rent 개념에 대해 언급하면
서 토지에서 생산성의 차이로 인해 발생하는 지대를 잉여생산물로
간주할 수 있고 이를 제한할 수 있다면, 우월한 기술로 인해 발생하는
개인의 소득을 제한하는 것도 정당화되는 결과를 낳는다고 그를
비판했다.11) 이 점에서 즉 기술에 대한 보상은 정당하다는 주장을
한 점에서, 세이무어와 페이비언들의 생각은 정확하게 분리되고 있는
것이다.

세이무어는 가치에 대한 이런 입장을 제기함으로써 공산주의적
무정부주의자였던 크로포트킨과도 자신을 분명히 구별했다.12) 세이
무어는 『아나키와 코뮤니즘』이란 글에서 가치에 대한 크로포트킨의
생각을 비판하고 있다. 크로프트킨은 런던의 거대한 상점들의 가치는
런던에 위치해 있지 않았다면 그런 가치를 갖지 못했을 것이라고
주장하면서 "집과 거리, 운하와 철도, 기계 등은 모두 과거와 현재의
여러 세대의 협동 작업에 의해 만들어진 것"이라는 견해를 표명했는
데 여기에 대해 세이무어는 다음과 같이 지적했다.

증기기관은 수많은 실험과 발견의 결과라는 점을 인정할 수 있다.
그러나, … 이러한 사실이 생산물에 대한 생산자의 권리를 거부하는
것을 정당화할 수 있나? 개인이 만들어낸 모든 것을 자신의 이익을
위해 사용할 권리를 부인할 수 있나? … 그래서 나는 증기기관의

개인적 전유는 합법적인 주장이라고 결론짓는다. 그것을 상속할 권리와 함께 말이다.[13)

세이무어는 자신의 노동으로 인해 생산해 낸 것이라면 개인의 생산물을 개인이 전유할 수 있어야 한다는 생각을 하고 있는 것이다.[14)

그러나 이런 주장에 대해 비판의 논리는 있었다. 한 개인의 노동에 의해서 만들어진 생산이 아니라 공장에서 여러 사람의 협력 혹은 분업에 의해 이루어진 생산이라면 각 개인들은 자기의 소유를 어떻게 주장할 것인가 하는 점이다. 그래서 무정부주의적 공산주의자들은 거대한 공장들을 개인주의적 무정부주의 상태에서 어떻게 운영할 것인지에 대해 개인주의자들에게 질문하고 있다.[15) 이런 문제는 개인주의자들이 분배의 방식에 대해 어떤 생각을 했는가 하는 의문으로 연결된다.

개인주의적 무정부주의자들이 집단주의적 무정부주의자와 달랐던 또 하나의 부분은 노동에 대한 분배를 결정짓는 것은 "시장의 원리"밖에 없다고 생각한 점이었다. 이런 주장을 증명하기 위해 탄은 블랙베리를 따는 노동을 예로 들었다.

두 아이가 있다고 가정해 보자. 한 아이는 바구니를 들고 가고 다른 아이는 블랙베리를 딴다고 해 보자. 과일은 어떻게 나누어져야 하나. 누가 말할 수 있나. 어떤 사회주의자가 이 문제를 과학적인 원리 위에서 해결할 수 있는가. 여기에는 정의로운 어떤 도덕적 법칙도 존재하지 않는다. 분배는 단순히 상호 합의mutual agreement에 의해 이루어지는 것이다. … 블랙베리를 따는 아이는 바구니를 들고 가는 아이에게 이렇게 말할지 모른다. "얼마나 많은 블랙베리를 따게 될지는 모르지만 이 바구니를 들어주면 나는 나의 바지를 주겠다. 혹은 피리를 주든지 아니면 다른 물건을 주겠다. 그리고 블랙베리를 보너스로 주겠다."16)

탄이 보기에 노동에 대한 보상을 선험적으로a priori 결정하는 것은 불가능했다. 시장에서의 합의만이 노동에 대한 보상을 결정할 수 있는 것이다. 합의에 의해 부를 분배하는 방식은 그 자체로는 정의롭지 못하다거나 노예제의 성격을 지닌다고 볼 수 없었다.17)

개인주의적 무정부주의자들은 시장의 원리를 통해 노동의 가치가 결정되고 배분되는 것이 타당한 방식이라고 생각하였으며 그러한 방식을 거부하는 집단적 사회주의자 및 무정부주의적 공산주의자들을 반박했다. 그래서 제도에 기대어 문제를 해결하려 하는 모든 시도에 대해 부정적인 시선을 던졌다. 탄은 다음과 같이 지적했다.

나는 자연Nature이 그릇된 기초 위에 수립된 인간들의 제도보다 덜 잔인하다는 점을 확신하고 있다. 우리는 사람들이 의회의 입법에, 시의회에, 노동조합에 기대어 도움을 청하려 하는 것을 발견한다. 그러나 모든 시대를 관통해 인간의 친구가 되어온 것은 개인의 자유이다. 인생에서 자기 자신의 길을 자신이 선택하는 힘이다. … 입법을 통해, 정부 고용을 통해, 지방세와 국세를 통해, 파업을 조직하는 것을 통해, 고용조건을 규제하는 것을 통해 노동문제를 해결하려하는 현재의 모든 시도는 불가피하게 실패할 수밖에 없다.18)

개인주의적 무정부주의자들이 시장의 원리를 긍정적으로 평가하는 점은 이들이 자본가의 논리에 동조하고 있다는 의구심을 낳게 한다. 탄은 정부의 행위이든 노동자들의 집단적 행동이든 시장에 대한 외부적 간섭은 노동문제를 해결할 수 없다고 주장하고 있기 때문이다. 그러나 매우 주의해야 할 점이 있다. 그것은 개인주의적 무정부주의자들은 현재의 시장이 아니라 독점이 사라진 시장을 전제로 하여 이런 주장을 하고 있다는 점이다. 이들은 독점이 사라지면 시장에서 합의의 당사자들의 힘은 비슷해져서 소위 합의는 정의에 수렴하게 될 것이라고 보고 있는 것이다. 즉 이들은 자기 이익을 추구하는 행위를 긍정하지만 전제요건 즉 착취를 막는 방식으로 구조화된 사회를 먼저 요구하고 있다는 점[19]을 놓치지 말아야 하겠다.

집단주의적 무정부주의자와의 중요한 또 하나의 차이는 재산에 대한 시각이었다. 세이무어는 집단주의적 무정부주의자와는 달리 사유재산의 원칙 그 자체per se에 대해서는 반대하지 않았기 때문이다. 그렇지만 그는 법률적인 재산과 정직하게 취득한 재산을 구별했다. 그러면서 그는 권력과 독점에 의해 취득한 재산도 일단 합법성의 외관을 갖추고만 있으면 정당한 재산으로 간주된다는 재산의 아이러니를 지적했다. 그는 다음과 같이 지적했다.

누군가가 어떤 재산을 소유하게 되었다. 그가 그것을 정직하게 획득했는가에 대해 누가 물어보는가? 그가 재산을 합법적으로 획득한legal title 한 누구도 그렇게 묻지 않는다. 이러한 주장은 합법적인 것은 정당하다는 가정에 의존하고 있다. 이것은 어처구니없다. … 그러므로 정의는 입법의 범위 밖에 있는 것이다.[20]

세이무어는 여기서 재산이 합법적으로 획득되었다고 하여 그것이 정당하다고 볼 수는 없다는 흥미로운 주장을 하고 있다. 이 주장이 내포하고 있는 보다 의미있는 부분은 합법성을 부여하는 여러 법률들이 실제로는 정의롭지 못한 재산을 보호하고 있다는 사실이다. 세이무어는 자본주의의 재산 제도 속에서 칼 대신 법을 들고 있는 강도들을 발견한 셈이다. 그는 도적과 자본가 사이의 유일한 차이는 한 사람은 비합법적인 도적인 반면 다른 사람은 합법적인 도적이라는 비유를 구사했다. 하지만 국가는 양자를 동일하게 다루지 않았다. 국가는 전자를 처벌하지만 후자에게는 오히려 상을 주고 있는 것이다.21)

재산에 대한 이런 논리를 보면 세이무어는 재산 모두가 아니라 단지 독점적인 재산에 반대했음을 알 수 있다.22) 그는 정당한 노동의 권리에 기초하고 있는 토지의 보유를 반대하지 않았다.23) 각각의 개인이 그가 보유하고 있는 땅의 부분에 대해서 지주라는 점을 지적하기도 했다. 아울러 그는 지대에 대해 비판하기는 하였지만 그 비판은 자유로운 경쟁에 의해 결정되는 공정한 가격 이상의 터무니없는 지대에 한정된다고 밝히고 있다.24)

알버트 탄 역시 재산에 대한 독특한 견해를 제시했다. 그는 개인의 재산을 부정하지 않았고 오히려 세이무어보다 더 소유권ownership을 중시하면서 강력하게 재산을 방어했다. 그렇지만 그 역시 재산을 둘로 나누었다. 법률적 재산legal property과25) 자연적 재산natural property이 그것인데 이 두 재산 개념에는 커다란 차이가 있었다. 법률적 재산은 그것이 유지되기 위해서 국가권력을 필요로 했다. 반면 자연적 재산은 그 자신에 의해서 혹은 공동의 합의에 의해 정의의 기초 위에서 보유될 수 있었다.26)

탄은 이러한 차이를 자신이 가지고 있는 시계줄과 더들리 백작이 가지고 있는 토지를 대조시켜서 설명했다. 시계줄은 탄 자신이 지키고 있으므로 절도를 막을 수 있다. 반면 더들리 백작의 토지는 경찰이나 군대 그리고 법률이 없다면 결코 더들리 백작이 배타적 소유권을 주장할 수 없는 것이다. 소유권을 유지하기 위해 시계줄은 국가가 필요없지만 토지는 국가를 필요로 하는 차이가 있는 것이다. 바로 이 점이 더들리 백작은 토지에 대한 자연적 소유권이 없으며 더들리 백작은 도적이라는 점을 보여준다고 탄은 주장했다.[27] 그는 법률적 재산의 권리가 어떻게 사라질 수 있는가를 다음과 같이 지적했다.

더들리 백작은 블랙 컨트리에서 자신의 소유물을 가지고 있으며, 더 중요하게도 세금에 대한 "권리right"를 가지고 있다. 그러나 만약 그의 땅에서 일하는 사람들이 그에게 세금을 더 이상 내는 것을 거부하고 그가 세금납부를 강제할 수단을 가지고 있지 않다면 그가 거기에 대해 가진 권리right는 중단되는 것이다.[28]

이러한 탄의 독특한 재산 개념은 한 사람이 재산에 대해 실효적 지배를 하고 있을 때 재산에 대한 권리를 갖는다는 것인데, 여기서 그의 주장의 핵심은 국가가 그런 실효적 지배를 가능하게 만들고 있다는 것이다. 그러나 탄의 재산권 개념에는 약점도 있다. 만약 실효적 지배가 재산권을 성립시킨다면 국가가 사라진다 해도 더들리 백작은 자신이 고용한 경호원으로 얼마든지 실효적 지배를 유지할 수 있고 재산에 대한 권리를 가질 수 있지 않을까?[29] 이런 문제에 대해 아마도 탄은 국가가 사라지면 더들리 백작의 토지는 보호될 수 없을 것이라고 보고 있는 것 같다.

재산을 둘로 나누었다는 점 말고도 개인주의적 무정부주의자들의 재산권 개념에는 독특한 점이 또 하나 있었다. 그것은 개인주의적 무정부주의자들의 재산권에는 평등에 대한 주장이 함께 가고 있다는 점이었다. 세이무어는 무정부 상태는 평등을 긍정하는 것이라고 주장했다. 그러나 이 평등은 능력의 평준화levelling를 의미하는 것은 아니었으며 평등한 권리를 의미했는데 여기서 특히 중요한 권리는 자원에 대한 평등한 접근권이었다.[30]

탄은 토지에는 자연적 재산권이 존재할 수 없다고 주장했는데 이 주장의 함의는 자연자원은 개인적 재산이 될 수 없다는 것이었다. 그는 이를 공기에 비유했다. 공기는 독점이 불가능하며 따라서 그것은 소유될 수 없는 것이다. 공기는 사유재산과 함께 공존하는 무상의 재화인 것이다. 탄은 토지 역시 그와 같다고 주장하는 것이다. 국가의 간섭이 없었다면 토지 역시 무상의 재화이며, 궁극적으로 소유될 수 없는 성질의 재화로 남았을 것이다. 탄은 토지가 원래는 무상의 재화였지만 왕들이 전쟁을 벌인 후 왕을 위해 싸운 사람들에게 토지를 분할해서 보상해 주는 과정에서 현재와 같은 토지제도가 나타났다고 주장했다.[31] 따라서 토지는 누구나 소유할 권리가 있는 재화인 것이다. 단지 그 소유권은 다소 독특한데 토지의 사용권이 소유권을 부여하지만 그것이 유일한 권리의 원천이며 사용이 중지되는 순간 소유권은 사라져 버리게 될 것이다.[32]

독특하긴 하지만 재산권을 인정하는 이러한 주장은 집단주의적 무정부주의자들의 생각과 분명하게 달랐으므로 집단주의적 무정부주의자들로부터 반박을 불러왔다. 미래의 자유로운 사회에서 사람들

의 소유권을 허용하지 않을 것이라는 혁명적 사회주의자들도 역시
적대적이었다. 하지만 탄은 현재의 재산제도가 개인의 문제에 간섭하
는 제도보다는 낫다는 생각을 하고 있었으며 프루동이 재산에 대해
약탈robbery이라는 말을 쓰긴 하였지만 그것은 "개인의 재산private
property에 대해서만 말한 것이 아니라 공동의 재산common property에
대해서도 썼다"는 점을 환기시켰다.33)

  그렇다고 하여 세이무어나 탄이 현재의 재산제도를 그대로 옹호하
고 있다고 볼 수는 없다. 왜냐하면 현재의 재산제도의 한 쪽에서는
합법적인 절도의 권리legal right of robbery가 행사되고 있었기 때문이다.
토지와 도구의 독점적 사용usury에 기인한 합법적인 절도에 대해
재산권이 보장되고 있는 한 현재의 재산제도는 커다란 결함을 가지고
있었던 것이다.34)

  단지 개인주의적 무정부주의자들은 분배는 국가 없이도 재산을
보유할 수 있는 능력에 기초한 자연법에 연관되어야 한다고 주장함으
로써 자연적 재산에 대한 재산권은 절대적으로 보호되어야 한다는
입장을 견지했을 따름이다. 그래서 탄은 다음과 같이 주장했다.

  나는 (무정부주의적 공산주의와) 몇 가지 중요한 부분에서 분명히
  다르다. 나는 노동자들에게 축적된 부를 장악하고 그것을 공동의
  이익을 위해 쓰라고 권고하지 않는다. 만약 노동자들이 어떤 축적된
  부를 장악한다면 그는 그것을 자신의 이익을 위해 사용할 것이라고
  생각한다. … 적어도 나는 그것을 그렇게 하라고 권할 것이다. 공산주
  의 학파와 개인주의 학파 사이의 중요한 차이점은 공산주의자들이
  노동자worker들을 도적들thieves로 바꾸고 있는 반면, 개인주의자들은

도적들을 노동자들로 바꾼다는 점이다.35)

　개인주의적 무정부주의자들에게 있어 소유에 대한 정당성을 보장
하는 것 즉 소유권의 원천은 단지 노동일 따름이었다. 노동은 교환을
허용하는 경제적 재화이기도 했다. 이러한 생각은 결국 무정부상태를
논리적 차원에서 유추되는 사적 사업private enterprise과 동일한 상태로
간주하게 만들었다. 그리고 집단화에 대한 어떤 시도도 생산과 번영을
방해하는 것으로 간주되었다.36) 탄은 다음과 같이 지적하며 집단주의
에 대해 비판했다.

　　우리는 가장 큰 사회적 산업적 해악은 이미 존재하는 사회주의
　　속에서 추적할 수 있다고 보며 그런 악들은 오직 완전한 경쟁의
　　자유freedom of competition에 의해서만 제거될 수 있다고 주장한다.37)

　그리고 "가치"와 "분배"의 문제는 개인의 자유라는 문제와 연결되
었다. 이러한 점에서 개인주의적 무정부주의와 집단주의적 무정부주
의 사이에는 커다란 차이가 존재했다. 공산주의는 능력에 따라 일하고
필요에 따라 소비한다고 주장하지만 그것을 누가 결정하느냐고 세이
무어는 반문한다. 개인에게 작업을 할당하고, 법이 합당하다고 생각
하는 곳에 노동을 하도록 강제한다는 생각은 우리가 얼마나 어떻게
음식을 먹어야 하는지를 입법화하는 것과 마찬가지로 어처구니없다
는 것이 세이무어의 생각이었다. 누구도 이러한 내용을 갖는 공산주의
를 단 10분조차도 허용하지 않을 것이라고 그는 주장했다.38)
　개인주의적 무정부주의자들이 집단주의적 무정부주의자와 결별

하였을 때 그 차이는 여러 가지였지만 그 중에서도 특히 중요한 것은 가치와 재산에 대한 관점이었던 것이다.39) 세이무어는 자유와 재산 방어 연맹Liberty and Property Defense League의 개인주의자들이 자유와 재산을 동일시하는 것을 인정할 수 없었듯이, 공산주의 무정부주의 그룹의 크로포트킨이 공산주의와 무정부주의를 동일시하는 것을 인정하지 않았다.40) 크로포트킨은 자의적인 공산주의와 강제적인 공산주의 사이의 커다란 차이점을 혼돈했으며41) 공산주의를 무정부주의에 종속시키지 않고 오히려 그 반대의 행위 즉 무정부주의를 공산주의에 종속시키는 행위를 했다. 그래서 세이무어는 크로포트킨이 철저한 공산주의자일 따름이지 무정부주의자는 아니라고 결론지었던 것이다.42)

3. 자유 화폐론

개인주의적 무정부주의는 자본주의의 모순을 독점에서 발견했고 여기서 반독점의 논리를 제시했다. 그런데 반독점의 논리에서 특히 중요한 부분을 차지하고 있는 것이 화폐의 독점에 관한 주장이었다. 세이무어는『아나키즘의 철학』이라는 글의 마지막 부분을 화폐의 독점에 대한 자신의 입장을 제시하는 것으로 구성했다. 이 글이 아나키즘 전반에 대한 자신의 입장을 밝히고 있는 글이라는 점을 고려해 볼 때 그는 자본주의의 문제에 대한 핵심적인 해결책이 바로 여기에 있다고 강조하고 있는 것이다. 다른 글에서 그는 자유 화폐의 도입 즉 화폐독점의 폐지가 자본주의를 종식시킬 것이라고 주장해서 역시 이 문제의 중요성을 부각시키고 있다.[43] 알버트 탄 역시 교환을 사회의 혈관에 비유하면서 국가에 의해 독점된 화폐는 교환을 방해하고 있는데 그것은 마치 혈관의 피를 빨아 먹는 뱀파이어와도 같다고 주장했다.[44] 암스덴은 자유 토지 Free Land(독점에서 벗어난 토지)와 자유 화폐 Free Currency(독점에서 벗어난 화폐)만이 가치의 문제를 해결할 수 있고 노동에 대한 정당한 보상을 가능하게 만들 것이라고 주장했다.[45]

화폐의 독점과 관련해 세이무어는 『모노매니악스 *The Monomaniacs*』라는 흥미로운 책자를 발간했는데 여기서 그는 화폐의 독점이 사회를 붕괴시키는 과정을 풍자적으로 그리고 있다. 이야기는 다음과 같이 시작된다.

> 옛날에 지구가 아닌 달에 사는 한 종족이 있었는데 이들은 서로를 잡아먹으면서 생존해 나갔다. 시간이 지나면서 이들의 숫자가 줄어들게 되자 이들은 종족 소멸을 우려하게 되었고 … 그들은 식인행위를 그만두고 물고기를 잡거나 목축을 하고 … 상품을 생산하는 단계로 발전했다. … 그들은 노동 분업을 하기에 이르렀고 … 생산품은 상당한 정도로 증가되었다. 이 단계에서 새로운 문제가 발생했다. 각각의 사람들이 서로 공평하게 equitably 생산물을 교환하기 위해 그 양 quantity을 어떻게 측정할 것인가 하는 문제였다. 여기서 교환의 매개물 medium of exchange에 대한 필요성이 나타났다.[46]

물물교환으로는 감당하기 어려워진 사회적 단계에서 교환의 매개물이 나타나게 되는데 그것을 세이무어는 매우 인위적인 과정이라고 생각하면서 다음과 같이 풍자한다.

　　이제 늙은 로쓰Old Roth라는 이름으로 알려진 침팬지를 닮은 한
사람이 나타난다. 그는 … 식인시절 그의 장모를 잡아먹은 이후로는
이렇다 할 노동을 한 적이 없었다. … 결국 기회가 찾아왔는데 …
그는 사람들을 불러 모으고 … 생산물의 공정한 교환제도를 고안해
내었다고 발표했다. 그는 땅 한 귀퉁이에서 긁어모은 노란색 광물조
각(금)을 (자신이)배타적으로 소유하도록 허락해 줄 것을 요구하고
… 노란색 광물조각을 지불수단으로 받아들일 것을 요청하면서 …
노란색 광물조각의 작동 과정을 다음과 같이 설명했다. "장화제조공
은 장화를 팔려고 한다. 그리고 어부는 장화 한 켤레를 원할지 모른다.
그러나 장화제조공은 그의 식사로 생선보다 고기를 좋아한다. 그래
서 그는 장화를 어부에게 팔지 않는 것이다. 그리고 생선보다 장화가
오래 간다는 사실을 그는 알고 있는 것이다. 이제 여러분이 여러분의
상품에 노란색 광물(금)을 받아들일 것을 동의한다면 문제는 해결된
다. 장화제조공은 그의 장화를 많은 양의 노란색 광물을 받고 팔
것이다. 이것으로 장화제조공은 푸줏간에서 쇠고기를 살 수 있을
것이다."[47]

　세이무어는 주민들이 올드 로쓰의 이러한 제안에 경탄했다고 그의
책에서 지적했다. 그러면서 세이무어는 사람들이 화폐를 추구하는
현상이 벌어지는 과정을 묘사하기 시작했다.

　루나랜드Lunarland 주민들에게 이러한 해결방법은 매우 쉬우면서도

효과적인 것이었다. 어부가 장화제조공에게 지불할 금을 가질 수 있는 방법에 대해 묻자 로쓰는 어부에게 생선을 가져오면 금으로 교환해 주겠다고 대답했다. 이것은 다른 사람들에게도 동일하게 적용되며 일단 금을 갖게 되면 그것을 자신이 원하는 대로 쓰면 되는 것이다. … 사람들은 금이 원하는 물건을 갖게 해준다는 것을 이해하자 무엇보다도 금을 획득하려고 했다. 어부는 하루종일 일을 한 후 금을 얻기 위해 올드 로쓰에게 그가 잡은 생선을 가지고 왔다. 장화제조공은 열심히 일을 해 장화를 만들어 올드 로쓰에게 가지고 와서는 그것으로 금을 교환해 갔다. 다른 제조공들도 모두 그러했다.[48]

그러면서 차츰 화폐는 실물 경제를 통제하게 되었다. 올드 로쓰가 준 금의 양은 생산물을 교환하는 데 충분하지 않았고 그 결과 사업은 부진한 상태로 빠져 들게 되었다. 왜냐하면 노동분업을 통한 생산은 교환을 목적으로 하여 수행되는 것인데 교환이 침체된다면 생산은 상응해 축소될 수밖에 없었기 때문이다. 그러면서 금의 교환가치는 점점 높아지게 되는 현상이 나타났다. 모두 금을 얻기 위해 올드 로쓰에게 달려왔으므로 올드 로쓰는 더 많은 생산물을 받고서야 금을 주었다. 세이무어는 이 금과 상품의 교환경쟁이 24시간 노동하는 노동자들이 겨우 연명할 수 있는 식량을 얻을 정도의 금을 받는 상태로까지 나아갔다고 묘사했다.[49] 사회는 불안해졌고 소요사태가 나타났다. 그러면서 화폐를 독점한 올드 로쓰가 취한 다음 행동을 세이무어는 이렇게 지적하고 있다.

사람들은 올드 로쓰가 금의 공급을 통제하면서 그들을 그의 노예로 만들었다는 점에 대해 인식하기 시작했다. 올드 로쓰는 사람들이 자유롭다고 계속 말했다. 그러나 사람들은 절망적이 되었고, 범죄가 발생하고 인명과 재산은 더 이상 안전하지 않았다. 그래서 올드 로쓰는 … 평화를 회복시키고 그의 지배를 유지하는 새로운 수단을 만들어내었다. 그는 금을 빌려 주겠다고 자상하게 제안했다. 만약 사람들이 그에게 특정한 날에 약간의 금을 얹어서 금을 갚기만 한다면 말이다.[50]

바로 대부업의 탄생인 셈이다. 올드 로쓰의 처방은 효과가 있었고 사업은 다시 번창했다. 하지만 그 효과는 지속되지 않았다. 그 효과는 단기적이었는데 이자의 만기가 도래하는 시점까지였다. 이자의 만기일이 되자 많은 금이 사라져버렸고 다시 사업은 침체에 빠져 버렸다. 이러한 현상은 재발하였으며 이러한 과정을 되풀이하면서 사업은 점점 더 나빠졌다. 이런 사건의 전개 과정 속에서 사람들은 대부업과 이자가 문제를 해결하는 방책이 아니라는 점을 깨닫게 되었다.[51] 이 와중에 오직 올드 로쓰만이 번영을 누리고 있었다.

사람들은 원금을 갚지 못해 그의 빚은 영원히 남아 있었고 올드 로쓰는 그가 원하는 모든 것을 할 수 있었다. 올드 로쓰는 거대한 맨션을 지었고 집은 좋은 설비를 갖추었다. 화려한 장식과 멋진 알라배스터 조각이 집의 입구를 장식했다. … 그가 받을 빚이 줄어들지 않기 때문에 그는 이 모든 향락을 영구적으로 누릴 수 있었다. … 그리고 그가 부자가 되는 만큼 다른 사람들은 빈곤해졌다.[52]

올드 로쓰는 일정한 정도의 금은 유통이 되어야 산업이 붕괴되지 않는다는 사실을 발견하고 금을 적당한 정도로 유통시키게 된다. 그러자 사업은 다시 번창하게 되었다. 그런데 이제는 사람들이 금을 구해서 보관하려는 열풍이 일어났다. 사람들은 일단 금을 소유하게 되면 철제 금고에 그것을 넣어 버렸다. 금의 효용인 교환의 효용성은 상실되어 버리고 금은 단순히 숭배의 대상이 되어 버린 것이다.53) 금에 대한 숭배 현상은 화폐를 독점한 올드 로쓰로 하여금 금으로 경제를 통제하거나 조작할 수 있는 능력을 부여해 주게 된다. 『모노매니악스』에는 다음과 같이 서술되어 있다.

올드 로쓰는 채무를 갚지 못하는 사람들의 담보물을 압류하고 채무의 조건을 강제하면서 시장을 독점하게 되었는데, 금은 언제나 그가 원할 때면 다시 그의 손으로 들어왔고, 유통되는 금의 양을 늘이거나 줄임으로써 그는 모든 다른 물건의 가치를 그에게 유리하도록 높이거나 낮출 수 있었다. 한 마디로 올드 로쓰는 유통 매개체를 통제함으로써 전체 산업과 상업 세계의 끈을 조종할 수 있었던 것이다.54)

세이무어는 화폐량의 조작은 하나의 기술이 되었다고 지적한다. 그리고 금융가들은 탐욕으로 가득 차서 남성들의 노동력을 여성들의 노동력으로, 여성들의 노동력을 아동들의 노동력으로 대체해 나갔다고 지적한다. 왜냐하면 남성보다 여성이, 여성보다 아동이 더 적은 금을 요구했기 때문이다. 그리고 세이무어는 이제 파국으로 치닫는 사회적 현상을 지적하고 있다. 굶주린 사람들은 야수가 되어 버리고 사회는 범죄 현상으로 넘쳐나게 된다. 올드 로쓰는 범죄자들에게 테러를 가하는 사설 조직을 만들어내고 감옥을 세우는 방식으로 대처했다. 범죄자들은 진압되었지만 이제 사람들은 광적으로 변하기 시작했고 사회 전체가 비도덕화되는 현상이 나타났다. 사회의 시스템은 무너지고 재앙이 닥쳐 산업은 붕괴되어 버렸다.[55]

올드 로쓰는 금이 소용이 없다는 사실을 이제야 깨닫게 된다. 그는 그가 가진 모든 금을 단 한 덩어리의 빵을 얻기 위해 쓰고 싶었지만 이제 금으로는 아무 것도 구할 수 없었던 것이다. 그와 금을 교환하려고 하는 무지한 자는 이제 아무도 없었다. 세이무어는 올드 로쓰와 그의 가족은 결국 금을 먹게 되는 지경에 이르렀으며, 이제 더 이상 달에서 살 수 없는 상태가 되었으므로 금으로 상품을 교환하면 좋다는 그의 의견에 동조하는 바보들로 가득 찬 다른 행성을 찾아서 떠날 결심을 한다는 것으로 이야기를 끝맺고 있다.[56] 이 행성은 우리에게는 마치 지구처럼 들린다.

『모노매니악스』는 금본위제에 입각한 국가의 화폐독점이 생산과 교환을 교란시켜 결국 상품시장을 왜곡시키게 되고 나아가 금융시장이란 허구의 질서가 산업을 조종하면서 사회를 파국으로 몰아넣는다는 점을 주장하고 있는 것이다.

그래서 세이무어는 자본주의의 문제를 해결하는 데 당대의 경제학자들 모두가 실패했다고 보았다. 그는 아담 스미스로부터 칼 맑스에 이르는 경제학자들 전부를 거부한다고 밝히면서 그 이유는 이들이 노동에 대한 착취가 부적절한 교환수단 이외의 다른 무엇에 기인한다는 점을 보여주지 못했기 때문이라고 주장했다. 즉 그에 따르면 모든 착취의 밑바닥에는 화폐의 독점이 있었던 것이다. 그는 실업마저도 자본가들이 화폐로 노동시장을 통제하고 있기 때문이라고 주장했다.57) 세이무어 등이 자유 화폐 선전기구Free Currency Propaganda를 조직했을 때 이 단체는 다음과 같은 입장을 표명했다.

> 사회적 불만과 억압의 … 원인은 토지와 자본의 독점에 있다. … 나아가 우리는 자본의 독점은 오직 통화monetary credit의 독점에 기인한다고 주장한다. 이러한 현상은 금의 가치를 유통통화의 기초로 자의적이고도 배타적으로 채택한 결과로 나온 것이다. … 화폐독점의 횡포tyranny of the money monopoly는 이자와 독점적 이윤을 강제함으로써만이 아니라 노동계급을 자조self-help와 결사association로부터 막음으로써 작동하고 있다.58)

화폐의 독점이 자본의 독점을 야기했으며 이는 이자, 이윤, 노동계급 등을 모두 통제하고 강제함으로써 문제의 중심에 놓여 있었던 것이다.

개인주의적 무정부주의자들이 화폐의 독점을 강조하게 된 것은 이들이 생산보다는 교환에서 자본주의의 모순을 찾았기 때문이다. 그 결과 이들은 자본주의의 모든 문제가 부적절한 교환에서 발생하고 있다는 판단을 내렸고 그렇다면 "공정한 교환equitable exchange"을 이루어내는 것이 유일한 치유책이 되는 것이다. 공정한 교환을 실현시키려면 교환과정을 매개하는 화폐가 중요한데 이것이 국가에 의해 법으로 독점되고 있었으므로 문제는 해결될 수 없었던 것이다.59)

국가는 화폐를 독점하기 위해 귀금속을 지불수단의 법화legel tender로 만들었고 국가는 그것에 아무런 내재적 가치가 없음에도 불구하고

112

이 귀금속 화폐에 새로운 가치를 부여했다. 그러면 국가는 금은을 유통수단으로 채택함으로써 자본주의 체제 내에서 공정한 교환제도를 만들어내었는가? 세이무어는 여기에 대해 강력하게 비판했다. 그는 국가는 공정한 교환제도equitable exchange를 만들어내는 데 실패하였으며 단지 증권거래소 같은 금융기구를 촉진시키는 데 성공했을 따름이라고 주장했다. 그 결과 국가는 로칠드Rothschild 같은 금융인에게 교환을 자의적으로 결정할 수 있는 권력을 주었고, 그 결과 이들은 만족할 정도의 이자를 수취할 수 있을 때까지 자의적으로 금융을 통제했다는 것이다. 그 뿐만 아니라 금융가들은 생산과 가격에 간섭해 수요와 공급의 법칙을 깨뜨리며 시장의 작동을 방해했다.[60] 세이무어는 이 거대 금융집단을 흡혈귀라고 불렀으며, 국가가 이들에게 가치의 교환에 대한 결정권을 주었으므로 금융가들은 거부권을 행사하면서 그들의 이익을 확보해 나가고 있다고 보았다.[61]

탄A. Tarn 역시 화폐로서 금이나 은은 공정한 교환을 실현시키지 못한다고 주장했다. 그는 정부의 직인이 찍힌 금이나 은이 유통되는 것은 사람들 사이에 상호신뢰가 파괴되었다는 점을 보여줄 따름이라고 주장했다. 서로가 서로를 못 믿기 때문에 사람들은 국가에 대해 이런 방법을 고안해 낼 것을 요구한다는 것이다. 그러나 그 결과는 두 가지로 귀착되는데 첫째 재화와 서비스의 교환은 극도로 제약되며, 둘째 화폐를 갖지 못한 자는 화폐를 가진 자의 손에 놓이게 된다는 것이다. 공정한 교환은커녕 새로운 지배를 만들어내는 결과를 낳는 것이다.[62]

화폐는 상호적이고 공정한 교환을 촉진시키기 위해 이용되는 단순 매개물에 불과한데 화폐는 이러한 목적을 달성하지 못하였으며 금융가들은 그 화폐의 단순한 사용을 위해 더 많은 화폐를 지불하도록 만들었다. 세이무어는 이를 고리대금업usury이라고 불렀다. 이런 결과를 초래한 국가의 화폐독점은 기만이며 사기였다. 그리고 이렇게 화폐를 독점하고 있는 전 세계의 정부들은 모두 금융가들의 도구에 불과했던 것이다.[63]

따라서 국가의 화폐독점을 폐지해야 한다는 개인주의적 무정부주의자들의 주장은 매우 자연스러운 귀결이었다. 이들이 화폐독점을 없애기 위해 우선 주장한 것은 화폐, 재산, 은행 관련법들의 폐지였다.[64] 영국은행만이 화폐를 발행할 수 있도록 규정한 1844년의 은행법Bank Charter Act 같은 것은 용인될 수 없었다. 그리고 세이무어, 탄, 암스덴 등은 사람들은 다른 상품들을 만드는 것과 똑 같이 화폐를 만들어낼 수 있는 양도할 수 없는 권리를 가지고 있다는 점을 근거로 하여[65] 자유 화폐free currency를 도입하자는 제안을 했다. 자유 화폐는 금과 같이 특화된 상품이 아닌, 가치 즉 노동에 기초한 통화를 의미했다.[66] 이것이 공정한 교환을 이루기 위한 개인주의적 무정부주의자들의 처방이었다.[67] 그리고 이것이 노동 문제를 해결하는 근본적인 방법이었다.[68] 세이무어는 다음과 같이 주장했다.

우리의 주장은 국가는 교환exchange에서 그 손을 떼라는 것이다. … 노동조합주의trade unionism로 노동자의 생계수준을 증가시키려는 헛된 시도를 그만두자. 일시적인 임금인상 같은 것으로 (문제를) 해결하려는 시도를 그만두자. 우리는 임금 노예제를 폐지하는 것을 향해 나가야 한다. 노동시간의 축소 같은 것도 노동자의 조건에 영향을 미치지 않는다. 더 이상의 입법은 필요없다. 입법 그 자체가

114

모든 문제를 야기한 것이다.[69]

탄이 바라보는 노동문제에 대한 해결책도 동일했다. 탄 역시 당대의 노동자들을 노예 상태에 놓여 있는 것으로 간주했다. 그는 다음과 같이 주장했다.

> 모든 유저리usury를 폐지하는 것이 노동문제에 대한 해결책이다. 의회의 어떤 입법도 필요하지 않다. 파업도 필요없다. 혁명도 필요없다. 공산주의도 필요없다. 단순히 자유 화폐Free Money를 만들어내는 것이다. 자유 화폐는 노동력을 의미하는 것이며 노동생산물로 바꿀 수redeemable 있는 것이다. 이것이 계급과 자본의 권력을 파괴할 것인데 노동이 모든 부의 근원이기 때문이다.[70]

국가가 교환에서 손을 떼게 된다면 많은 개인들은 그들의 교환을 촉진시킬 목적으로 자유의 노선에 따라 결사의 협력 조직associative partnership을 만들어낼 수 있을 것이다. 그러한 결사는 소속원들에게 은행처럼 행동할 것이며 노동에 기반한 화폐를 발행하게 될 것이다.[71] 그 결과 모든 사람은 수표책을 소지하게 될 것이고 수표에 인쇄된 돈의 각 부분이 사실상 현존하는 부의 증표가 될 것이다.[72] 이러한 새로운 화폐는 현재의 제도 속에서 화폐독점이 낳고 있는 교환의 해악을 근절시키고 시장의 독점을 차츰 소멸시키게 될 것인데, 이러한 과정을 통해 부의 불공정한 분배는 교정되어 나갈 것이다. 그 결과 자본의 우위는 파괴될 수 있을 것이다.[73] 사기업이 제한된 지역 안에서 화폐를 독점한다 해도 그것이 문제가 되지는 않을 것이다. 왜냐하

면 화폐독점의 효과는 오직 그것이 국가와 같이 보편적일 때 재앙이 될 것이기 때문이다.[74]

개인주의적 무정부주의자들은 화폐의 독점을 폐지하는 것으로부터 시작해 다른 독점들이 제거되기 시작하면 자유 경쟁이 회복되고 실현될 수 있을 것이라고 생각했다. 버나드 쇼의 경제적 렌트─생산성의 차이로부터 발생하는─에 대해 화답하면서 세이무어는 인위적인 방식으로 렌트를 폐지할 수는 없다고 지적했다. 하지만 그는 자유로운 교환이 실현되는 과정 속에서 렌트를 제로 수준으로 줄일 수 있을 것이라고 주장했다. 세이무어는 토지의 소유자는 오직 가격을 낮춤으로써만 거래를 증가시킬 수 있다고 주장했는데 이는 결국 상품가격의 하락이 렌트가 지불되는 방식이라는 생각을 보여주고 있다.[75] 이는 매우 흥미로운 생각이었는데, 렌트는 페이비언들이 주장하듯이 국가에 의해 세금으로 집산되어 재분배되는 방식이 아니라 시장 메커니즘을 통한 교환 과정을 통해서도 경제 주체들에게 지불될 수 있다는 주장이었기 때문이다. 국가를 매개하지 않고 시장에 의해 렌트를 재분배할 수 있다는 주장이 제기된 것이다.

이런 논리는 자유로운 경쟁이 진행되면 경쟁이 결국 상품가격을 하락시키게 되고 그것은 노동자와 소비자 모두에게 이익을 가져다줄 것이라는 생각을 보여주고 있다. 페이비언들의 렌트 혹은 세이무어가 제시한 지대와 이윤은 교환 과정에서 시장의 가격 형성에 의해 즉 시장을 매개해서 자연스럽게 재분배된다는 논리인 것이다. 개인주의적 무정부주의자들은 화폐독점이 폐지되면 나타나게 될 '독점이 사라진 시장'이 모든 문제를 해결할 수 있다고 보고 있는 것이다. 그리고 그 시작점에 화폐독점의 폐지가 있었던 것이다.

개인주의적 무정부주의자들은 노동문제나 산업통제의 문제에 대해 매우 독특한 방법을 제안하고 있는 셈이다. 임금인상이나 노동조합의 활성화(노동조합주의자) 혹은 국유화(페이비언을 비롯한 집단주의적 사회주의자) 또는 노동자의 의사결정권 확대(신디칼리스트)와 같은 방식과는 달리 자유로운 화폐를 통해 문제를 해결할 수 있다고 주장하고 있기 때문이다. 이들은 신디칼리스트들과 동일하게 임금제를 폐지해야 한다는 매우 근본적인 개혁을 주장했지만, 그것을 이루기 위한 방법은 노동자 집단의 힘 혹은 의회를 매개한 정치권력을 행사하는 것과 같은 방식이 아니라 화폐의 독점을 폐지함으로써 나타나게 될 공정한 교환에 입각한 시장의 힘을 이용하는 방식이 되어야 했던 것이다.

4. 맺음말

개인주의적 무정부주의자들이 원했던 것은 당시의 많은 사회주의자들이 공통적으로 가졌던 관심인 자본주의가 만들어낸 정의롭지 못한 현실을 고치는 것이었다. 이들은 그러한 모순의 중심에 국가와 국가가 유지하고 있는 화폐의 독점이 있다고 파악했다. 그래서 이러한 모순에서 해방되기 위해 이들이 평화적 경제혁명을 추구했을 때―이들은 이 과정에서 사회혁명이 함께 진행될 것이라고 전망했다76)― 가장 우선적으로 폐지되어야 할 독점이 바로 화폐의 독점이었던 것이다.

화폐의 독점을 폐지하자는 주장의 궁극적 의미는 맑스의 잉여가치

2장 영국의 개인주의적 무정부주의와 경제적 해방 117

혹은 페이비언들의 렌트의 문제를 해결하기 위해 위로부터 국가의
권력을 행사하는 방법에 대신해 시장에서의 경쟁이란 장치를 통해
이 문제를 해결하자는 것이었다. 화폐의 독점이 폐지되기만 한다면
시장은 공정한 교환을 실현시키는 방향으로 나아갈 수 있고 현재
발생하고 있는 잉여가치나 렌트는 사라질 수 있다는 주장인 것이다.
　이런 점에서 개인주의적 무정부주의자들은 집단주의적 사회주의
자들 및 집단주의적 무정부주의자들과는 다른 방향에서 자본주의의
문제를 해결하려 하고 있는 것을 알 수 있다. 집단주의적 사회주의자
들은 국가라는 더 큰 힘이 과세나 국유화를 통해 불공정한 교환의
주체들을 제약하는 방식으로 자본주의의 문제를 해결하려 했고 집단
주의적 무정부주의자들은 국가를 인정하지는 않았지만 재산권에
대해 부정적인 입장을 견지했던 반면 개인주의적 무정부주의자들은
시장의 힘을 이용해 불공정한 교환의 주체들을 제거해 나가려 하고
있기 때문이다. 시장의 모순을 시장의 힘으로 해결하려는 일종의
동종요법을 제안하고 있는 것이다.
　그러나 어느 쪽도 문제는 남는다. 집단주의적 사회주의자들의 해결
책은 강력한 국가권력의 형성이 갖는 문제 그 자체와 함께 국가권력을
담당하는 관료들의 진정성의 문제를 함께 안고 있다. 국가권력이
설사 정치적 민주주의의 기초 위에 서 있다 해도 문제는 상존한다.
강력한 국가권력은 언제든지 억압적이 될 수 있고, 관료들은 어리석은
집단일 수 있을 뿐 아니라 언제든지 부패할 수 있기 때문이다. 집단주
의적 무정부주의에서 집단주의 장치로서의 국가는 사라지게 되겠지
만 사유재산이 없는 상태에서 능력에 따라 노동하고 필요에 따라
소비하는 질서가 과연 자발적으로 작동할 것인지는 의문이다. 개인주

118

의적 무정부주의자들의 해결책도 사실 그렇게 안전하게 보이지는 않는다. 독점이 사라지면 시장에서 일어나는 교환은 경쟁을 통해 공정성을 실현하게 될 것이라는 주장은 받아들일 수 있는 논리이지만, 현실에서는 기업과 조직이 거대화되어 가는 현상을 보여주고 있으며 이런 현상은 개인주의적 무정부주의자들의 전망과는 배치되고 있기 때문이다.

암스텐은 독점을 추구하지 않는 자본가라는 하나의 모델을 제시하고 있기도 하다. 그리고 그러한 예로 고댕M. Godin과 파밀리스테어드 기즈Familistere de Guise라는 역사적 사례를 제시하고 있다.77) 고댕이 자신의 자본으로 공장과 주택을 함께 짓고 도서관과 학교, 극장, 탁아소nourriceri, 유아원pouponnat을 지어 그의 경쟁력을 입증하였다는 사실을 지적하고 있다. 그리고 만약 자본가와 지주들이 고댕과 같은 방식으로 행동한다면 국가는 그 기능을 상실하고 자연적으로 소멸하게 될 것이라고 무정부주의에 도달하는 과정을 제시하고 있기도 하다. 경쟁하는 자본가가 독점적 자본가들과의 경쟁에서 승리함으로써 독점 현상을 없애고 나아가 국가까지 소멸시킬 수 있을 것이라는 생각은 흥미롭긴 하지만 그 사례는 매우 제한적일 것이다.

그래도 개인주의적 무정부주의자들의 생각은 의미있는 부분이 많이 있다. 첫째 이들이 시장의 힘을 발견하고 있다는 점을 지적할 수 있다. 시장은 시장 그 자체가 나쁜 것이 아니라 그것에 투입하는 값에 따라 왜곡되어지는 것이다. 시장에 올바른 변수를 투입한다면 즉 독점이 없는 경쟁을 부여한다면 시장을 통한 정의가 가능하다는 점을 지적하고 있는 것이다.

둘째는 이들이 설사 집단이란 단위를 가정했다 해도 그것은 공산주의적 무정부주의자들이 실험한 폐쇄적 공동체 질서와는 다른 경쟁력을 가진 경쟁하는 집단이었음을 상기할 필요가 있다.

셋째는 아무리 민주적인 기초 위에 수립된 권력이라 해도 그러한 권력에 의해 당사자가 합의를 하는 것은 당사자의 합의를 이루어낸 것이라기보다는 권력이 당사자 모두를 제약시킨 것이라는 점을 지적하고 있다. 이런 합의는 외부의 힘이 사라지면 언제든지 깨어질 수 있는 것이다.

넷째, 진정한 공정성, 진정한 평화는 개인들의 합의에 기초하며 그 합의의 진정성은 평등한 개인들의 만남에 기초한다는 것이다.

다섯째, 독점은 바로 이 개인들 간의 관계에서의 평등을 깨뜨리는 핵심적 장애물이라는 점을 이들이 밝혀내고 있다는 점이다. 그러므로 독점을 깨뜨리는 것이 문제를 해결해 나가는 첫 번째 열쇠라는 점을 개인주의적 무정부주의자들은 주장하고 있는 것이다. 아울러 그 독점의 핵심에 화폐의 독점이 위치하고 있다는 점을 밝히고 있는 것이다.

3장
영국의 개인주의적 무정부주의와 사회적 자유

결혼(marriage)과 성(sex)에서 자유의 의미

THE

HERALD of ANARCHY

AN ORGAN OF SOCIAL, POLITICAL, AND ECONOMIC FREETHOUGHT.

VOL. I.—No. 2]　　　　　　　NOVEMBER, 1890.　　　　　[MONTHLY : ONE PENNY.

Or is it in the nature of National Assemblies generally to do, with endless labour and clangour, Nothing? Are Representative Governments mostly at bottom tyrannics too? Shall we say the Tyrants, the ambitious contentions persons, from

It is at any rate as well to point out the truth of Mr. Herbert's position. Mr. Herbert is in favour of everybody being compelled to pay for the protection of landlords and the extortion of land-rent. If Mr.

개인주의적 무정부주의자들은 정치적 자유와 경제적 자유의 문제가
해결된다 해도 자유의 문제가 해결된다고 보지는 않았다. 사회적 자유
의 영역이 남아 있었고 여기에서 개인주의적 무정부주의자들은 결혼
과 사랑의 문제를 주목했다. 이 부분은 관습에 의해 억압되고 있었을
뿐 아니라 관습을 뒷받침하는 법률에 의해서도 통제되고 있는 영역이
었다. 결혼은 제도화되어 있어서 이 제도 밖에 있는 사람들 즉 결혼하
지 않고 함께 사는 사람들은 사회적 편견에 시달렸으며, 이들의 아이
는 사회적으로 차별받았다.

결혼한 사람들도 억압받기는 마찬가지였다. 결혼한 사람들은 사랑의
유무에 관계없이 평생을 서로에게 묶여 살아야 했고 다른 사람을 사랑
할 수도 없었다. 개인주의적 무정부주의자들은 이런 현상에 대해 자유
로운 사랑free love을 대체하려고 했다. 결혼과 성에 대한 관습의 억압에
대해 인간들의 사랑할 권리를 요구했던 것이다. … 이들은 이성을 잣대
로 하여 국가권력에 대해서만이 아니라 사회의 많은 관습들에 대해 의
문을 제기하고 있다. 그래서 이들은 결혼과 성의 논의에 과학을 끌어들
였다. 그런 점에서 이들은 미신과 편견에 도전한 계몽주의의 연장선상
에 서 있었으며 그들에게 현실은 여전히 미신으로 가득 차 있었다.

『무정부 소식(*Herald of Anarchy*)』
1890년 11월 표제

1. 머리말

무정부주의는 국가권력에 대해 항의하였다는 점에서 자유주의의 한 갈래라고 할 수 있다. 실제로 19세기 후반의 많은 자유주의자들이 국가 간섭에 대해 거부하는 과정에서 무정부주의로 혹은 무정부주의적 경향으로 옮겨 갔다. 무정부주의자로 규정되지 않았어도 자유주의자들 중에는 무정부주의자로 의심받는 사람들이 많았다. 도니스쏘프와 허버트 스펜서가 그러한 경우였다. 그래서 자유주의와 무정부주의는 친밀성을 보여주고 있다. 아울러 자본주의의 모순에 대해 항의하였다는 점에서 무정부주의는 사회주의의 한 갈래였다고도 볼 수 있다. 사실 1880년대 영국에서 소위 사회주의의 부활이라는 현상이 나타나 사회주의와 관련된 여러 조직들이 나타나고 사회주의와 관련된 활발한 움직임이 벌어졌을 때 사회주의socialism와 무정부주의anarchism라는 용어는 거의 동의어로 쓰였는가 하면, 사회주의 조직 안에서는 국가를 인정하는 사회주의자들(집단주의적 사회주의자들)과 국가를 거부하는 사회주의자들(무정부주의자들)이 서로 섞여 활동했던 모습을 볼 수 있다.

무정부주의는 한 축으로는 자유를 향한 흐름 즉 자유주의의 흐름을 따라서 또 다른 축으로는 자본주의에 대한 항의 즉 사회주의의 흐름을 따라서 출현했고 발전해 나가고 있었던 것이다. 이런 흐름 속에서 무정부주의는 권력체로서의 국가에 대해 대립각을 세웠다. 한편에서는 정치적 측면에서 국가권력의 지배에 대해 저항하는 논리가 나오게 되며, 다른 한편에서는 자본주의의 모순을 초래하고 있는 여러 가지 문제들의 책임이 국가와 얽혀 있으므로 경제적 측면에서도 국가에 대해 항의하는 논리가 나오게 되기 때문이었다. 즉 국가 간섭에 대한 항의도, 자본주의에 대한 항의도 국가권력에 대한 항의로 귀착되었던 것이다.

영국에서 무정부주의자들은 여러 형태로 등장했다. 공산주의적 무정부주의자들, 농촌 공동체주의자들, 기독교 평화주의자들, 산별 노조주의자들 그리고 개인주의적 무정부주의자들 등 다양한 형태로 출현했다.[1] 이 중 개인주의적 무정부주의자들은 무정부주의 운동에서 주류로 등장하지는 않았지만 반독점을 강조하면서도 시장 기능을 강조하는 독특한 주장을 전개하면서 무정부주의의 한 갈래로 자리매 김되었다. 이들은 국가의 화폐독점에 반대하며 자유 화폐 선전단체 Free Currency Propaganda에서 활동하는 등 경제적 해방을 위한 노력에 힘을 기울였다.

그런데 이러한 노력을 기울인 개인주의적 무정부주의자들이 경제적 해방 못지않게 관심을 가졌던 부분이 있었는데 그것은 관습으로부터의 해방이었다. 이들은 많은 사람들이 지배의 원천으로 국가를 지목하고 있던 시대에 지배의 원천을 하나 더 발견해낸 것이다. 그것은 바로 사회였다. 뚜렷한 권력 장치를 가지고 있는 국가가 만들어낸 권력이 아니라 그저 다수의 사람들이 만들어내고 있는 무형의 권력을 발견한 것이다. 우리가 관습이라고 부르는 무형의 제도가 사회적 지배를 만들어내고 있다는 점을 지목한 것이다.

관습이 만들어낸 제도들 중 개인주의적 무정부주의자들이 가장 크게 관심을 가졌던 것이 바로 결혼marriage과 성sex이었다. 결혼은 하나의 사회적 제도로서 고정관념 위에서 고착화되어 있을 뿐 아니라 혼인과 관련된 법이 만들어져 결혼한 남녀를 규율하고 있었다. 성

역시 남녀의 관계나 성과 관련된 여러 인식들은 성에 대한 특정한 윤리 의식 위에서 규율되고 있었다.

그래서 개인주의적 무정부주의자들은 당대의 결혼제도와 성에 대한 윤리를 공격했다. 이러한 제도와 윤리는 국가권력의 지배와 함께 또 하나의 권력이며 억압이라고 본 것이다. 개인주의적 무정부주의자들이 국가의 지배에 대해 저항하는 과정에서 정치적 자유와 경제적 자유를 주장했다면 관습의 지배에 대해 저항하는 과정에서는 사회적 자유를 주장했다고 볼 수 있을 것이다.

무정부주의는 자본주의에 대한 비판 사상으로서 19세기 후반 집단주의적 사회주의와 함께 출현해 활동했지만 자본주의의 모순에 대한 이 두 사상과 운동의 싸움에서 주도권을 잡은 쪽은 집단주의적 사회주의로 나타났다. 하지만 무정부주의가 집단주의적 사회주의보다 두드러진 영역이 있다면 바로 사회적 자유의 영역이라는 점을 지적해 볼 수 있다. 특히 결혼과 성에 대한 문제에서 무정부주의는 페미니즘을 만나며 여기에 큰 영향을 미쳤던 것이다.[2]

이 글에서는 개인주의적 무정부주의가 결혼제도에 대해 어떤 관점을 가졌으며 성을 둘러싼 가치관에 대해 어떤 인식을 보여주는지를 검토해 보도록 하겠다. 나아가 개인주의적 무정부주의자들이 자신들의 그러한 생각을 과학과 연결시키고 있는 부분들에 대해 검토해 보도록 하겠다. 그리고 그들이 자신들의 생각을 실제 활동 속에서 어떻게 구현했는가 하는 점을 서자권리회복 운동의 경우를 통해 살펴보도록 하겠다.

2. 사회적 억압에 대한 도전 – 결혼제도와 성의 문제

개인주의적 무정부주의자들에게 지배의 문제는 정치나 경제의 영역에 국한되지 않았다. 인간들의 모든 조직에서 지배의 문제는 발생할 수 있었다. 그 중에서도 가장 작은 조직이지만 가장 견고한 조직이었던 가족 그 중에서도 부부의 문제에서 이들은 모순을 발견했다. 왜냐하면 결혼은 제도화되어 있었고 그 제도는 법으로 규제되고 있었기 때문이다. 결혼이 법으로 규제된다는 것은 결혼제도라는 것이 자의적이고 비자연적인 강제 혹은 지배의 영역이라는 점을 보여주는 것이다.[3]

따라서 이들은 결혼제도를 비판하였는데, 결혼제도를 비자연적이라고 규정하며 비판하는 근거에는 여러 가지 이유들이 있었다. 첫 번째 이유로 결혼제도는 사랑을 강요하고 있다는 점을 들 수 있었다. 결혼이라는 제도가 사랑에 기초하고 있다면 법은 필요하지 않다는 것이 개인주의적 무정부주의자들의 결론이었다. 따라서 현재의 결혼제도는 그 내재적 성격상 사랑을 통제하기 위한 궁색한 변명에 지나지 않았다.[4] 한 번 결혼한 여자는 자신이 남자를 싫어할 이유를 가지게 되었다 하더라도 그 남자로부터 벗어날 수가 없는 것이다. 남자가 간통을 저질렀다거나 폭력을 휘둘렀다는 명백한 증거를 가지고 있고 그것을 다른 사람에게 입증할 수 없는 한 여자는 사랑하지 않는다는 이유로 결혼관계를 해소할 수 없는 것이다.[5]

혼인법은 서로 싫어하는 사람들에게 사랑을 강요하기 위해 존재할 따름이었다. 법이 할 수 있는 것이라고는 서로 헤어지는 것이 더 나은 사람들에게 그들의 의지에 반하여 서로를 묶어두는 것이었다.

1888년 데일리 텔리그라프는 "결혼은 실패작인가?Is Marriage a Failure?"
라는 질문을 던지고 답변을 받았는데 2만 7천 건의 응답 중 다수가
불만과 심각한 불행감profound unhappiness을 표시했다. 대부분은 배우자
를 비난했지만 잘못된 결혼에서 벗어나기 어려운 점에 대해 불평함으
로써 결혼제도 자체에 대한 불만을 드러내었다.[6] 결혼은 헤어지는
것이 더 나은 백 가지의 이유가 있다 해도 단지 법 하나가 그들이
같이 살아야 할 이유로 작용하면서 유지되고 있었던 것이다. 이러한
결혼은 생지옥이었으며 당시의 기독교 가정의 열 중 아홉은 이런
상태라고 지적되었다. 이것은 미신이며 기만이며 무지가 만들어낸
잘못된 제도였다.[7]

  두 번째 이유는 결혼제도가 사랑을 강요할 뿐 아니라 사랑을 왜곡시
키고 있다는 점이었다. 결혼은 결혼계약의 전제조건으로 상대방에게
충절을 요구함으로써 다른 사람과의 사랑을 금지해 버렸다. 그러나
사랑의 본질이 자유라는 점을 놓고 본다면 어떤 한 사람에 대한
충절이란 생각은 미신에 불과했다.[8] 결혼제도로부터 나오는 이런
주장은 질투심을 정당한 근거로 해서 이성異性을 전유하고 사랑을
소유할 수 있다는 논리였으며, 결국 사람들에게서 사랑할 권리를
빼앗을 수 있다는 생각이었던 것이다.

  세 번째 이유는 결혼이 지배를 초래하고 있다는 점이었다. 결혼
후 형성되는 가정이라는 조직 내에서 나타나는 가부장적 질서는
역사의 새벽에 발생한 모계사회의 해체 후 일반적 관행이 되어 버렸
다.[9] 그리고 여기서 나온 권력은 보다 큰 지배의 씨앗을 뿌려놓았다.[10]
개인주의적 무정부주의자들은 남녀사이의 성과 관련해서도 지배의
사례를 찾아내었다. 이들은 결혼을 하게 되면 남편이 부인에 대해

거부할 수 없는 성행위 권리를 갖는다는 점을 지적하고 있다.[11] 이러한 권리는 결혼제도가 만들어내는 지배권의 하나라고 할 수 있었다. 그 결과 사랑이 없이 강제로 맺어지는 성관계 즉 일종의 강간행위가 결혼 후에는 가능해지는 것이다.[12]

결혼제도에 대해 항의한 네 번째 이유는 결혼제도가 여성의 인격을 남편의 재산으로 만든다는 점이었다. 세이무어, 배드콕 등 개인주의적 무정부주의자들이 활동했던 서자권리회복 운동의 기관지 『디 애덜트』는 첫 호에서 "우리는 법률, 결혼제도, 일반적 관행 아래 깔려 있는 이론 즉 여성의 인격은 그녀의 남편의 '재산'이 될 수 있다는 것에 항의한다"고 선언했다.[13] 즉 결혼은 여성을 동산chattel으로 만들어 버리는 것이다.[14]

결혼제도에 대해 반대한 다섯 번째 이유는 당시의 결혼 관습이 자연과 어긋나기 때문이었다. 그리고 바로 이 자연에서 벗어난 결혼 관습으로 인해 여성들은 여러 가지 질병을 앓게 되었던 것이다. 여성들은 대개 14세 정도면 사춘기가 시작되고 배란을 시작한다. 하지만 관습으로 인해 결혼은 대부분 24세 정도에 이루어진다는 것이다. 그 10년 동안 여성의 성욕은 억제되는 것이다. 결혼은 그 욕구가 가장 강할 때 성적 욕구를 충족시켜 주지 않는 것이다. 결혼제도는 자연과 조화를 이루지 않으며 이러한 부조화로 인해 생기는 모순이 여성의 여러 질병의 원인이 되고 있는 것이다.[15]

결혼제도를 거부한 또 하나의 이유는 당시의 일부일처제 역시 비자연적이고 불합리했기 때문이었다. 일부일처제는 마치 자신이 듣는 음악을 한 곡에 국한시키거나 음식에 대해 하나의 음식으로 한정시키는 것처럼 비자연스러운 것이었다. 완전한 삶과 정신적 활기

는 자유와 다양성 variety을 원했다.16)

  그렇다면 개인주의적 무정부주의의 대안은 무엇이었을까? 개인주
의적 무정부주의의 대안은 자유로운 사랑 free love이었다. 그것은 절대
적으로 개인적이고 individualistic, 자발적이고 spontaneous, 자연적이었으
며 그래서 자유롭고 두려움이 없으며 제약받지 않는 것이었다.17)
알버트 탄은 다음과 같이 지적했다.

  오직 자유 안에서만 사랑은 피어오른다. 새들이 사제나 관리의
  허가없이도 짝의 관계를 행복하게 유지해 나갈 수 있다면 인간이라
  고 왜 그것이 안 되겠는가? 도덕을 설교하는 자들로 하여금 제비와
  곤줄박이 tom-tits에게 그들의 설교를 하라고 하자. 그리고 그들의 '죄
  악의' 삶의 방식에서 벗어나게 시도하라고 하자.18)

  세이무어 역시 자유와 사랑을 인간성의 가장 고귀한 두 개의 원칙이
라고 지적하면서 이 두 개의 원칙이 결합된 형태가 이성의 결합의
이상적 모습이라고 주장했다. 그래서 그는 자유로운 사랑을 성의
자연법 natural law of the sexes이라고 규정했다. 나아가 그는 노예제를
폐지하듯이 결혼제도를 폐지해야 한다고 주장했다.19)

  사랑의 본질이 자유라고 한다면 사랑은 자유와는 대립되는 복종,
질투, 공포와 같은 개념들과는 양립할 수 없었다. 특히 질투는 이기심
의 발로로 간주되었다.20) 그리고 사랑은 자연에서부터 나오는 것이므
로 사회는 사랑을 제약할 수 있는 권리 같은 것을 갖지 않았다. 그러므
로 사랑이 식어 버린 후에도 결혼이란 제도 안에서 남녀가 동거하도록
만드는 어떤 법도 참을 수 없는 전제적 권력에 다름 아니었다.21)

130

세이무어에게 결혼이란 남녀가 서로 사랑하는 동안 이루어지는 자유로운 결합을 의미할 따름이었다. 결혼에는 오직 사랑이 중요했다. 세이무어는 결혼반지를 왼쪽 손의 네 번째 손가락에 끼는 이유를 그 손가락에 심장과 직접 연결되는 작은 신경이 있기 때문이라고 지적했다.22) 그는 결혼식에서의 서약과 관련한 일화를 제시하기도 한다.

> 현재 결혼 예식을 수정하는 것과 관련한 좋은 예를 제임스 실크 버킹엄이 그의 자서전에서 제시하고 있다. 그가 옥스퍼드의 클라렌든 출판사에서 일하고 있을 때 한 학생이 결혼식을 위해 막 인쇄하려 하는 안내장에서 한 글자를 빼서 다른 글자로 바꾸었다는 것이다. v를 빼서 k로 바꾸었다는 것인데 그 결과 "두 사람이 사는live 날까지 당신은 아내에게 충실하라"는 문귀가 "두 사람이 사랑하는like 날까지 당신은 아내에게 충실하라"고 바뀌었다는 것이다.23)

그러므로 결혼에서 사랑이 사라져 버린다면 그것은 이미 결혼이 아닌 것이다. 간통에 대한 시각 역시 "결혼은 사랑에 의한 결합"이라는 전제 위에 서 있었다. 그러므로 간통을 비도덕적이라고 비난하는 것은 당대의 결혼제도가 만들어낸 넌센스일 따름이었다. 사랑이 식었다는 것이 죄가 될 수는 없었다. 게다가 간통이 상호 합의에 의해 일어난 행위라고 한다면 간통은 누구의 권리도 침해하지 않았기 때문이다.24) 그리고 인간에 대한 재산권이 성립된다면 이야기가 달라질 수 있겠지만 인간에 대한 재산권은 존재할 수 없었다.25) 개인주의적 무정부주의자들에게는 결혼제도가 서로에게 족쇄를 채워 놓고

사랑이 식었음에도 불구하고 상대에게 의무를 강요할 수 있는 억압장
치로 여겨졌을 따름이었다.

　법과 관습에 의해 유지되고 있는 결혼제도에 대한 비판은 현재의
가족제도인 일부일처제에 대한 회의로 이어졌다. 1897년 『디 애덜트』
는 표제어에서 "천 쌍의 커플 중 평생 동안 사랑이 지속된 경우는
단 한 경우에 불과하다"고 주장했다.26) 그래서 개인주의적 무정부주
의자들은 이성 관계가 결혼제도 없이 형성되는 상태가 된다면 예외적
인 경우를 제외하고는 어떤 엄격한 일부일처제도 수립될 수 없을
것이라고 예측했다.27) 사랑에 어떤 강요도 있을 수 없다면 한 사람을
영원히 사랑해야 한다거나, 한 여자에게만 집착해야 한다는 생각도
사라질 것이다.28) 그의 삶의 남은 기간 동안 이성 중 단 한 명만을
사랑하겠다고 맹세하는 사람은 악당rogue이거나 바보fool일 것이다.29)
그렇다면 이들은 가정을 인정하지 않고 해체시키려 했던 것일까?
성급한 결론을 내리는 것은 위험하다고 생각된다. 이들은 가정을
해체시키려 했다기보다는 가정을 보다 자유로운 형태로 변화시키려
했다고 보아야 할 것 같다. 이들은 그런 질문에 대해 단호히 아니라고
대답하며 가정을 해체시키려는 것이 아니라 그 이름보다 더 나은
것을 만들려 한다고 답하고 있기 때문이다.30)

3. 과학과 결혼, 성

　개인주의적 무정부주의자들은 결혼을 둘러싼 인식과 관습에 대한
논의와 함께 성을 둘러싼 인식들에 대한 논의로 나아갔다. 그런데

이들은 이런 논의를 과학적 지식 및 발견에 기초해 전개시켜 나갔다는 점이 흥미롭다.

개인주의적 무정부주의자들은 결혼제도를 비판하기 위해 과학 특히 생리학을 끌어들였다. 세이무어는 이제까지의 결혼제도는 생리학적으로 건강하고 행복한 성의 결합을 실현시키지 못했다고 주장했다. 결혼은 여러 질병들의 원인으로 작용하고 있는데 특히 정신병의 3/4은 결혼에 기인한다고 주장했다. 이런 질병의 원인은 결혼 과정에서 이루어진 비과학적인 결합에 기인하며 그 결과 정신이상인insane 자녀와 병약한 아이들scrofulous and consumptive을 낳게 된다는 것이다.31) 세이무어의 이러한 주장은 우생학eugenics과 같은 자연과학의 새로운 발견과도 연관성이 있는 것으로 보인다. 그는 결혼이란 불합리한 제도는 개인의 자유를 억압할 뿐 아니라 인간들의 건전한 삶을 왜곡하고 건강을 해쳤으며 인간이라는 종을 황폐화시키는 결과를 낳고 있다는 점을 지적하고 있다. 과학적으로 볼 때 당대의 결혼제도는 인류humanity에 대한 범죄였던 것이다.32)

일부일처제를 비판하고 성관계에서의 다양성을 옹호하였을 때도 이들은 그 이유를 과학적 근거에서 찾았다. 이들은 생리학과 건강의 자연법을 인정해야 할 필요성을 지적하는 것이다. 이들은 만약 개를 키우면서 하나의 빵만 준다면 그 개는 한 달 만에 죽어 버릴 것이라고 지적하면서 애정에 대한 욕구도 이와 같은 방식으로 작동한다고 주장했다. "아마티브니스amativeness(애정)에 대한 욕구는 앨리먼티브니스alimentiveness(음식)의 욕구와 유사한 방식으로 제어된다"고 보았던 것이다.33) 하나의 사랑 이론one love theory은 편협하고 배타적이라는 주장을 통계적 사실로 뒷받침하기도 한다. 결혼한 사람들의 성적

매력은 12년 이상 가는 것이 드물다는 점이 밝혀져 있다는 것이다. 어떤 경우에는 절대적인 혐오감이 생겨나기도 하고 무관심이 생겨나기도 한다는 점을 지적한다.[34]

일부일처제와 관련되는 인간의 감정과 관련해서도 이들은 과학적 설명을 시도하려고 한다. 즉 인간들에게서 질투라는 감정이 본능적인 것인지 획득된 것인지에 대한 설명을 시도하고 있다. 동물의 왕국에서 이들은 암컷보다는 수컷에서 질투 현상이 더 뚜렷하다는 점을 찾아내었다. 닭, 소, 사슴 등의 동물을 보면 이들은 암컷을 차지하려고 서로 싸운다. 하지만 암컷들은 평화적이며 별로 질투의 현상을 보여주지 않는다는 점을 찾아내었다. 그리고 이들은 동양의 나라들에서 찾아볼 수 있는 일부다처제에서도 여성들은 별로 질투를 하지 않는다고 지적한다. 그래서 영국 사회에서도 환경이 유사하다면 질투 현상이 나타나지 않을 것이라고 전망한다. 히브리 성서에도 리 Leah와 라첼 Rachel은 서로 질투를 하지 않았을 뿐 아니라 어떤 영국 사람도 생각할 수 없었던 행위 즉 남편이 하녀와 사랑을 하도록 만들었다는 이야기가 나온다는 것이다.[35] 결국 성적 질투란 인간에 대한 재산이란 선입견에 기초해 나타난 전제적인 편견이었다. 그리고 이러한 편견은 오랫동안 지속되어 온 일부일처제에 의해 교육된 결과였던 것이다.[36] 이런 논리를 통해 이들은 사랑과 질투에 대한 새로운 생각을 보여주고 있다. 즉 질투와 사랑은 무관한 것이며 진정으로 사랑하는 사람은 질투를 하지 않고 오히려 다른 사람을 사랑할 완전한 자유를 준다는 점을 지적하고 있는 것이다.[37]

성과 관련하여서는 성을 탈신비화시키고 도덕적 편견을 깨뜨리기 위해 과학을 끌어들였다. 개인주의적 무정부주의자들은 성에 대한

134

은폐와 도덕적 편견에 대해 비판하며 이런 현상은 인위적인 것이며 모두 자연에서 벗어나고 있다는 점을 지적한다. 아울러 성에 대한 도덕적 관점을 과학에 근거해 이끌어 내려 했다.

세이무어는 많은 부모들이 성과 관련된 문제들에 대해 침묵하고 있다는 점을 지적했다. 아이들에게 생식기관의 기능에 대해 가르치지 않으며 생리학적 지식에 대해 알리지 않는다는 것이다. 남자 아이들은 알지도 못한 채 자위를 하며 특히 여자 아이들은 그들의 육체적 성질에 대해 전혀 무지한 가운데서 성장한다. 그는 성과 관련한 질병이 맹위를 띠게 된 것은 모두 이러한 생리학적 무지에 기인한다고 보았다. 그리고 성과 관련된 문제로 발생되는 범죄의 9/10가 바로 이러한 "침묵의 음모"에 기인한다고 주장했다.[38]

또 한편으로 이 모든 은폐에는 종교가 중요한 역할을 하고 있었다. 자연의 요구를 억압하도록 성직자들이 아이들을 교육하고 있었기 때문이다. 그리고 이러한 교육이 이루어질 수 있는 것은 종교의 이익을 위해 성에 관한 지식이 제대로 알려지는 것을 법률이 막고 있었기 때문이다.[39] 즉 이 문제에 대해서는 종교와 국가가 담합을 하고 있는 셈이었다. 종교는 성과 관련한 지식을 왜곡시켰을 뿐 아니라 결혼 후 남녀 관계에 대한 인식도 왜곡시켰다. 그것은 가톨릭이나 프로테스탄트나 마찬가지였는데 성바울은 아내들에게 무조건 남편들에게 복종할 것을 명하고 있기 때문이다.[40]

성에 대한 절제를 강요하는 도덕적 분위기 역시 자연과는 맞지 않았다. 성은 남용될 필요도 없었지만 절제될 필요도 없었다. 세이무어는 생식 기관 역시 행복과 건강을 위해 있는 것이라면 신체의 다른 기관과 똑 같이 운동을 할 자유를 요구한다고 주장했다. 절제는 과도한 것과 마찬가지로 많은 해악을 만들어내게 되는 것이다. 이런 점에서 가장 큰 피해자는 여성이라고 세이무어는 주장했다.[41]

나아가 성과 관련한 윤리학은 자연과학 즉 생리학에 근거해야 한다는 주장이 제기되고 있다. 수많은 해로운 관습들이 과학과는 무관하게 역사 속에 존재해 왔는데, 이 모든 관습들은 우리의 신체와 관련한 자연 법칙laws of nature에 대해 무지한 결과로 인해 생겨난 것이었다. 꽉 조이는 레이스, 흡연, 알콜 섭취 등은 모두 우리를 해치는 관습들이다. 우리 신체의 가장 중요한 기관과 연관되어 있는 성행위는 생리학의 관점에서 검토되지 않으면 안 되는 것이다.[42] 개인주의적 무정부주의자들은 섹스문제와 관련하여 생리학적으로 자세히 파고 들어가는 것에 대해 사람들이 극도로 역겨워한다는 점을 알고 있었다. 하지만 자신과 다른 사람들의 행복과 건강을 원한다면 이러한 역겨움을 눌러야 한다고 주장했다. 왜냐하면 이 문제는 자세히 파고 들어가는 작업을 하지 않고는 적절하게 검토될 수 없는 문제였기 때문이다.[43]

과학적 사실을 위반하며 만들어진 성과 관련된 윤리 의식의 한 사례로 제시된 사항은 처녀성virginity과 관련된 것이었다. 세이무어는 처녀성에 대한 일반적 인식이 젊은 여성들의 도덕 의식에 큰 영향을 행사한다고 보았다. 처녀성이 도덕적 순결의 증거로 여겨졌기 때문이다. 사람들은 대부분 처녀성이 실재한다고 생각하고 있고 그래서 처녀에게는 처녀막hymen이 있다는 생각을 하고 있다. 그렇지만 세이무어는 파레Paré, 뒬로랑Dulaurent, 뷔퐁Buffon, 드 그라프De Graaf, 피네우스Pineus, 디오니스Dionis, 마리소Mariceau, 팔핀Palfyn 등 여러 해부학자들의 이름을 동원해 처녀막이란 것이 물리적 실체가 아니라는 지적하고 있다.44) 그는 처녀성에 높은 시장 가치market value가 부여되어 있는 현상을 지적하고 있는데 결국 이런 현상이 처녀막이 존재한다는 생각을 만들어내었음을 시사하고 있다. 하지만 이런 생각은 과학에 근거한 것이 아니라 모두 상상의 산물이라는 점을 지적하고 있다.

개인주의적 무정부주의자들의 결혼제도와 성의 문제와 관련된 여러 가지 주장들은 빅토리아 후기의 완고한 사회 분위기에서 본다면 받아들이기 어려운 주장으로 보였을 것이다. 실제로 결혼제도에 저항해 자유로운 결합free union을 시도했던 사람들은 비정상자 취급을 받았으며 제도의 압력과 사회적 박해를 받았다. 그런 예 중의 하나로 자유로운 결합을 시도했던 무정부주의자 가이 알드레드와 로즈 윗콥 부부의 경우를 들 수 있다. 로즈가 출산을 하기 위해 병원에 갔을 때 병원은 알드레드가 부인이나 아이를 보지 못하도록 했으며 로즈 윗콥을 타락한 여성으로 취급했다. 이후 그들의 아들에게도 법적으로는 부모가 존재하지 않았다.45)

그러나 사실 개인주의적 무정부주의자들의 결혼 및 성과 관련한 모든 논의의 기초에는 이성理性이 깔려 있었다. 그래서 개인주의적 무정부주의자들의 눈에는 결혼 및 성과 관련한 당대의 모든 제도와 지식들이 오히려 비정상적인 것으로 비쳐졌다. 이들이 이성의 눈으로 사회를 보려 하는 태도를 『무정부주의』 1886년 11월호에 실린 글에서 확인할 수 있다.

mos, morois는 라틴어에서 관습custom을 의미한다. 따라서 도덕이란 한 나라 혹은 한 시대의 관습을 지키는 것에 불과하다. … 한 나라

혹은 한 시대에 도덕적이었던 것이 다른 나라 다른 시대에는 비도덕
적인 것이 될 수 있다. 인간의 이성human reason을 제외하고는 어떤
기준도 존재하지 않으므로 근대의 도덕을 검토하는 데 이성을 사용
하는 것은 타당하다.[46]

이들이 과학을 강조하고 있는 것도 이성에 대한 믿음과 무관하지
않다. 암스덴은 아니 베산트Anni Besant의 신지학theosophy에 대한 입장
을 밝히는 글에서 받아들여진 객관적 방법 즉 과학적 방법이 우선한다
는 점을 지적하고 있다.[47] 이는 세이무어가 정신의 영역을 과학적
연구방법의 연장선 상에서 진행해야 한다고 본 것과 동일한 입장인
것이다.[48] 개인주의적 무정부주의자들 중 세이무어 같은 이는 모든
근대적 학문을 다 끌어들이고 있는 것을 볼 수 있다. 예를 들자면
우생학eugenics, 관상학physiognomy, 골상학phrenology과 같은 학문이 그
런 것이다.[49] 세이무어는 그의 책 『사랑의 생리학:종족 개량에 대한
연구The Physiology of Love p.A Study in Stirpiculture』에서 사람의 기질이 어떻게
골격구조와 형태에 의해 만들어지는가에 대해 설명했다. 그는 자신에
차서 "부모 양쪽이 낙천적이고 엔세펄릭한 기질encephalic temperament
(이마가 넓고 돌출된 특징을 갖는다)을 가지고 있다면 … 그들의
자식은 뇌의 수종dropsy으로 일찍 죽거나 뇌막의 결핵성 염증tubercular
inflammation of its membranes으로 인해 죽게 될 것"이라고 단언하고 있
다.[50] 그는 관상학을 적합한 결혼상대를 찾기 위한 목적으로 이용하기
도 했다.[51]

이성의 잣대를 중시한다는 것을 알 수 있는 또 하나의 부분은
이들이 자율과 자기 통제를 강조하고 있다는 점이다. 1897년 『디

애덜트』에는 '자기 존중, 자기 인식, 자기 통제Self-reverence, Self-knowledge, Self-control'라는 표제어가 등장한다. 이러한 표제어는 개인의 합리적인 사고와 판단을 매우 중요하게 생각하고 있으며 그것에 대한 믿음이 있음을 보여주는 것이다.52) 자기 통제에 대한 믿음이 국가의 통제를 불필요할 뿐 아니라 혐오스러운 행위로 만들었던 것이다.53)

이들이 세큘러리스트secularist와 프리씽커freethinker들로부터 출발해 무정부주의로 이동해 갔다는 점 역시 개인주의적 무정부주의가 이성의 기초 위에 서 있다는 점을 확인하고 있다. 세큘러리스트는 우리에게 세속주의자로 번역되지만 이 용어는 정치 질서와 사회 규범이 종교적 기준에서 벗어나 합리적인 기준에 입각해 시행될 것을 주장하는 사람으로 "탈종교 합리주의자"라는 의미를 지닌다. 세이무어는 브래들로우Bradlaugh로부터 영향을 받아54) 세큘러리스트로 출발했으며 '턴브리지 웰즈 세속 협회Turnbridge Wells Secular Society'의 서기직을 맡기도 했다. 개인주의적 무정부주의자들의 주장이 탈종교에서 탈국가로 그리고 이어서 탈관습으로 이어졌던 것에는 필연적인 연관성이 있을 수밖에 없었다. 이들이 이성을 기초로 하여 종교와 권력 그리고 관습을 바라보았을 때 기존의 기초는 모두 합리적 근거가 없다는 생각을 가지게 되었기 때문이다.

합리적인 사고는 심지어 언어의 영역까지 침투해 들어왔다. 알버트 탄이 현저한 경우인데 그는 합리적 철자법을 요구했다. 영어 철자를 고치자는 것인데 예를 들자면 neighbours 같으면 nabers로, although 같으면 altho로 고치자는 것이다.55) 관습에 익숙해 있는 사람들은 코웃음을 칠 일이지만 이성의 잣대로 판단한다면 탄의 주장을 틀렸다고 할 수 없을 것이다.

그래서 성의 자유를 주장한 개인주의적 무정부주의자들은 사실상 매우 이성적인 사람들이었다는 점에 대해 유념할 필요가 있다. 성의 자유를 주장하니 이들은 감정에 치우친 비이성적인 사람이라는 생각을 하기 쉽지만 사실상 이들의 주장은 기존의 관습에 아무런 근거가 없다는 점을 밝히고 있는 것이다. 성과 관련한 기존의 관습과 도덕은 이성의 잣대에 비추어 놓고 보면 미신에 불과하다는 점을 지적하고 있다는 점에서 이들은 계몽주의의 연장선상에 서 있다고 볼 수 있다. 17세기의 계몽주의자들은 건드리지 못했던 성과 관련한 관습의 영역에 이들은 발을 들여놓고 있는 것이다.

생리학적 성장 과정과 모순을 빚으면서 인간을 억압하는 성과 관련된 사회의 관습과, 남녀를 제도로 묶어 놓고 사랑을 왜곡시키는 결혼제도에서 세이무어는 정치적 억압, 경제적 억압과는 또 다른 차원의 사회적 억압을 발견한 것으로 보인다. 사랑이 인간의 행복을 완성시키는 능동적이고 적극적인 영역이라면 여기서 이루어지는 자유야말로 무정부주의자들에게는 정치적, 경제적 자유를 넘어서서 추구해 나가야 할 더욱 중요한 영역이었을 것이다.

4. 서자권리회복 운동과 『디 애덜트』

결혼제도에 대한 비판 및 성에 관한 논의, 자유로운 결합과 자유로운 사랑에 대한 주장 등이 운동과 결합된 경우로 서자권리회복연맹 Legitimation League[56]의 활동을 들어볼 수 있다. 사실 서자권리회복 운동은 그 자체가 결혼제도를 비판하는 운동은 아니었다. 이 운동은 결혼제도가 만들어낸 모순의 하나였던 서자의 권리 문제에 대해 이의를 제기한 운동이었다. 특히 서자법bastardy laws을 변경시켜 결혼제도 안에서 출생하지 않은 사람들이 그들의 정당한 유산을 박탈당하지 않도록 하는 데 관심을 가지고 있었다.[57] 하지만 차츰 이 운동은 그 주장의 밑바닥에 보다 근원적인 문제가 있다는 점을 인지하고 성에 관한 폭넓은 논의로 옮겨가게 되었는데 그 과정에서 『디 애덜트 *The Adult*』라는 잡지가 발행되었다.

서자권리회복연맹이 창설되고 활동하는 과정을 살펴보면 이 운동이 개인의 자유를 추구하는 운동의 연장선에서 나타났다는 점을 확인할 수 있다. 그런데 여기에 세이무어, 배드콕, 피셔 등 개인주의적 무정부주의자들이 중요한 역할을 하게 되었다.[58] 이 중 세이무어는 『디 애덜트』의 편집장이 되기도 했다. 개인주의적 무정부주의자들이 활동한 서자권리회복연맹이 관습과의 투쟁을 선언하고 있는 것은[59] 무정부주의가 사회적 자유를 향한 투쟁이라는 또 하나의 전선을 가지고 있었다는 점을 보여준다.

서자권리회복연맹은 1893년 리즈에서 조직되었다. 이 조직은 반국가주의적인 성격을 띤 개인의 권리Personal Rights 운동의 결과물이었다.[60] 연맹의 회원들은 1890년대의 세속주의자secularist, 자유사상가 freethinker[61], 무정부주의자들과 연관되어 있었으며 이들은 서로 밀접한 관계를 가지며 중첩되는 현상을 보여주고 있었다.[62]

연맹은 결혼제도 밖에서 태어난 사람들 즉 서자들을 인정하기 위한 기구를 만들어내기 위해 세워졌다. 중요한 목적은 상속권을 확보하기 위한 것이었다. 그리고 궁극적으로 채택된 방식은 공시서기 Notifying Secretary(혹은 Prothonotary)로 하여금 서자측으로부터 요구

가 제기되면 출생 등록을 하고 신문에 공지를 하게 만드는 것이었다.[63]

연맹의 창시자는 오스왈스 도슨Oswald Dawson이었는데 리즈의 유명한 퀘이커교도의 아들이었다. 그는 한 때 개인의 권리 협회의 회원이었지만 1895년 불화로 인해 협회와 결별했다. 『퍼스널 라이츠Personal Rights』의 편집장이었던 레비J. H. Levy가 연맹의 초대 회장이었고, 두 번째 의장은 템플법학원Inner Temple의 변호사였던 자유사상가 도니스쏘프Donisthorpe였다. 그 역시 '자유와 재산 방어 연맹'이란 단체에서 활동한 반국가 운동과 관련된 인물이었다. 도니스쏘프의 사임 이후에는 모시스 하만의 딸이었던 릴리안 하만이 연맹의 회장을 맡게 되는데 그녀는 자유결합free union을 한 것으로 인해 시카고에서 구금된 것으로 유명한 인물이었다.[64]

연맹의 목적은 서자들의 권리 특히 유산을 받을 권리를 회복시키는 것이었지만 연맹은 서자의 문제를 넘어 결혼제도의 문제를 건드릴 수밖에 없었다. 국가 결혼State marriage을 "동거living with"제도로 바꾸자는 주장이 나왔는가 하면[65], 앵무새같이 공식적인 문서를 읽는 결혼서약은 계약 당사자의 자유로운 욕구의 자발적인 표현이라고 볼 수 없으므로 결혼에 대해서 규범을 따르지 않는 사람들nonconformists을 비난해서는 안 된다는 지적도 제기되었다.[66] 그리고 그 과정에서 연맹이 투쟁하고 있는 더욱 어려운 상대가 관습이라는 점도 알게 되었다. 관습을 깨뜨리는 사람이 많아지게 된다면 비난도 완화될 것이라고 보았다.[67]

연맹이 서자의 문제를 넘어서 결혼제도에 대한 관심을 가지고 있다는 사실이 직접적으로 표현된 사건이 에디스 란체스터Edith

Lanchester 사건이었다. 부유한 건축가의 딸이며, 사회민주동맹의 회원이며, 엘리아노 맑스의 친구였던 에디스 란체스터는 1895년 노동계급의 철도 서기 제임스 설리반과 자유결합free union을 하려는 의사를 밝혔다. 그러자 그녀의 가족들과 의사는 그녀를 정신이상이라고 주장하며 집에서 끌고나와 강제로 정신병원에 입원시켰다. 가족들은 그녀가 지나친 교육을 받았기 때문에, 또 의사는 그녀가 자살을 기도했기 때문에 정신이상 환자라고 주장했다.[68] 이러한 곤경 속에서 연맹은 그녀를 정신병원과 그녀의 가족에게서 벗어나도록 도와주었다.[69] 연맹은 이 사건에 연맹이 관여한 과정을 『서자와 합법적 사랑』이란 보고서에서 상세하게 기록하고 있다.[70]

아울러 1895년의 프로시딩proceeding에 나오는 배드콕의 다음과 같은 남녀관계에 대한 발언은 연맹이 일찍부터 프리 러브free love에 대한 관심을 가지고 있었음을 시사하고 있다.

연맹은 관용의 편에 서 있으므로 관습적 관계 밖에 있는 관계를 존중하려 한다. 그렇다면 우리는 왜 바람피우는 관계butterfly relationship에 대해 선을 그어야 하는가? 나는 이것이 남녀 관계에서 이상적이라 생각하지는 않지만 다른 어떤 남녀 관계만큼이나 이런 관계butterfly relationship도 존중하고 싶다. 양 당사자가 동의하는 한 이런 관계도 똑같이 존중받아야 하며 경멸할 것이 아니라 유지되고 관용될 가치가 있는 것이다.[71]

연맹의 활동은 본래의 관심을 넘어서서 결국 성에 대한 논의로 나아갔으며 서자권리회복 문제는 두 번째 문제로 밀려났다.[72] 연맹은

창립 당시에 비해 더욱 적극적인 면모를 보이면서 새로운 십자군
운동을 벌이기 시작했다.[73] 그러한 모습은 연맹이 발간한『디 애덜트』
에서 잘 드러났다. 이 잡지는 1897년 6월 연맹의 기관지로서 출발했으
며 20개월간 지속되었는데 그 과정에서 외설로 기소되었는가 하면
편집장이 바뀌기도 했다.[74] 편집장이었던 베드버로우는 잡지를 발간
하면서 잡지는 섹스 문제에 대한 논의에 열려 있다는 점을 밝혔다.
아울러 결혼에 관한 매우 혁신적인 사고를 제시했다.『디 애덜트』는
첫 호에서 다음과 같이 주장했다.

> 서자권리회복연맹의 목적은 성인이 된 두 개인들이 그들의 의지대
> 로 어떤 형태의 상호 관계를 맺는 것에 대해 절대적인 자유를 옹호하
> 는 것이며 원하지 않는 파트너들에 의해 만들어진 가정은 결코 자녀
> 들에게 좋은 환경이 될 수 없다는 것을 공리axiom로 간주한다.[75]

이러한 주장은 연맹이 프리 유니온free union과 프리 러브free love의
논의를 수용하고 있으며 나아가 그러한 주장을 지지하고 있다는
점을 보여주고 있다.[76] 이 잡지의 부제는 계속 바뀌고 있는데 그렇게
제시된 부제들이 연맹의 의도를 여러 측면에서 확인하고 있다. 잡지는
첫 호에서 "성적 관계에서 자유의 발전을 위한 저널"(*The Adult: A Journal
for the Advancement of Freedom in Sexual Relationship*)이라는 부제를 달았다. 그리
고 2호에서는 "성적 노예화에 반대하는 십자군"이라는 부제를 달았고
3호에서는 "금기된 주제들에 대한 자유로운 논의를 위한 저널"로
바뀌었다. 1호의 제목은 저널의 목적이 단지 자유로운 결합free union만
이 아니라 즉 법 밖의 결혼만이 아니라 자유로운 사랑free love이기도

하다는 점을 보여준다. 즉 복수의 섹스파트너를 의미하는 것이다. 2호는 연맹의 사업이 결혼제도에 반대한다는 점을 보여주고 있는 것이다.77)

연맹의 회원들은 교회에 의해 엄격하게 통제되는 결혼제도 및 각각의 성에 부여된 성역할은 남녀 모두에게 인간으로서의 잠재력을 실현시키는 데 장애물이 되고 있다고 생각했다. 그 뿐 아니라 이러한 제도 속에서는 불행한 가족들이 만들어지고 있다고 보았다. 가족 내에서 부모가 불행할 경우 부모만이 아니라 그 자녀들마저 비참해지는 결과를 낳고 있었다.78)

잡지는 프리 유니온에서 나아가 프리 러브를 지지했으며 특히 여성들을 결혼제도에서 해방시키고자 하는 의도를 드러내었다. 연맹은 결혼제를 또 하나의 노예제로 인식하였으며 당대의 일부일처제는 유지되지 못할 것이라는 주장도 제기되었다. 연맹은 여성들을 노예제로부터 해방시키고 여성들에게 성적 즐거움과 자신의 신체에 대한 통제의 권리를 확보시키려고 했다.79) 복수의 섹스파트너를 가진 여성들은 한 사람의 파트너만을 가진 여성은 가질 수 없는 성의 즐거움을 갖게 될 것이라는 주장이 실리기도 했다.80)

서자권리회복연맹과 『디 애덜트』는 개인주의적 무정부주의자들의 결혼제도와 성에 대한 논의가 사회에 수용되고 확대되는 역할을 했다. 정기적으로 나온 연맹의 프로시딩proceeding은 많은 편지들로 응답받았으며, 『디 애덜트』는 1898년 1월호가 이틀 만에 매진될 정도로 큰 관심을 끌었다.

하지만 이 잡지의 한계도 지적되어야 할 것이다. 그것은 동성애에 대한 시선이었는데 이 잡지의 논의는 이성애heterosexual에 머물렀다.

이 잡지에서 레즈비어니즘은 1898년 단 한 차례 다루어졌을 뿐이며 여성들의 동성애는 부정적으로 다루어졌을 따름이다.[81]

5. 맺음말

개인주의적 무정부주의자들은 억압과 지배의 문제를 해결하기 위해 국가를 거부했지만, 설령 국가의 지배에서 벗어난다 해도 자유의 문제가 해결된다고 보지는 않았다. 정치적 자유와 경제적 자유의 문제가 해결된다 해도 사회적 자유의 영역이 남아 있었기 때문이다. 사회적 자유의 영역에서 개인주의적 무정부주의자들이 주목한 부분은 결혼과 사랑의 문제였다. 이 부분은 관습에 의해 형성되고 이를 뒷받침해 국가가 만든 법에 의해 지지되는 사회적 억압의 영역이었다. 결혼은 제도화되어 있어서 이 제도 밖에 있는 사람들 즉 결혼하지 않고 함께 사는 사람들은 사회적 편견에 시달렸으며, 이들의 아이는 정당한 권리를 보장받지 못했고 사회적으로는 차별받았다. 결혼한 사람들도 억압받기는 마찬가지였다. 결혼한 사람들은 사랑의 유무에 관계없이 평생을 서로에게 묶여 살아야 했고 다른 사람을 사랑할 수도 없었다. 개인주의적 무정부주의자들은 이런 현상에 대해 자유로운 사랑free love을 대체하려고 했다. 결혼과 성에 대한 관습의 억압에 대해 인간들의 사랑할 권리를 요구했던 것이다. 이들은 그런 표현을 쓰지 않았지만 이들이 경제 현상에 대해 제시한 반독점의 논리를 연장시켜 본다면 사랑에 대한 독점을[82] 깨뜨리려 한 것이라고도 볼 수 있을 것이다.

개인주의적 무정부주의자들의 결혼과 성에 대한 주장은 파격적으로 보일지 모르지만 실제로는 자유주의의 연장선상에 놓여 있을 따름이다. 이들은 자신들의 논리가 밀J. S. Mill과 스펜서H. Spencer가 제시한 원리와 동일하다는 점을 확인하고 있기 때문이다. 다른 사람들의 자유가 침해되지 않는 한 인간들은 자기가 하고 싶은 대로 할 권리가 있는 것이다. 사랑은 책, 음식, 친구, 주거지 등과 같이 사적인 문제이며 전적으로 자기 통제 하에 놓여야 한다는 주장이었던 것이다.83)

그러므로 성적 관계에서 어떤 강제도 행사되지 않고 자유로운 합의와 상호 만족이 존재한다면 일부일처제가 아닌 다른 형태의 성적 관계에 대해 반대할 이유가 없다는 주장을 펴고 있다. 이성적으로 판단한다면 결혼을 둘러싼 당대의 제도들은 전통의 권력에 기대고 있는 거대한 기만이었을 따름이다. 특별하게 주목할 부분은 이들의 생각이 철저하게 이성에 근거하고 있다는 점이다. 이성을 잣대로 하여 생각하는 방식을 연장시켜 나가면서 이들은 국가권력에 대해서만이 아니라 사회의 많은 관습들에 대해서도 의문을 제기하고 있는 것이다. 그래서 이들은 결혼과 성의 논의에 과학을 끌어들였다. 그런 점에서 이들은 미신과 편견에 도전한 계몽주의의 연장선상에 서 있었으며 그들에게 현실은 여전히 미신으로 가득 차 있었다.

결혼과 성에 대한 논의를 하면서 개인주의적 무정부주의자들이 제시한 자유로운 결합free union은 무정부주의에서 조직의 개념이 어떠한가에 대한 이해를 돕는다. 사실 무정부주의자들은 모든 조직을 그것이 권력을 만들어낸다는 이유로 부정적으로 보았다. 그렇지만 사회에서 사람들이 서로 결합하지 않을 수는 없는 법이다. 그래서 무정부주의자들은 사람들 간의 조직 혹은 결사가 있게 될 때 그것이 자유의 정신을 잃지 않고 이루어질 수 있는 형태를 구상했던 것이다. 그것이 자유로운 연합free federation의 개념인 것이다. 이것은 자발적이며voluntary 자연발생적이며spontaneous 자율적인autonomous 성격을 지니고 있었다.[84] 무정부주의자들은 자유의 정신이 살아 있는 결사를 만드는 것이 가능하다고 생각했던 것이다. 남녀 관계에서 사랑을 매개로 하여 실현될 수 있다고 본 자유로운 결합은 다른 영역에서 생겨날 자유로운 연합의 모태와도 같았다.

4장
조지 오웰의 무정부주의와 사회주의

좌파를 비판한 좌파의 사상 :
토리 무정부주의와 민주적 사회주의의 만남

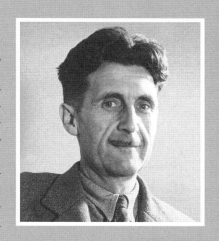

오웰의 사상은 무정부주의와 윤리적 사회주의, 집단주의적 사회주의를 결합시키면서 하나의 독특한 구성물을 형성했다. 그리고 여기에 보수적 요소까지 더해져 그의 사상은 보수주의, 무정부주의, 윤리적 사회주의, 집단주의적 사회주의(CAEC)conservatism, anarchism, ethical socialism, colectivist socialism의 사각형 안의 한 지점을 차지하고 있는 것으로 보인다. 이 각각의 요소들은 하나씩 떼어놓고 보면 서로 배타적인 사상이 될 수도 있겠지만 오웰이 지닌 각각의 요소는 모두 오웰에 의해 약간씩 굴절되어 서로를 지지하고 있다.

그리고 이 각각의 요소들은 모두 개인주의와 집단주의의 조화를 찾으려는 노력에 초점이 맞추어져 있다. 그렇지만 이 두 부분 중에 선행하는 요소는 언제나 개인주의였음을 지적해야 한다. 개인의 삶이란 구체성이 사라진 위에서 나타나는 자유나 평등과 같은 구호는 오웰에게는 아무 의미가 없었다. 그는 사회주의자로서 사회주의를 바로잡으려 했고, 좌파로서 좌파를 바로잡으려 했으며, 지식인으로서 지식인을 바로잡으려 했다.

조지 오웰

1. 머리말

조지 오웰은 우리에게 『동물농장』과 『1984』와 같은 소설을 쓴 작가로 알려져 있고 이념적으로는 냉전 시대에 소련 체제를 비판한 사람으로 간주되고 있다.[1] 하지만 정작 그 자신은 스스로를 사회주의자라고 지칭했다는 것을 알고 있는 사람은 많지 않다. 그는 1936년 이후 자신이 죽을 때까지 쓴 모든 글들 중에 자신을 사회주의자라고 생각하지 않으면서 쓰지 않은 글이 없다고 고백할 정도로 분명한 어조로 자신을 사회주의자라고 규정했다.[2] 그래서 오웰만큼 오해를 받는 지식인도 드물다는 지적이 나온다.

일반적으로 오해를 받고 있는 만큼이나, 오웰 사상에 대한 평가도 복잡하다. 오웰에 대한 평가가 복잡하다는 점은 그가 다양한 이름으로 규정되고 있는 것을 보는 데서 짐작할 수 있다. 그는 윤리적 사회주의자, 낭만적 사회주의자, 트로츠키주의자,[3] 보수주의자, 신보수주의자 neo-conservative, 보헤미안 토리, 급진적 자유주의자 등 좌파에서 우파에 이르는 다양한 이름으로 불려졌다.[4]

소울 벨로우의 소설(*Mr Sammler's Planet*, 1969) 속에서 컬럼비아 대학교의 한 급진적 학생은 "오웰은 밀고자 fink였다. 그는 역겨운 반 혁명가이다. 그가 죽은 것은 잘 된 것이다"라고 비판하고 있는데 피터 마크스는 사람들로부터 실제로 그런 비난이 나올 수 있다는 점을 지적한다.[5]

포드호레츠는 오웰이 살아 있었다면 신보수주의자 neo-conservative의 입장을 취했을 것이라고 주장하기도 한다.[6] 물론 오웰이 살아 있는 동안 그는 보수파에 자신을 연결시킨 적이 없었지만 말이다. 우파 오웰에 대한 주장은 2003년 6월 『가디언』에 오웰의 명단[7]이 발표되면서 더욱 강력해졌다.

오웰이 사회주의자가 아니라 본질적으로는 자유주의자라고 규정하는 사람들도 여럿 있다. 알란 샌디슨Alan Sandison은 오웰이 자유주의 -기독교 문화가 위협받고 있다고 생각하면서 이를 방어하려 했다고 주장한다. 예인Jasper Jain은 오웰이 자유주의적 전통을 물려받았다고 주장한다. 포스터E. M. Forster는 오웰을 진정한 자유주의자라고 부른다. 즈워들링Alex Zwerdling은 오웰의 초기 저작들은 개혁주의적 자유주의의 전통에 뿌리박고 있다고 주장한다.[8]

아울러 오웰은 자신을 사회주의자라고 고백하였음에도 불구하고 영국 좌파로부터 지속적으로 비판받았으며 그런 현상은 그의 사후에도 계속되어 톰슨E. P. Thompson, 레이몽 윌리암스R. Williams 등으로부터의 비판이 이어졌다. 그래서 어떤 사람은 오웰의 사회주의를 소속의 주형을 거부하는 완고하고 외로운 사회주의라고 지적하기도 했다.[9]

그런가 하면 오웰이 어떤 특별한 분류에 속하기 어렵다는 점이 지적되기도 했다. 니콜라스 월터는 오웰에 대해 "다른 사회주의자들을 경멸한 사회주의자"이고 "다른 지식인들을 경멸한 지식인"이며 또한 "다른 애국자들을 경멸한 애국자"이며 "다른 보헤미안들을 경멸한 보헤미안"이었다고 평가했다.[10]

그래서 혹자는 오웰이 마치 19세기 정치가들이 논쟁에서 성경을 이용해 자기 입장을 정당화하듯이, 오웰은 정치적 논쟁에서 이용당하고 있을 뿐이며 그는 일종의 로오샤흐Rorschach 테스트지가 되어 버렸다는 주장을 하기까지 한다.[11]

오웰을 자신이 규정한 것처럼 사회주의자로 인정한다 해도 문제점은 남아 있다. 그에 대한 비판이 다른 각도에서 제기될 수 있기 때문이

4장 조지 오웰의 무정부주의와 사회주의   153

다. 그것은 오웰 자신이 자신의 사상을 사회주의라고 규정했다 해도 그의 사회주의가 무엇인지 뚜렷이 밝히지 않았다는 비판이다. 빅터 골란즈Victor Gollancz는 오웰이 사회주의자임을 공약하지만 자신의 사회주의를 한 번도 정의한 바가 없다고 비판했다.12) 이렇게 비판하게 되면 오웰이 자신의 사회주의에 대해 사회주의 사상가나 이론가들처럼 사회주의 이념의 구체적 내용을 명확하게 밝히지 않았으므로 그가 사회주의라고 말한 것은 그저 구호였을 따름이지 실체가 없는 사상이라는 결론이 내려지게 된다.

실제로 오웰은 그 자신이 추상적 이론을 싫어했다. 그래서 그를 이론적 사상가라고 하기는 어렵다. 그렇지만 그의 삶과 행동의 궤적을 놓고 보면 그의 사상에 대해 달리 생각할 여지가 있다. 오웰은 실로 치열한 삶을 살았던 사람이다. 그는 버마에서 제국주의 경찰 생활을 5년이나 하였지만 여기에 환멸을 느끼고 스스로 경찰 생활을 그만둔 사람이며, 런던과 파리에서 비정규직 생활을 하며 하층민의 삶을 스스로 체험한 사람이며, 스페인 내란에 직접 참가해 목을 관통하는 총상을 입으면서까지 파시스트에 대항했던 사람이며, 스페인에서 돌아온 이후에는 영국 좌파의 방해를 무릅쓰고 소련 공산주의에 대해 실상을 폭로하려 한 사람이며, 2차대전이 벌어지자 홈가드Home Guard(국토방위군)에 소속되어 나치에 대항했을 뿐 아니라 홈가드가 혁명적인 민중 군대가 될 수 있다고 믿으며13) 영국의 변혁을 추구했던 사람이다. 46세의 나이에 결핵으로 사망하기까지 그는 거의 가난한 삶을 살았으며 오로지 자신의 생각을 실천하기 위한 방편으로 글을 썼을 따름이다.

이러한 그의 삶을 놓고 볼 때 영국 사회의 변화를 향한 오웰 사상의

154

진정성을 의심할 수는 없으며, 아울러 그가 영국 사회에 대해 제시한 구상과 대안은 오히려 구체적일 수 있다는 생각이 가능해진다. 그 생각은 추상적 이론에서 나오는 것이 아니라 체험과 실천에서 나오고 다져진 것이라고 볼 수 있기 때문이다. 그리고 오웰은 영국의 다른 사회주의자들처럼 사회주의에 대한 연구서를 남기지는 않았지만, 영국 사회의 문제들과 변화의 방향에 대한 자신의 생각을 여러 글에서 드러내고 있다. 그렇다면 오웰은 나름의 방식으로 체득하고 형성한 사상을 나름의 방식대로 드러내었다고 할 수 있을 것이다. 그는 오웰리즘을 남기지는 않았지만 그가 추구한 이상은 실체를 가지고 있다고 볼 수 있다.

오웰은 흥미롭게도 스페인 내란에 참전하기 전까지의 자신을 토리 무정부주의자라고 규정했고 그 이후부터의 자신을 민주적 사회주의자라고 규정했다.14) 이런 발언은 그의 발언을 액면 그대로 받아들인다면 그의 사상을 두 개로 단절시키고 있는 것으로 보인다. 하지만 달리 보면 이 발언은 그의 사상 안에 두 개의 요소가 공존하고 있다는 점을 보여주는 것이기도 하다. 이 두 요소는 오웰이 어느 편에도 서는 것을 거부하게 만든 두 개의 대립적인 요소 즉 개인의 영역을 중시하는 요소와 또 한편으로는 집단주의 정책을 받아들이는 요소였던 것이다. 이 글에서는 오웰의 사회주의가 지니는 복합적 성격을 분석해 봄으로써 오웰이 주장했던 사회주의(무정부주의를 포함하는 넓은 의미의)의 실체에 대해 접근해 보는 노력을 해 보도록 하겠다.

2. 무정부주의적 요소-토리 무정부주의

토리 무정부주의Tory Anarchism라는 용어는 용어 그 자체가 좀 기이하다. 토리Tory라는 단어는 영국 역사에서는 명예혁명기의 친왕파를 의미하지만 이것이 나중에 보수당으로 이어졌으므로 토리는 여기서 보수를 의미하고 있다. 그러므로 토리 무정부주의는 보수적 무정부주의라는 의미가 되겠지만 어떻게 보수와 무정부주의가 결합될 수 있는가 하는 의문이 이어서 제기될 수밖에 없다.

이 용어는 오웰이 조나단 스위프트를 묘사하기 위해 만들어낸 말인데 그것을 자신에게 적용시킨 것이다. 스위프트는 상류계급이었지만 권력을 경멸하며 귀족제에 대해 비판적인 입장을 취한 것을 두고 오웰은 그를 토리 무정부주의자라고 규정했다.[15] 그리고 그가 버마에서 경찰직을 그만두고 돌아온 이후『아델피Adelphi』의 편집장에게 자신을 같은 용어로 규정했다.[16] 로버트 베네웍과 필립 그린은 오웰이 정통 좌파에 쉽게 말려들어가는 것을 피하기 위해 이 용어를 아이러닉한 의미로 사용했다고 주장하지만 피터 윌킨은 오웰이 이 용어를 아이러닉하게 쓰지 않고 진지하게 썼다고 주장한다.[17] 버나드 크릭 역시 토리 무정부주의는 단순한 농담이 아니었다고 주장한다.[18] 그렇다면 이것은 어떤 무정부주의일까?

오웰이 스위프트에게서 발견한 것은 권력에 대한 비판과 개인의 권리와 개인의 영역에 대한 강조였다. 그것은 개인이 무시되는 사회에 대한 경고이기도 했다. 오웰에게는 스위프트가 전체주의에 대한 원조 비판자로 보였던 것이다.[19]

이러한 관점에서 윌킨은 영국 토리 무정부주의자들을 여럿 찾아내

156

고 있다. 스위프트Swift, 코벳Cobbett에서부터 20세기의 인물들, 곧 조지 오웰George Orwell, 이블린 워Evelyn Waugh, 피터 쿡Peter Cook, 리처드 잉그람스Richard Ingrams, 스파이크 밀리건Spike Miligan, 오버론 워Auberon Waugh, 크리스 모리스Chris Morris, 마이클 와튼Michael Wharton 등을 들고 있다.20)

　이들은 모두 상류계층 출신이었으며 대체로 옥스브리지를 배경으로 하고 있었다. 그들은 그들이 원했다면 상류사회의 안락한 질서 속으로 편입되어 편안한 삶을 살 수 있었지만 그것을 거부한 사람들이었다. 하지만 그들은 그들이 누릴 수 있었던 권력을 스스로 비판했던 것이다.

　이러한 토리 무정부주의의 특징에 대해 피터 윌킨은 다음과 같은 점들을 지적했다. 사회적으로 볼 때 토리 무정부주의자들은 전통주의자들이며 개인의 사생활의 권리와 가족을 존중하지만 국가에 대해서는 반대한다. 정치적으로는 토리 무정부주의자들은 국가권력의 확대에 대해 비판적이다. 국가권력의 확대와 개인의 자유의 침해와는 직접적 연관성이 있는 것으로 본다. 경제적으로 이들은 상업에 대해 적대적이다. 이들은 효용주의적인utilitarian 그리고 화폐적인 가치가 삶의 전 영역으로 파고 들어가는 것을 속물적 문화philistine culture의 확대로 간주한다. 도덕적으로는 삶은 물질적 만족보다 더 깊은 목적을 가져야만 했다. 인간은 단지 물질적 존재만은 아니며, 종교적 정신과 같은 어떤 것을 회복시켜야 좋은 사회가 성취될 수 있다고 보는 것이다. 미학적으로는 좋은 것과 올바른 것은 여론이나 주관적 선택에 의해 결정될 수 없는 범주라는 입장을 가지고 있으며 이를 판단하는 분명한 기초가 필요했다.21)

아울러 방법론적 측면에서 발견되는 또 하나의 흥미로운 특징이
있다. 그것은 토리 무정부주의자들이 비판에 풍자를 활용하고 있다는
점이다.[22] 이들은 사람들을 논리적으로 설득하는 것보다 풍자를 이용
해 각성시키는 방법이 더 효과적일 수도 있다는 점을 발견한 것이다.
오웰 역시 다른 토리 무정부주의자들과 이 특징을 공유한다. 오웰을
유명하게 만든 것은 오웰의 논리적인 작품들이 아니라 그의 가장
후기 작품이었던 『동물농장』과 『1984』였다.

윌킨의 일반화가 있기는 하지만 토리 무정부주의는 이를 주장한
이론가를 갖지 않으며 따라서 이론화되지도 않았다. 이런 상황에서
특히 오웰의 토리 무정부주의의 의미를 이론적으로 파악하는 것은
더욱 까다로운 일일 것이다. 하지만 오웰의 토리 무정부주의가 지닌
핵심적인 의미에 대해 짐작해 볼 수 있다. 그것을 알 수 있는 힌트는
오웰이 1936년 스페인 내란에 참가한 것을 분기점으로 하여 자신의
사상을 토리 무정부주의와 민주적 사회주의로 이분하였다는 사실이
다.

오웰이 스페인 내전이란 시점을 기준으로 하여 그가 자신의 사상에
대해 다르게 표명하였다면 그것은 스페인 내전이 그에게 어떤 영향을
주었기 때문이다. 그렇다면 오웰이 스페인 내전에서 발견한 것은
무엇이었을까? 그것은 자신이 소속되어 있었던 POUM(Partido Obrero
de Unificación Marxista; Workers' Party of Marxist Unification)에서 발견한 것으로
현실사회주의와는 다른 사회주의의 모습이었다고 생각된다. 그것은
실체화된 평등의 모습이었다. 오웰은 다음과 같이 관찰했다.

체제의 본질적인 부분은 장교와 사람들 간의 사회적 평등이었다.

158

장군에서 졸병에 이르기까지 똑같은 임금을 받고 동일한 음식을 먹고 동일한 의복을 입었다. 그리고 완전한 평등의 조건에서 어울렸다. … 그들은 민병대 안에서 계급없는 사회의 모델과 같은 것을 만들어내려 시도하고 있었다.23)

바르셀로나에서 그가 발견한 것은 인간들이 억압이 사라진 상태에서 인간으로서 대우받는 현상이었다. 오웰은 바르셀로나에서 "사람들은 자본주의 기계의 나사처럼 움직이지 않고 인간으로서 행동하려고 노력하고 있었다"고 관찰했다. 이발사들은 "이발사는 더 이상 노예가 아니다"라고 설명하는 공지문을 붙여 놓았고, 아첨조의 연설 심지어 기념사같은 형태의 연설도 사라졌다.24) 오웰은 여기서 그가 그토록 경멸하였던 교조적 사회주의와는 다른 인간의 얼굴을 한 사회주의를 발견한 것이다. 그것이 그로 하여금 사회주의를 받아들이게 하고, 집단주의에 대한 신뢰를 가질 수 있도록 한 것으로 보인다. 그는 소련에서 나타난 집단주의적 사회주의의 왜곡 현상을 목격하면서 집단주의에 대해 강한 거부감을 가지고 있었던 것이다. 오웰이 1930년대에 굳이 자신을 토리 무정부주의라고 규정했던 데에는 집단주의에 대한 의구심이 자리잡고 있었다고 보아야 할 것이다. 이 부분에서 오웰은 다른 토리 무정부주의자들과 다르다.

오웰은 자신을 민주적 사회주의자로 규정한 이후 집단주의를 받아들였고 1938년 독립노동당에도 가입했다. 그러나 집단주의에 대한 그의 경계심은 계속 남아 있는 것을 볼 수 있다. 그런 점은 그가 후에 혁명적 변화의 6개조 프로그램에서 집단주의 정책을 받아들이긴 했지만 그것을 최소화하려고 노력하고 있기 때문이다. 그는 집단주

의를 받아들이면서도 정치적 문화적 권력을 축소해야 하고, 중앙
집중화 경향을 역전시켜야 하며, 스코틀랜드와 웨일즈에 보다 큰
자치를 부여해야 하고, 지방을 더 중시하는 정책을 펴야한다는 주장을
하고 있는 것이다.[25]

　오웰의 토리 무정부주의에는 반反집단주의 외에도 무정부주의 측
면에서 찾아볼 수 있는 몇 가지 중요한 요소들이 있다. 그러한 요소들
을 지적해 보겠다. 우선 들어볼 수 있는 것은 국가권력에 대한 그의
비판이다. 이 요소는 무정부주의의 공통된 특성이지만 오웰의 경우
다소 특별한 부분이 있다. 그것은 그가 국가권력에 대한 비판에서
한 걸음 더 나아가고 있다는 점이다. 그는 국가권력이 아닌 기관이나
조직들이 행사하는 권력에 대해서 비판하고 있다. 한 가지 예를 들자
면 오웰은 권력화된 언론을 비판한다. 그는 다음과 같이 지적한다.

　　일간지에 관한 한 … 영국의 언론은 극단적으로 중앙집권화되어
　있다. 대부분의 언론은 부유한 사람들에 의해 소유되어 있다. 그리고
　이들은 어떤 문제에 대해 거짓말을 할 사람들이다. 동일한 종류의
　검열이 책과 잡지에서 작동한다. 연극, 영화, 라디오에서도 마찬가지
　이다.[26]

　심지어 그는 국가권력에 비판적인 언론도 억압적이기는 마찬가지
라는 점을 다음과 같은 점에서 지적하고 있다.

　　널리 퍼져있는 정설에 도전하는 행위는 누구라도 놀라울 만큼
　효과적으로 침묵당하는 현상을 보게 된다. 인기 없는 의견은 제대로

들려지지 않는다. 대중적인 언론에서나 혹은 수준 높은 잡지에서나 이런 현상은 마찬가지이다.27)

그의 무정부주의적 요소는 집단이 개인에게 공식적 비공식적으로 행사하는 권력에 대해 끊임없는 경계심을 표시한다는 점에서 두드러진다고 할 수 있다. 조나단 로즈Jonathan Rose는 미국의 성희롱에 대한 태도 속에서 오웰을 발견하기도 했다. 1980년대와 90년대에 성희롱 히스테리가 작동한 과정은 바로 오웰이 경계했던 현상을 보여주었다는 것이다. 로즈는 "성 도덕은 사회적으로 구성된다. 그리고 그것을 구성하고 강제하는 사람들이 무서운 권력을 향유한다. 이는 푸코의 말처럼 들린다. 그러나 오웰이 이미 유사한 이론을 일찍이 제시했다"고 지적한다.28)

두 번째로 지적할 부분은 개인주의적 요소이다. 여기서 개인주의는 경제적 자유주의나 소유를 중시하는 개인주의와는 아무 관련이 없다. 오웰의 개인주의는 사생활의 자유와 개성의 보장을 의미하면서 자유의 가치를 추구한다. 오웰은 그 자신의 삶 속에서 이런 특징을 보여주었다. 그는 자신의 특이성idiosyncracy을 죽을 때까지 버리지 않았다. 오웰은 독특한 생활 스타일을 가지고 있었는데 염소를 키우고, 소토지를 경작하고, 줄담배를 피웠으며, 마치 의식이라도 치르듯 차를 만들어 마셨다.29) 이러한 개인주의적 요소는 그가 자신을 민주적 사회주의자라고 규정한 이후에도 그에게 그대로 남아 있었다. 그는 혁명을 외치면서도 달걀을 모았고 닭의 잡종교배를 죽기 직전까지 주라Jura 섬에서 계속했다.30)

그러나 여전히 그의 무정부주의에 대해서는 항의를 제기할 여지가

있다. 그의 무정부주의는 권력에 대해 항의하기는 하였지만 이론으로
서 구체화되어 있지 않고, 운동으로서 드러나지도 않았기 때문이다.
따라서 그의 무정부주의는 정치적으로 표출된 무정부주의라기보다
는 문화적으로 표출된 무정부주의라는 특성을 지녔다고 보아야 한다.

　토리적 측면에 대한 설명이 남아 있다. 첫 번째로 지적할 부분은
보수성과 관련된 것인데 여기에도 다소 특이한 점이 있다. 오웰의
보수는 '한 국민 보수파one nation conservative'와 유사성을 갖지만 한
국민 보수파와는 달리 보수의 대상으로서의 정치제도와 사회관습을
구분하고 있다. 그의 보수성은 정치제도의 유지와는 아무 관련이
없으며, 오히려 정치권력에 대해서는 강한 반감을 표출했다. 반면
그의 보수성은 관습에 구현되어 있는 가치들은 존중하고 있다.[31)]
그는 관습 속에 구현된 영국의 전통문화를 강력하게 지지했다. 가족제
도와 같은 것이 대표적인 것인데 심지어 그는 영국을 하나의 가족에
비유하기도 했다.[32)] 그렇지만 이 보수성은 정치적 편견을 피해갔지만
유감스럽게도 사회적 편견을 피해가지는 못했다. 편견은 여성, 동성
애자, 유태인에 대한 태도에 그대로 유지되었기 때문이다. 오웰의
노동계급 가정에서 여성은 요크셔 푸딩을 만들고 있는 여성으로
서 있을 따름이다.[33)] 히친스는 이러한 부분에 대해서도 오웰을 다소
익살스런 방식으로 변호하고는 있지만 그의 무정부주의는 전통과
관습에 의해 묶여 있는 부분이 있다고 보아야 할 것이다.

　두 번째로 지적할 부분은 엘리트적 요소와 관련된 것이다. 대부분의
토리 무정부주의자들은 엘리트 출신이었으며 또한 계서제와 불평등
의 방어자들이었다.[34)] 그런 점에서 이들은 엘리트주의자들이라고
할 수 있었다. 오웰 역시 상류층 출신이었으며 그가 상류층에 속한다

는 점을 부인하지 않았다. 그는 자신의 계급 기반에 대해 상류 중간계급의 하층lower upper middle-class이라는 매우 흥미로운 표현을 사용하긴 했지만 이 용어에서 그는 자신이 상류층 출신임을 감추지 않았다.35) 그리고 자신이 현실적으로 속한 계층에 대한 논의를 하면서 그가 연 150파운드의 저소득자라는 점을 밝혔지만 그럼에도 불구하고 그는 자신이 하층계급에 속한다고 생각하지는 않음을 지적했다. 하지만 그의 엘리트 의식은 다소 독특하다. 오웰은 일반인의 온전함decency (디슨시)을 강조하고, 평등의 가치를 존중하고, 노동계급에 대한 애정을 보이면서 스스로 노동계급 문화 속으로 들어가려 했기 때문이다. 노동계급의 악센트를 쓰고 컵받침으로 차를 마시는 독특한 행동 같은 것이 그런 예이다. 그는 엘리트주의를 추구하지는 않았던 것이다. 오웰은 엘리트이기는 하였지만 엘리트주의자는 아니었다는 점에서 그가 사용한 토리의 의미는 다른 토리 무정부주의자들과는 차이가 있었다는 점을 지적해 본다.

세 번째로 지적할 부분은 그의 보수가 보수의 또 다른 조류인 신자유주의 보수파의 주장과도 유사하게 보일 수 있다는 점이다. 오웰은 신자유주의의 이념적 기초를 제공한 하이에크의 책『예종으로의 길』에 대한 서평에서 하이에크가 집단주의가 전제적 소수에게 강력한 권한을 준다고 본 점에 진실이 담겨 있다고 지적했기 때문이다.36) 하이에크의 주장에 동조하고 있는 이런 발언은 그의 사상에 토리라는 수식어를 붙인 것이 어색하지 않은 것처럼 보이게 만든다. 하지만 민주 국가의 권력 간섭마저 비판한다고 하여 그를 기업옹호 보수파의 범주에 넣어서는 안 된다. 오웰의 토리는 현재의 질서를 유지하고 사회적 기득권층의 지배를 허용한다는 의미의 토리는 아니었기 때문이다.

그렇다면 기득권층의 이해와 관계가 없는 오웰의 토리는 무슨 의미를 지니는 것일까? 오웰은 1936년 스페인으로 떠나기 전 파리와 런던에서 하층민 생활을 경험한 상태였고, 북부 잉글랜드의 탄광 노동자들의 삶을 관찰한 뒤였다. 즉 그는 이미 기득권층의 삶에서 벗어난 상태에 있었던 것이다. 그는 연 150파운드의 소득으로 살아가고 있었을 따름이다. 그런데도 그가 자신을 토리 즉 보수라고 규정한 이유는 다른 곳에 있었다. 그것은 그가 영국의 과거와 전통을 사랑했다는 점이다.

그런데 여기서 과거와 전통이란 권력을 유지하거나 계급을 고정시키는 장치로서의 과거와 전통이 아니었다. 오웰의 전통은 영국의 대지와 문화에 구현되어 있는 전통이었다. 따라서 그의 토리가 의미하는 것은 영국의 자연에 대한 사랑이었으며 영국의 문화에 대한 애정이었다. 자신의 이름에 드러나 있는 영국의 자연과 영국의 평범한 사람들에 대한 애정이었던 것이다.[37] 영국의 과거가 만들어낸 환경과 생활방식에 대한 깊은 애정이 그의 보수성을 구성하고 있는 것이다.

이렇게 놓고 보면 오웰의 토리 무정부주의는 독특한 개념의 토리와 특별한 개념의 무정부주의가 만나서 조합을 이루고 있는 사상이라고 볼 수 있을 것이다. 하지만 중요한 것은 토리 무정부주의는 오웰의 사상에서 자유를 강조하는 요소로 중요하게 자리매김되어야 한다는 점이다. 오웰은 영국에서 자유를 파괴하지 않고 빈곤을 없애는 것이 가능하다고 주장했다.[38] 여기서 자유를 파괴하지 않는 부분을 담보하고 있는 요소가 토리 무정부주의인 것이다. 개인을 강조하는 요소가 오웰 사상에 광범하게 존재하고 통시적으로 관찰될 수 있다고 보면

164

토리 무정부주의는 오웰 사상의 전반부를 설명하는 요소가 아니라[39] 그의 사상의 불가분의 한 요소라고 보아야 할 것이다.

3. 민주적 사회주의의 두 요소

1) 윤리적 사회주의

오웰은 1936년 이후 자신이 쓴 모든 글은 사회주의를 바탕으로 하여 쓰여진 것이라고 주장했지만 그의 사회주의는 쉽게 일반화되지 않는다. 오웰의 사회주의가 일반화되기 어려운 점은 그가 주장하는 사회주의가 이론적이거나 교조적이지 않다는 특징을 갖기 때문이다. 오웰은 『위건 부두로 가는 길』에서 맑스주의를 과학적 논의에 의존하는 경제주의라고 거세게 비판했다.[40] 그는 사회주의자들이 상투적으로 사용하는 부르주아 이데올로기, 프롤레타리아 연대, 착취자 같은 용어들을 혐오했고 평범한 사람들은 이런 용어를 모르며 자극받지도 않는다고 주장했다.[41]

따라서 그의 사회주의는 교리보다는 가치에 치중해 있다. 정리된 교리에 따라 국가 내에 특정한 제도를 구현하려 하기보다는 중요한 가치들의 확산을 의도하고 있는 것이다. 그래서 어떤 이는 오웰 사회주의의 핵심은 평등이라고 주장하기도 한다. 계급의 문제나, 제국주의의 문제나, 경제적 문제에서 오웰은 모두 평등이란 가치를 도입시켜 문제를 해결하려 한다는 것이다.[42] 이러한 생각은 오웰의 사상을 윤리적 사회주의의 한 부류로 자리매김하도록 만든다. 특히 바닌스카야는 트레셀Tressel을 중간에 놓고 그 이전의 윌리엄 모리스와 그 이후의 오웰이 모두 극단적 부정의에 빠진 잔혹한 자본주의 체제에 대한 트레셀의 주장을 변형시킨 윤리적 사회주의를 보여준다고 주장했다.43)

이러한 성격의 사회주의는 오웰에게서 처음 주장된 것은 아니다. 오웰을 소급해 여러 사람이 윤리적 사회주의자로 규정되고 있는 것을 볼 수 있다.44) 이들의 공통된 특징은 평범한 사람들의 가치를 강조하는 것이었는데 특히 우애fraternity나 동료애fellowship가 강조되었다. 윌리엄 모리스는 자신의 책 『존 불의 꿈』에서 "동료애fellowship가 천국이다. … 동료애의 결여가 지옥이다. … 당신이 지상에서 하는 행위들은 바로 동료애를 위해 하는 것"이라고 쓰고 있다.45)

오웰 역시 그의 말년에 쓴 한 글에서 모리스에 동조하며 사회주의의 반쯤은 잊혀진 형제애human brotherhood에 대해 환기시키고 있다.46) 오웰은 평범한 사람들ordinary people의 가치로 온전함decency을 제시했고 여기에 대한 믿음을 보여주었다. 그는 다음과 같이 주장했다.

> 좋은 사회는 그 기초를 그 구성원들의 온전함decency에 대한 공약에 두어야만 한다. 행동의 코드는 다음과 같은 단어들─진실에 대한 사랑, 인간에 대한 존중respect for persons, 부정의와 불평등에 대한 혐오 ─인데 이것들이 제도들의 원칙으로 작동해야 하는 것이다.47)

여기서 온전함decency이란 사람들의 선량한 태도와 능력을 의미하고 있다. 도덕적으로 잘못되었다고 생각하는 것에 대한 평범한 사람들의 본능적 반응을 의미하는 것이다.48)

　오웰은 일반인들의 온전함 속에 진리, 인류애, 정의, 평등에 대한 추구가 내재되어 있다고 믿고 있었다. 하지만 오웰은 이들이 그것을 발휘할 기회를 얻지 못했다고 보고 있다. 역사 속에서 일반인들은 언제나 억눌려 있었으므로 그들의 숨겨진 건강성을 발휘하지 못했던 것이다.

　이러한 생각들에서 공통적으로 발견되는 특징은 이들이 권력을 추구하지도 권력을 잡으려 하지도 않았다는 점이다. 영국에서는 이런 특징을 지닌 사회주의 사상과 운동이 19세기 말 사회주의 부활기에 집단주의적 사회주의와는 별도로 나타나고 있었음을 볼 수 있다. 대표적인 것이 블래치포드의 사상과 운동이었다.49) 블래치포드는 『더 클라리온 *The Clarion*』이란 잡지를 출간했는데 그는 여기서 정당, 정파, 교리의 정책이 아니라 휴머니티의 정책을 제시한다고 주장했다. 정의와 이성, 자비mercy의 정책이라고 주장했다. 블래치포드의 사회주의는 교조적이거나 분파적이지 않았고 우애의 원칙에 기초한 생활방식과 삶을 추구했다. 잡지『더 클라리온』은 대중들 사이에서 크게 인기를 얻었으며 그 부수는 1908년까지 8만부로 꾸준히 늘어났다.50)

　블래치포드의 사상은 생활의 여러 분야를 파고들었는데 특히 노동계급 활동의 여러 분야에서 결실을 거두었다. 첫 번째는 클라리온 사이클 클럽이었다. 이 클럽은 1894년 버밍엄에서 조직되었는데 '사이클링의 즐거움을 사회주의의 전파와 결합시키기 위해' 만들어졌다. 이 클럽은 20년 동안 북부잉글랜드, 미들랜즈 그리고 스코틀랜드 중부 지역에서 활동하면서 블래치포드의 원칙을 퍼뜨렸다.

　클라리온 운동은 사이클 클럽에만 한정되지 않았다. 클라리온 스카

4장 조지 오웰의 무정부주의와 사회주의 167

우트Scouts에 더해 사회주의 합주반Brass Bands, 합창단, 클라리온 드라마 협회들, 카메라 클럽, 수공예 그룹들, 수영클럽들, 산책클럽 등의 다양한 그룹들이 있었다. 독특한 클럽도 있었는데 그것은 신데렐라 클럽Cinderella Clubs이라는 것이었다. 신데렐라 클럽은 도시 빈민층 자녀들에게 오락거리를 제공하였으며, 여름휴가를 시골에서 값싸게 즐길 수 있도록 했다. 이런 그룹 활동의 동기는 모두 윤리적 사회주의의 가치를 구현하려는 것에 있었다.[51]

대중을 상대로 하는 유사한 사회주의 운동은 클라리온 운동 외에도 또 있었다. 그것은 사회주의 주일학교 운동Socialist Sunday School Movement이었다. 이 운동은 1890년대 글라스고우에서 조직되어 활동했는데 주일학교라고 하여 특별히 기독교적인 것은 아니었다. 주일학교에서 사람들은 찬송가를 부르지 않았으며 라마르세예즈 같은 노래들을 불렀다. 주일학교에서는 기독교의 교리를 가르치지는 않았지만 교리가 빠진 설교를 하였으며 사회적 도덕의 중요성이 강조되었다. 이 운동은 교회의 형식을 빌린 사회주의 운동이었던 것이다. 하지만 그 사회주의 운동은 정당의 사회주의 운동과 같은 것이 아니라 사회주의 윤리를 가르치는 운동이었다. 클라리온이 문화를 매개로 한 대중 사회주의 운동이라면 주일학교는 종교를 매개로 한 대중 사회주의 운동이었다.[52]

여기에 또 하나의 운동을 들어볼 수 있다. 그것은 존 트레버John Trevor의 노동자와 사회주의자 교회Labour and Socialist Church 운동이었다. 이 운동은 1891년 유니테어리언 목사였던 존 트레버에 의해 맨체스터에서 시작되었다. 트레버와 그의 추종자들은 노동자 운동이 지상에 신의 왕국을 세우는 데 추진력을 제공할 것이라고 믿은 기독교인들이며 사회주의자들이었다. 노동운동과 사회주의가 교회 안에서 결합된 형태의 대중운동이라고 할 수 있었다. 노동운동 지도자들 중 많은 사람들이 노동자교회에 참석했다. 1893년 독립노동당ILP의 첫 번째 회합이 브랫포드Bradford의 노동자교회Labour Church 건물에서 열렸다.[53]

이러한 사회주의 운동들의 공통된 특징은 국유화, 산업통제 같은 이론적인 문제들보다 일반인들의 삶과 가치를 중시하고 있다는 점이다. 오웰의 사회주의에는 바로 이런 생각이 관통하고 있는 것이다. 오웰이 영국의 사회주의자들을 비판한 가장 큰 이유는 그들이 개혁을 외치면서 중요시하는 것은 단순히 질서라는 점 때문이었다. 그들이 의미하는 사회주의는 똑똑한 "우리들"이 "그들" 즉 하층민들에게 강요하는 질서일 뿐이었던 것이다.[54] 오웰은 맑시즘을 비판했으며 그 이론들은 노동자들의 삶, 일반인들의 생활과 괴리되어 있다고 지적했다. 그는 그가 사회주의 찬성자가 된 이유에 대해 계획 사회에 대해 이론적으로 찬양했기 때문이라기보다는 산업노동자들이 억압받고 소외되는 방식에 대해 불쾌감을 가졌기 때문이라고 지적했다. 오웰에게 사회주의는 상식과 온전함decency이 표현되고 구현되어 나가는 과정이었다.[55]

따라서 오웰에게 노동계급과 노동운동은 맑스를 인용하는 그것들과는 아무 관계가 없었다. 노동계급의 어두운 부분들은 소외의 영향으로 치부되는 것이 아니라 노동계급 문화의 한 부분으로 긍정적으로 수용되었다. 노동운동은 계급의식에 입각해 드러나는 것이 아니라 영국의 거리 이곳 저곳에서 발견되는 펍에서 맥주를 마시는 사람들 사이에서 발견되며, 파리의 비스트로에서 홍등가까지의 거리를 어슬

렁거리는 사람들 사이에서 발견되는 것이다.56)

버나드 크릭은 『정치를 방어하며*In Defense of Politics*』에서 협동과 공동체가 우애와 밀접하게 연관될 수 있다고 보았다. 그래서 자유, 평등, 우애라는 구호를 하나의 사회주의적인 가치묶음으로 보았다.57) 오웰은 이러한 가치들을 자신의 특별한 경험 속에서 발견한 것으로 보인다. 오웰이 줄곧 강조하는 온전함decency은 그 개념을 확장시켜 놓고 본다면 바로 이렇게 발견된 가치들의 묶음을 의미하는 것으로 보인다.

오웰은 고등학교를 졸업한 후 버마에서 5년간 제국 경찰 생활을 하였는데 그곳에서 그가 경험한 것에 대해 다음과 같이 기술했다.

> 나는 내가 속죄해야 할 거대한 죄의 무게에 대해 의식했다. 나는 그런 말이 과장처럼 들릴 것이라고 생각한다. 그러나 당신이 5년 동안이나 당신이 철저하게 비판하는 일을 한다면 당신도 동일한 생각을 하게 될 것이다. 나는 억압받는 사람들은 항상 옳고 억압자는 항상 틀리다는 단순한 이론으로 모든 것을 환원시켰다. … 나는 제국주의로부터 벗어날 뿐 아니라 모든 형태의 인간의 지배로부터 벗어나야 한다는 생각을 갖게 되었다. 나는 억압받는 사람들 사이에 들어가기를 원했고 압제자에 대항해 억압받는 자들의 편에 서기를 원했다.58)

이 고백은 오웰이 식민지인들의 삶을 관찰하면서 억압의 실체를 보았으며 여기서 자유라는 가치를 뚜렷이 발견했음을 보여준다. 오웰은 제국에서 억압만을 발견한 것이 아니라 경제적 불평등도 함께 발견했다. 그는 식민주의가 가장 노골적인 불평등의 형태라고 주장했

170

던 것이다.59) 오웰은 식민주의의 실상을 다음과 같이 지적했다.

  당신이 마라케치Marrakech 같은 도시를 걸어 다닐 때(인구 2십만
중에 적어도 2만은 누더기 옷 외에는 아무 것도 가진 것이 없다),
사람들이 살아가는 모습과 사람들이 쉽게 죽어가는 모습을 볼 때
당신은 당신이 사람들 사이를 걸어 다닌다는 생각을 하기가 힘들어
진다. 모든 식민제국들은 사실상 이러한 사실에 기초해 존재한다.60)

  오웰은 스페인 내전에 참전한 경험에서도 중요한 가치를 발견했다.
그는 POUM에서의 경험을 『카탈로니아 찬가Homage to Catalonia』에서
다음과 같이 기술했다.

  수만 명의 사람들 가운데 한 사람이 있었다. 이들은 모두 노동계급
출신은 아니지만 평등하다는 조건에서 모두 같은 수준에서 어울리면
서 살고 있었다. 이론적으로 완전히 평등했고 실질적으로도 거의
비슷했다. 사람들은 사회주의의 전 단계를 경험하고 있다고 말하는
것이 진실일 것 같았다. 문명생활의 일반적인 동기들 다수는-우월
의식snobbishness, 화폐추구, 보스에 대한 두려움 등등- 존재하지 않았
다. 사회의 일반적인 계급 구분은 사라져 버렸다. 돈에 의해 오염된
영국의 공기 속에서는 생각할 수 없는 정도로 말이다.61)

  그는 여기서 평등과 함께 우애의 가치가 실현되고 있는 것을 발견한
것으로 보인다. 장군과 사병이 같은 음식을 먹고 함께 어울리며 특권
적 대우가 사라진 환경에서 인간에 대한 믿음이 나타나고 있는 상황을

발견한 것이다.

이러한 가치들의 상호 보완적인 혹은 상호 교차적인 관계는 오웰의
글 여러 곳에서 나타난다. 『위건 부두로 가는 길』에서 오웰은 사회주
의자들의 일은 정의와 자유를 드러내는 것이라고 주장해 정의와
자유를 병치시켰다.62) 오웰이 『위건 부두로 가는 길』에서 밝힌 다음과
같은 부분은 그가 공정함 혹은 정의의 가치를 발견하고 있음을 보여준
다.

> 상류층이 상류가 될 수 있는 것은 오직 광부들이 땀을 흘리기
> 때문이다. 당신과 나, 타임즈 리터러리 서플리먼트 편집장, 시인과
> 캔터베리대주교, 코므래이드 엑스comrade x, 어린이를 위한 맑시즘
> 저술가 이들 모두는 우리들의 삶의 상대적 안락함을 가난한 지하의
> 노동자에게 빚지고 있는 것이다. 눈은 검은 색으로 칠해지고, 목은
> 석탄가루로 차 있는 채로 그들의 팔로 삽질을 하는 노동자들말이
> 다.63)

그러나 중요한 점이 지적되어야 하는데 이 가치들은 서로가 서로를
지지해 주어야 한다는 점이었다. 그렇지 못하면 하나의 가치의 이름으
로 그 사회주의는 왜곡되어 버리는 것이다. 오웰은 그런 아이러니를
그의 작품에서 잘 묘사했다. 그의 작품 『동물농장』은 평등의 이름으로
자유가 배신당한 상황을 묘사하고 있을 뿐 아니라 집단주의가 만들어
낸 허구적 우애를 그리고 있는 것이다.64)

이렇게 발견된 가치들은 오웰의 사회주의의 밑바닥에 자리잡았다.
오웰에게는 이것이야말로 진정한 사회주의를 구분하는 기준이었다.

오웰은 사회주의를 이론과 교리로 이해하는 정통 맑시스트보다 정의와 온전함decency으로 이해하는 노동자들이 더 진정한 사회주의자라는 의견을 『위건 부두로 가는 길』에서 밝혔다.65)

2) 집단주의적 사회주의

오웰은 학자는 아니었다. 그러므로 사회주의에 대한 연구서 같은 것을 내어 놓지 않았다. 아울러 그는 이론적 교조적 사회주의자들을 싫어했다. 그래서 그가 사회주의나 자본주의의 이론에 대해 무지하지 않았을까 하는 의구심이 들기도 한다. 하지만 오웰은 자본주의의 경제적 모순에 대해 잘 이해하고 있었고 사회주의의 이론적 주장들 역시 잘 이해하고 있었다.66) 노동에 대한 다음과 같은 지적은 그가 자본주의의 모순을 꿰뚫어 보고 있음을 보여준다.

> 사람들은 거지들이 노동을 하지 않는다고 말한다. "그러나 무엇이 노동인가?" 육체노동자들은 몸으로 일을 하고 회계사는 수를 더하면서 일을 한다. 거지는 밖에 나가서 돈을 달라고 요청하면서 일을 하는 것이다. 우리는 거지의 일이 쓸모없다고 주장할지 모른다. 그러나 우리는 정말 일이 쓸모있는지 없는지 관심을 가지고 있는가? 자본주의 하에서는 광고, 주식거래, 부동산 판매 등 정말 쓸모없는 직업들이 널려 있다. 그러나 우리는 그것들 모두를 인정하는데 그 이유는 성공적으로 돈을 버는 것이 그들의 노동을 정당화한다고 생각하기 때문이다.67)

　오웰은 돈을 잘 벌기만 하면 사기꾼들의 행위도 노동으로 정당화되는 자본주의의 모순을 간파하고 있는 것이다. 단지 오웰은 이론적인 문제들을 싫어했고 그의 주장을 이론적으로 제시하려고 하지 않았다. 그런데 흥미롭게도 2차대전 발발 후 영국이 영국전쟁을 치르고 있을 때에 오웰은 사회주의 계획에 대해 언급했으며 그 내용을 구체적으로 드러내었다. 이 계획 속에서 그는 집단주의를 수용했으며 따라서 집단주의는 오웰 사회주의의 한 부분을 구성하는 것으로 드러났다. 그러나 그 집단주의는 다른 집단주의와 차별성을 보인다는 점에서 매우 흥미롭다.

　그는 일단 계획의 요소가 필요하다는 점을 인정했다. 오웰은 "계획 경제가 무계획 경제보다 강력하다는 점이 단연코 증명되었다"고 주장했기 때문이다.[68] 사회주의와 자본주의를 구분하는 기준의 하나도 국가가 생산과 소비의 균형을 맞추는 노력에 있다고 보고 있다. 물론 여기서 계획은 경제에 국가의 개입이 필요하다는 의미로 쓰인 것이라고 생각된다. 국가의 역할을 강조하는 배경에는 전쟁의 영향도 있었을 것이다.

　오웰은 그러한 집단주의적 사고가 담긴 제안을 구체적으로 6개로 제시했는데 여기서 그의 "계획"의 내용이 드러나고 있다.

　첫 번째로 오웰이 주장한 것은 국유화였다. 이는 다른 집단주의적 사회주의와 사실상 별로 다를 바가 없는 것으로 보인다. 맑스주의나 페이비언주의나 국가사회주의를 주장하는 모든 사회주의는 국유화를 주장하고 있기 때문이다. 오웰은 토지, 철도, 은행, 주요 산업의 국유화를 주장하면서 국유화를 "모든 주요 산업의 소유권이 공식적으로 일반인common people들을 대표하는 국가에게 주어지는 것"이라고

정의했다.[69)]

　그런데 흥미로운 점은 오웰이 국유화되는 과정에서 대상이 될 사람들을 구체적으로 추론해 보고 있다는 점이다. 그는 거대 자본가, 은행가, 지주 등을 지적하면서, 소득이 대체로 연 2천 파운드를 넘어가는 사람들일 것이라고 제시한다. 당시 오웰이 밝힌 자신의 소득이 연 150파운드 정도였으니 자신의 소득의 15배 정도 이상이 되는 사람들이 국유화와 관련이 될 것이라고 보는 것이다. 그는 이들의 숫자까지 추론했다. 이들은 가족까지 다 포함해도 50만 명을 넘지 않을 것이라고 지적했던 것이다.

　그는 국유화가 모든 사람들을 구속하는 조처가 되지는 않을 것이라는 점을 밝히고 있는데 농업 경작자farmer를 간섭할 필요는 없으며, 능력있는 경작자들은 봉급받는 관리자로 계속 남게 될 것이라고 보았다. 아울러 소규모의 토지 소유는 국가가 간섭해서는 안 된다고 주장했다. 국유화가 소토지 보유계급을 희생시키는 것은 커다란 실수가 될 것인데 왜냐하면 이들은 자신이 주인이라는 생각으로 노동을 하기 때문이었다. 소토지 보유의 기준에 대해서 오웰은 가이드라인을 제시했다. 그는 국가가 토지 소유의 상한선을 제한할 것을 주장하면서 약 15에이커 정도를 제시했다. 토지에서와 마찬가지로 소규모 상업 petty trading에도 국가가 간섭해서는 안 되었다. 소규모 상업에 대한 구체적인 기준은 제시되지 않았지만 국유화에서 제시된 재산규정에서 그 기준이 어느 정도 유추될 수 있을 것이다.

　오웰은 국유화를 주장하였지만 소규모의 자본과 토지에 대해서는 국가 간섭이 이루어질 필요가 없다는 입장을 견지하고 있다. 즉 자본주의에서 문제가 되는 것은 대자본이라고 보고 있는 것이다. 오웰은 구체적으로 자본의 경우는 소득을 기준으로 하여 연 2천 파운드 이상의 소득, 토지의 경우는 소유 면적을 기준으로 하여 약 2만 평 이상의 토지를 국유화와 연관된 기준으로 지적하는 구체성을 보여주면서 그의 집단주의를 제한하고 있다.[70]

두 번째로 오웰이 주장한 것은 소득의 제한이었다. 이러한 주장은 불평등의 문제와 연관이 되는 것으로 보인다. 즉 평등한 분배의 정의를 실현하자는 의도를 담은 것으로 보이는 것이다. 그런데 소득을 제한하자는 주장은 그러한 함의를 담고 있다고 생각되지만 그 내용이 다소 유연하다는 점을 지적해야 하겠다. 오웰은 "세금없는 최고의 소득이 최하 소득의 열배를 넘지 않는 정도로 소득은 제한되어야 한다"고 주장했다.[71]

오웰은 "모든 사람들이 동일한 소득을 가져야 한다는 제안은 세계사의 지금 단계에서는 타당하지 않다"고 지적하고 있으며, 노동의 동기로 화폐적 보상이 중요하다는 점을 인정하면서 "어떤 방식의 화폐적 보상이 없이는 특정한 일을 하도록 만드는 자극제가 없다는 점이 되풀이하여 밝혀졌음"을 지적하였다. 오웰은 인간의 이기심을 인정하고 있을 뿐 아니라, 열심히 일하는 사람이 더 많은 돈을 받아야 한다는 주장을 하고 있다. 그렇다면 그는 불평등을 인정하고 있는 것이 아닌가 하는 의문이 든다. 오웰은 불평등을 인정하고 있는 것일까? 평등의 가치를 그의 사상의 핵심으로 제시해 왔던 오웰이 평등의 가치를 포기했을 리는 없다. 단지 그는 평등을 탄력적으로 주장하고 있는 것이다. 즉 그는 소득의 차이를 인정하지만 그가 인정하는 차이는 하한선과 상한선에 갇혀 있었다. 그리고 그러한 정도의 소득의 격차는 평등의 범주 안에서 허용될 수 있는 격차였던 것이다. 오웰은 다음과 같이 주장했다.

> 소득 격차가 열 배를 넘지 않아야 한다는 한계 안에서 평등의 생각이 가능한 것이다. 주 3파운드의 소득자와 연 1500파운드의 소득자는 그들을 같은 동료라고 여길 것이다. (그러나) 웨스트민스터 공작과 제방Embankment 벤치의 노숙자는 그런 감정을 결코 갖지 못할 것이다.72)

여기서 오웰의 평등 개념이 드러난다. 그는 허용될 수 있는 소득 격차에 대해 밝히고 있는 것이다. 연 150파운드에서 1500파운드까지의 소득자들은 그들이 평등하다고 생각할 것이라는 것이 오웰의 생각이다. 여기서 소득의 하한선은 최저임금을 의미할 것이다. 즉 사람들은 차등이 있더라도 어떤 한계 안에서 소득의 격차가 있을 때는 평등하다고 생각하게 될 것이라는 점을 주장하는 것이다.

세 번째로 오웰이 주장하는 것은 "교육"에 관한 것이다. 그는 교육을 민주적 노선에 따라 개혁해야 한다는 주장을 하고 있다. 그리고 그 구체적인 개혁의 내용으로 사립기숙학교(퍼블릭 스쿨)와 오래된 대학들의 독자적 교육방식을 폐지시키고 단순히 능력을 기초로 하여 국가가 보조하는 교육제도를 만들자고 제안했다.73)

오웰은 영국의 명문대학으로 이어지는 퍼블릭 스쿨들을 비판했는데 당대의 퍼블릭 스쿨 교육을 계급 편견class prejudice에 대한 훈련과정이며, 중간계급이 특정 전문직에 들어갈 권리를 얻기 위해 상류층에게 지불하는 일종의 세금이라고 규정했다. 그래서 그는 국가가 모든 교육에 책임이 있다고 선언해야 한다고 주장했다. 오웰은 "민주주의 수호에 대한 우리의 발언은 재능 있는 아이의 교육 여부를 출생이란 우연에 의존하고 있는 한 아무 의미가 없다"고 주장했다.74) 오웰은 교육과 민주주의를 연결시켜 생각하고 있으며, 민주주의는 권력에 대한 동등한 참여를 의미할 뿐 아니라 교육에 대한 동등한 참여도 의미하고 있음을 주장한다. 오웰은 동등하게 교육을 받을 권리를 가진 사회를 주장하는 것이다.

이상의 몇 가지 주장은 생산수단의 공유화와 소득의 평등, 공정한 교육으로 요약될 수 있는데 모두 국가의 개입을 필요로 하는 집단주의적 요소를 갖고 있는 내용들이다. 그러므로 오웰의 사회주의는 집단주의적 사회주의와 결별하고 있지 않다. 단지 오웰이 그 집단주의에 한계를 설정하고 있다는 점에 유의해야 할 것이다.75)

한 가지 더 유의해야 할 점은 오웰의 집단주의는 개인을 중심에 둔 집단주의라는 점이다. 1945년 아더 쾨슬러Arthur Koestler, 평화주의자 버트란드 러셀, 출판인 빅터 골란즈 그리고 조지 오웰은 '인간의 존엄과 권리를 위한 연맹League for the Dignity and Rights of Man'을 수립하려고 시도했다. 이들은 실패했지만 이 사상의 일부는 살아남아 이십년 후 '앰니스티 인터내셔널Amnesty International'의 기초로 나타났다. 오웰은 이 연맹의 선언문 기초를 작성했는데 여기서 밝힌 국가의 기능을 살펴보면 그러한 점이 잘 드러난다. 국가의 주요 기능은 다음과 같았다.

1. 태어난 시민에게 기회의 평등을 보장해 주어야 한다.
2. 시민을 개인이나 그룹의 경제적 착취로부터 보호해 주어야 한다.

3. 시민을 그의 창조적 능력이 억압되거나 오용되지 않도록 보호해
   주어야 한다.
4. 이러한 작업을 최대한의 효율성과 최소한의 간섭으로 달성하는
   것이다.[76]

국가는 단지 개인의 행복을 위해 간섭하는 것이며, 그렇다 해도
최소한으로 간섭해야 하는 것이다.

오웰의 집단주의적 사회주의가 갖는 독특한 점은 제국의 문제에
대한 제안이 함께 제시된다는 점이다. 오웰은 제국주의를 강렬하게
비판했다. 그는 파시즘과 공산주의의 해악만이 아니라 제국주의의
해악도 함께 인지하고 있었다. 그는 파시즘과 공산주의에 대해 대항하
는 나라들 안의 잊혀진 전선들 예컨대 티모르, 마다가스카르, 모로코,
자바와 같은 지역들을 강조했다.[77]

그래서 그의 사회주의는 국내의 문제와 함께 식민지의 문제를
동시에 해결하는 내용을 가지고 있어야 했다. 그는 자본주의 하의
영국의 번영은 제국의 종속된 민족들에 대한 비도덕적인 착취에
의존한다고 보았다.[78] 국내의 문제를 해결하기 위한 사회주의 정책이
식민지인들의 고통을 담보로 하여 진행된다면 그것은 또 하나의
위선적 사회주의가 되고 말 것이다. 그래서 그는 고도로 산업화된
나라의 모든 좌파 정당들은 사기꾼들이라고 비판했다. 왜냐하면 이들
은 모두 식민지 노동자들을 착취하면서 자국 문제를 해결하려 했기
때문이었다.[79] 좌파 언론도 위선적이기는 마찬가지였다. 영국의 유일
한 노동자신문인 『데일리 해럴드*Daily Herald*』도 식민지인들에 대해
무시하는 태도를 지녔기 때문이다.[80] 오웰은 영제국의 선한 전제

benevolent despotism를 비웃었던 것이다.81)

제국의 문제에 대한 오웰의 제안은 세 가지였다. 첫째 전쟁이 끝나면 권력을 이양하면서 인도에 대해 자치국(도미니언)의 지위를 즉각 부여해야 한다는 것. 둘째 유색인종이 대표되는 제국 총회Imperial General Council를 구성해야 한다는 것. 셋째 중국, 아비시니아 및 기타 파시스트 권력의 모든 피해자들과의 공식 동맹을 선언해야 한다는 것이었다.82)

그런데 이러한 제안은 제국주의에 대한 강한 반감을 보이면서도 아울러 한계도 지니고 있다는 점을 지적해야 할 것 같다. 오웰은 인도에 제공해야 하는 것은 '자유'가 아니라 동맹이며 파트너쉽이라고 주장했다. 즉 자유가 아니라 평등을 주어야 한다는 주장이었다.83) 만약 영국이 인도에서 그냥 나가 버린다면 또 다른 권력이 즉시 인도로 들어올 것이기 때문이었다. 그 권력은 일본이나 러시아가 될 수도 있고, 독일이나 이탈리아가 될 수도 있었다. 오웰은 매우 분명한 확신을 가지고 인도가 해방된다면 새로운 외국의 국가가 인도를 정복할 것이라고 주장했다. 아울러 인도 내부 문제도 지적하면서 관리와 기술의 문제로 인해 수년 내에 거대한 기근 현상이 발생할 것이라고 예측했다.84)

따라서 인도에 필요한 것은 영국의 간섭 없이 그러나 필요한 협력은 확보한 채 자신의 헌법을 만들어내는 힘이었다. 이 미묘한 조건을 충족시킬 수 있는 권력은 사회주의 정부밖에 없다고 오웰은 주장했다.85)

그가 지적하는 식민지의 모순 중 하나는 식민지 내부에서 형성된 계급질서였다. 제국주의 통치는 인도의 내정에 거대한 모순을 만들어내었다. 그것은 인도인들이 같은 인도인들에 의해 고통받고 있다는 점이었다. 그는 다음과 같이 지적했다.

> 인도의 소자본가는 도시 노동자들을 극도로 무례한 방식으로 착취하고, 농촌 사람들이 대부자money-lender의 손에서 태어나서 죽을 때까지 이들을 착취한다. 그러나 이 모든 것은 영국 통치의 간접적 결과이다. 영국은 인도를 가능한 한 후진적으로 유지시키려 하는 것이다. 영국에 가장 충성스런 계층은 왕족이며, 지주들이며, 사업가들이다. 일반적으로 볼 때 현재 상황에서 잘 살아나가고 있는 반동적 계층들인 것이다.[86]

오웰은 인도 내부에 형성된 지배구조를 커다란 모순으로 보고 있으며 이를 교정하는 작업이 필요하다는 생각을 가졌다. 식민지 내에는 제국의 질서를 받아들이면서 사회적 지배를 유지하고 있는 계층이 있었다. 오웰은 그러한 인도 통치의 협력자들로 고위 관리, 지방 관리, 경찰, 판사들을 들었다. 그는 이들에게는 인도의 변화를 위한 희망이 없다고 지적하였지만 아울러 가장 쉽게 교체될 수 있는 사람들이라고 주장했다. 반면 인도의 변화를 위해 희망을 걸 수 있는 사람들로 오웰은 엔지니어나 농업 전문가 같은 과학적으로 교육받은 사람들과 인도의 젊은이들을 들었다.[87]

오웰은 제국의 문제에 대해 영국과의 협력을 유지한 상태에서 내부 문제를 해결하고 자치의 길로 나아가는 연방제 방식을 제안한 것으로 보인다. 이런 주장은 선의에서 나온 것이라 해도 본질적으로는 제국주의 논리에서 완전히 벗어나지 못한 것으로 보인다. 이를 오웰의 한계라고 지적해야 할 것이다. 조금 달리 생각해 볼 수 있는 점이 없는 것은 아니다. 오웰은 첫째 제국주의에 반대하는 사회주의 정부가 군사적 기술적 협력을 제공해야 한다고 제안하고 있기 때문이다. 그리고 둘째로 인도인들이 원한다면 영국에서 떨어져 나갈 자유가 있다는 점을 밝혀야 한다고 지적하기 때문이다.

그러나 오웰이 인도인들을 영국으로부터 해방하기보다 대부자, 배당소득자, 영국의 관리들로부터 해방시키는 것이 중요하다고 했을 때 그는 여전히 국제적 모순보다 사회적 모순을 제거하는 것이 중요하다고 생각하는 듯하다. 그는 제국을 해체시키기보다 제국 전체를 사회주의화하는 것이 더 중요하다는 생각을 하고 있는 것이다. 더욱이 그가 사회주의 정부는 제국을 해체하려 하지 않고 제국을 사회주의 국가의 연방으로 변화시키려 한다고 주장했을 때[88] 그는 제국주의에는 반대할지 모르지만 제국에 반대하지 않는다는 의구심을 갖게 만든다.[89]

아울러 그가 제국을 문화적으로 유지하려는 모습을 보여주는 부분도 있다. 대표적인 부분이 그가 영어에 대해 보여주는 강한 자부심이다. 그는 인도인들이 영어로 된 문학작품을 생산해 내면서 영국과 의사소통을 하는 상황을 매우 긍정적으로 묘사하고 있다. 유럽과 아시아를 잇는 가장 좋은 가교는 무역이나 군함이 아니라 영어라고 주장하면서 인도인들에게 계속 영어로 글을 쓸 것을 종용하기도 했다.[90]

『사자와 유니콘』에서 영어에 대한 자부심을 드러낸 이후 그는 『영국 국민』에서는 영어의 우수성에 대하여 여러 가지 이유를 들어 설명하고 있다. 영어는 인도어에 비해 배우기 쉽다고 주장하는가

하면 인도어를 완벽하게 구사하는 영국인은 수십 명에 불과하지만 영어를 완벽하게 구사하는 인도인은 수만 명이라고 지적하기도 한다.91) 인도인이 영어를 잘 하는 이유를 영어의 우수성에 돌리고 있는 부분이나 인도인에게 영어로 글을 쓸 것을 권하는 부분은 오웰이 정치적으로는 반제국주의일지 모르나 문화적으로는 여전히 제국주의에서 벗어나지 못하고 있다는 점을 드러내고 있다. 오웰의 집단주의적 사회주의는 제국주의에 대한 처방을 함께 제시하기는 했으나 여기에는 한계가 있음도 인식해야 할 것이다.

4. 맺음말

오웰의 사상은 무정부주의와 윤리적 사회주의, 집단주의적 사회주의를 결합시키면서 하나의 독특한 구성물을 형성했다. 그리고 여기에 보수적 요소까지 더해져 그의 사상은 보수주의, 무정부주의, 윤리적 사회주의, 집단주의적 사회주의CAEC(conservatism, anarchism, ethical socialism, colectivist socialism)의 사각형 안의 한 지점을 차지하고 있는 것으로 보인다. 이 각각의 요소들은 하나씩 떼어놓고 보면 서로 배타적인 사상이 될 수도 있겠지만 오웰이 지닌 각각의 요소는 모두 오웰에 의해 약간씩 굴절되어 서로를 지지하고 있다. 권력을 지지하지 않는 보수주의, 사회적 권력에 항의하는 무정부주의, 지방을 강조하는 집단주의 등으로 굴절되어 있는 이 각각의 요소들은 모두 개인주의와 집단주의의 조화를 찾으려는 노력에 초점이 맞추어져 있다. 그렇지만 이 두 부분 중에 선행하는 요소는 언제나 개인주의였음을 지적해야 한다. 개인의 삶이란 구체성이 사라진 위에서 나타나는 자유나 평등과 같은 구호는 오웰에게는 아무 의미가 없었다.

오웰을 기념하여 이름붙인 바르셀로나의 오웰 광장에 설치된 기념 액자 아래에는 감시카메라가 설치되어 있다. 이 흥미로운 상황은 오웰이 강조한 개인주의, 사적 영역에 대한 침해가 파시즘이나 공산주의만이 아니라 우리가 민주주의라고 부르는 체제에서도 광범위하게 일어나고 있음을 역설적으로 보여주고 있다. 개인주의는 우리가 민주주의라고 부르는 체제에서도 여전히 불완전할 뿐 아니라 더욱 위협받고 있는 경향을 보여주고 있다. 그런가 하면 집단주의를 요구하는 현상들 예컨대 빈부의 격차가 커지고 소득의 불평등이 심화되는 현상도 계속되고 있다. 이런 점에서 오웰의 사상은 비록 제국주의 문제에서 한계를 지니고 있지만 여전히 현실성을 가지고 있는 것으로 보인다.

그의 사회주의는 실천과 운동의 전략이 부재하다는 약점을 지니고는 있지만 집단주의적 사회주의를 수용하는 단계로 나아가며 이 부분도 보완되는 모습을 볼 수 있다. 차츰 운동의 요소가 가미되기 때문이다. 영국이 2차대전 중 영국전쟁에 빠져들 무렵부터 오웰이 혁명을 주장하며 노동계급과 중간계급의 연대를 시도하는 모습에서 이런 측면을 확인할 수 있다. 흥미로운 점은 그가 혁명을 주장하였을 때 이를 영국성Englishness과 애국심에 연결시켰다는 점이다. 오웰은 민주적 사회주의로의 혁명이 이런 요소들을 바탕으로 하여 일어날 것이라고 예측했다. 이 부분은 보다 깊이 연구해볼 필요가 있다.

오웰은 사회주의자를 자처했지만 현실 사회주의를 비판했다. 그는 사회주의자로서 사회주의를 바로잡으려 했던 사람이다. 그는 좌파를 바로잡으려 했으며, 지식인을 바로잡고, 애국심을 바로잡으려 했다. 그는 좌파의 비판을 받았지만 자신이 사회주의자로, 좌파로, 지식인으로, 애국자로 남기를 원했으며 여기서 도피하려고 하지 않았다. 그는 자기의 자리에서 싸운 것이다. 그리고 비록 우파에 의해 이용당했을지 모르나 그의 싸움은 언제나 우파와 좌파를 향한 두 개의 전선을 가지고 있었다는 점을 잊어서는 안 된다.92)

5장
조지 오웰의 혁명 개념과
애국심

무정부주의자의 애국심?

오웰은 영국 전쟁이 벌어지고 있는 특별한
국면에서 혁명의 가능성을 발견했다. 그 혁
명은 파시스트와의 전쟁에서 승리하기 위해
영국에서 일어나지 않으면 안 되는 변화를
의미했다. 오웰은 노동계급은 그 자체만으
로는 혁명을 성취시킬 수 없지만 그들을 끌
고 가는 힘이 사회주의자들 혹은 좌파 지식
인들에게서 나오지는 않을 것이라고 보았다. 역설적이게도 사회주의
자들은 혁명을 방해하는 세력이었으며 그들은 혁명을 실현시킬 수도
사회주의를 실현시킬 수도 없었다. 오웰은 노동계급과 중간계급의 협
력 속에서 혁명이 성취될 수 있을 것이라고 생각했다.

오웰의 혁명에서 혁명을 끌고 가는 힘은 계급 적대감이 아니라 애국심
이었다. 애국심은 추상적인 국가가 아니라 자신을 둘러싼 구체적인 주
변 환경에 대한 사랑을 의미했다. 그러므로 그 애국심은 보수파의 애
국심과는 달랐으며 영국성에 뿌리박혀 있는 애국심이었다. 영국의 보
통 사람들이 가지고 있는 문화에 뿌리박힌 애국심은 자기 고향의 자연
과 전통에 대한 애정과 연결되어 있었다. 오웰의 혁명을 이끄는 정신
은 특정 계층에 대한 적개심이 아니라 영국의 삶에 대한 사랑이었던 것
이다. 그리고 그 영국의 삶은 지방에 깊이 뿌리내리고 있었으므로 애
국심의 발휘를 위해 지방이 강조될 수밖에 없었던 것이다.

조지 오웰

1. 머리말

오웰의 사회주의 사상이 여러 방식으로 해석되듯이 그가 혁명에
대해 가졌던 입장에 대해서도 의견이 동일하지 않다. 버나드 크릭은
오웰은 분명히 그가 살아 있는 동안 영국에서 '공화국'이 실현되는
것을 보기를 희망했으며 2차대전 발생 후 만들어진 국토방위군Home
Guard이 혁명적 민중 군대가 될 수 있다고 믿었음을 주장한다.[1] 하지만
한편에는 오웰이 혁명을 부정했다는 입장도 있다. 오웰은 혁명 그
자체를 거부했으며, 내란 과정에서 나타난 폭력이 독재 정권으로
이어지는 현상을 『동물농장』과 『1984』와 같은 작품을 통해 잘 드러내
고 있다는 주장이 그것이다.[2] 오웰의 1940년 일기의 한 구절이 그러한
입장을 보여주는 증거로 제시되기도 했다. 여기서 오웰은 "혁명은
자유 평등 등등의 이념을 퍼뜨리면서 시작된다. 그리고 다른 지배계급
과 똑같이 특권을 고수하는 데 관심을 가진 과두집단의 성장이 나타나
게 된다"고 쓰고 있다.

오웰이 실제로 일어난 혁명 특히 러시아 혁명을 비판한 것은 분명하
다. 그리고 혁명 이후 집단주의적 사회주의가 몰고 온 위험에 대해
지적하는 것도 분명하다. 사실 오웰의 이런 측면이 냉전 시대에 오웰
을 공산주의에 대항하는 지식인으로 부각시켰다. 그러나 혁명에 대한
오웰의 시각은 그렇게 단순하지 않은 것으로 보인다. 왜냐하면 아이러
니컬하게도 오웰은 특정한 시점에 영국에서 혁명을 기대했기 때문이
다. 1940년 덩커크Dunkirk의 패배 이후 히틀러가 언제라도 영국에
상륙할 수 있다는 두려움 속에서 치러진 영국전쟁의 국면에서 오웰은
영국에서 혁명의 당위성을 주장했을 뿐만 아니라 혁명의 분위기를

읽어 내었던 것이다.[3] 오웰은 페이비언 사회주의자들처럼 처음부터 혁명을 변화의 수단으로 거부했던 것이 아니다. 오웰이 러시아 공산주의자들을 비판하면서도 혁명을 변화의 수단으로 거부하지 않았다면 그의 혁명의 성격은 무엇인가. 흥미롭게도 오웰은 스스로 사회주의자임을 자처하고 있었지만 그의 혁명은 당시 사회주의자들이 일반적으로 생각하고 있던 맑스의 혁명과는 매우 다른 성격을 지니고 있었다. 오웰은 자신의 혁명관에 대한 책을 쓴 바 없으므로 사실 그가 혁명에 대해 정치한 논리를 제시하고 있지는 않다. 그렇지만 그는 혁명에 대한 그의 생각을 여러 곳에서 드러내었다. 따라서 그가 생각한 영국에서의 혁명이 어떤 성격을 지니고 있는가에 대해 그 윤곽을 잡아볼 수는 있다고 생각된다. 여기서는 오웰이 제시하는 특별한 혁명의 성격에 대해 살펴보도록 하겠다.

2. 혁명 개념의 특이성

오웰은 『위건 부두로 가는 길』에서 사회주의로의 변화를 주장했다. 오웰은 자본주의에 대한 이론적 분석에서 이러한 결론을 내렸다기보다는 잉글랜드 북부에서 그가 관찰한 사회의 실상을 보고 이러한 결론을 내린 것으로 보인다. 그는 사회가 안고 있는 부정의가 너무 커서 사회의 질서를 바꾸지 않으면 안 된다는 결론을 내리고 있는 것이다. 오웰은 다음과 같이 주장했다.

기질적으로 토리든 무정부주의자이든 그가 온전한decent 사람이라

면 현재 그에게 유일하게 가능한 길은 사회주의의 수립을 위해 노력
하는 것이다. 다른 어떤 것도 현재의 비참함이나 미래의 악몽으로부
터 우리를 구해낼 수 없다. 지금 사회주의를 거부하는 것은 자살행위
와 다름없다.[4]

그는 사회주의가 자본주의에 대해 도덕적 정당성을 확보하고 있다
고 보고 있다. 하지만 그가 보기에 사회주의는 대중들에게 잘못 이해
되고 있었다. 이 문제를 해결하기 위해서는 무엇보다도 사회주의에
대한 인식을 바꾸어야 했다. 그래서 그는 먼저 사회주의에 대한 편견
을 제거하자는 주장을 했다.[5]

오웰은 사회주의에 대한 편견을 여러 가지로 제시했는데 이는
1930년대에 영국에서 사회주의가 어떻게 인식되고 있었는지를 잘
보여준다. 첫째 영국에서 사회주의는 무엇보다도 질서 정연하고 효율
적인 세계로 인식되고 있었다. 오웰은 이런 생각을 사회주의에 대한
하나의 편견이라고 주장했다. 그는 이런 교리는 사회주의의 필수불가
결한 요소가 아니라고 주장했다.[6] 둘째로 오웰은 사회주의가 기계화
를 의미하는 경향에 대해서도 비판했다. 기계화는 개성을 없애 버리
고, 이런 현상은 더 큰 기계화로 이어지면서 악순환의 고리를 만들
뿐이었다.[7] 사회주의와 기계화를 등식화시켜서는 안 되었다. 셋째로
사회주의가 공산주의와 동일시되는 경향에 대해서도 비판했다. 그는
영국에서 사회주의는 "볼셰비키의 놀이감"이 되고 있다는 표현을
썼다.[8] 1930년대 소련에 경도된 영국 좌파의 경향을 고려한다면
이 부분에 대한 오웰의 비판은 특별한 의미를 가졌을 것이다. 사회주
의는 역시 공산주의와 동일시되어서도 안 되었다. 그뿐만이 아니었

다. 넷째로 사회주의가 온갖 괴팍한 경향들과 동일시되는 현상에 대해서도 비판했다. 그는 다음과 같은 일화를 소개한다.

> 내가 버스를 타고 가는데 60대로 보이는 땅딸막한 두 노인이 탔다. 이 노인들은 피스타치오 색깔의 셔츠를 입고 꽉 끼는 바지를 입고 있었는데 이들의 출현은 버스의 분위기를 약간 이상하게 만들었다. 그러자 옆에 있는 한 사람이 나를 보면서 '사회주의자들'이라고 중얼거렸다.[9)]

오웰은 이러한 여러 가지 편견들이 사람들로 하여금 사회주의자들에 대해 거부감을 갖게 만들었다고 지적했다.[10)] 하지만 오웰은 사회주의자를 자처하는 사람들이 이상하게 보인다고 하여 사회주의를 거부해서는 안 된다고 주장했다. 그것은 마치 기차 차장의 얼굴이 보기 싫다고 하여 기차 여행을 거부하는 것처럼 어리석은 행위였다.[11)]

오웰은 사회주의를 이런 편견에서 분리시키면서 사회주의는 자유롭고 정의로운 사회를 만드는 노력으로 대중에게 이해되어야 한다고 주장했다. 그러면서 그는 사회주의를 교조적인 이론에서도 분리시켰다. 사회주의로 정의, 자유, 실업자의 고통 같은 것에 대해 이야기해야지 계급의식, 부르주아 이데올로기 같은 것을 이야기하지 말아야 했다. 기계의 발전, 트랙터, 드니에프르 댐같은 이야기도 그만두어야 했다.[12)] 자유주의가 대중에게 친숙한 개념으로 다가오듯이 사회주의 역시 그러한 개념으로 변화되어야 했다. 오웰은 사회주의를 인간화시키는 작업들을 펴나간다면 대중들은 사회주의에 대한 잠재적 동조자가 될 수 있다고 생각했다.[13)]

오웰은 비록 『위건 부두로 가는 길』에서 사회주의로의 변화를 불가피한 것으로 인식했지만 그것의 가능성을 본 것은 그 후의 특정한 시점이었다. 그러한 변화의 모습을 오웰은 혁명이라고 표현했는데 여기서 변화는 새로운 사람과 새로운 이념을 동반하는 완전한 권력이동을 의미했다.14)

오웰은 2차대전이 발발하면서 영국에서 혁명의 당위성과 함께 혁명의 분위기를 발견했다.15) 시기는 더욱 좁게 특정될 수 있는데 특히 1940년 6월 덩커크Dunkirk의 철수 이후부터 그해 겨울까지의 시기였다. 이 기간 동안 영국은 영국전쟁에 휩싸여 있었으며 독일 공군의 공격을 받으며 승패의 갈림길에 서 있었다. 오웰은 이 시기가 영국에서 혁명을 이루기 위해 다시 오기 어려운 특별한 국면이라고 보았다. 거기에는 여러 가지 이유들이 있었다. 그 첫 번째 이유는 덩커크에서 무력하게 패배한 수십만의 군인들이 영국으로 돌아와 좌절 상태에 놓여 있었기 때문이다. 전멸당할 수도 있었던 이들을 포함해 영국 국민들은 영국이 패배한 상황을 앞에 두고 당대의 영국이 무언가 잘못되어 있다는 생각을 하고 있었다. 두 번째는 여러 계층들의 연대가 가능해졌다는 사실 때문이었다. 오웰은 덩커크의 패배로 인해 노동계급과 중간계급 그리고 일부 사업가 계층마저 사적 자본주의의 부패를 발견하게 되었고 이것이 영국사에 전환점을 이루고 있다고 지적했다.16) 세 번째는 영국은 전투에 패배했을 뿐만 아니라 파시즘 세력과 전쟁을 치르고 있었다는 점이다. 오웰은 이러한 상황이 혁명을 허용할 수 있을 것이라고 보았다. 오웰은 만약 히틀러를 물리치는 것이 계급 특권을 없애는 것을 의미한다는 점이 분명해진다면 주 6파운드 소득에서 연 2천 파운드 소득에 걸쳐 있는 거대한 중간계급이 혁명에 동조하게 될 것이라고 생각했다.[17] 네 번째는 전쟁이 사회주의의 집단주의적 정책을 실현가능한 정책으로 만들고 있었다. 전시 영국은 어느 사회주의 국가보다 더 철저한 통제경제를 실시하고 있었다. 즉 사회주의에 현실성이 부여되고 있었다는 점이다.[18] 다섯 번째는 더욱 중요한 것으로 1940년 여름과 가을에 걸쳐 영국을 휘몰아친 일렁이는 애국심을 이용할 수 있었기 때문이다.[19] 오웰은 몽테스키외가 공화정을 움직이는 원리로 찾아낸 '미덕virtue'의 정신이 영국에서 작동하고 있는 현상을 보았던 것이다.

혁명이 일어나기에 좋은 조건이 형성되어 있었지만 오웰은 당대의 좌파들에게 기대를 걸지 않았다. 소련의 지원을 받고 있는 영국 공산주의자들이나 그렇지 않은 맑시스트들은 모두 계급 전쟁 교리에 묶여 있었고 이들은 혁명을 성취시킬 수 없었다. 이들은 계급 전쟁을 주장했지만 오히려 수많은 사람들을 겁먹게 만들어 사회주의로부터 멀어지게 만들었다. 사무직 노동자들, 농업경영자들, 점원들, 공장 매니저들은 사회주의가 선동적이고 이질적인 반反영국적인 사상이며 자신들의 생계를 위협하고 있다고 생각했다.[20] 더더욱 독소불가침조약이 유지되고 있었던 1940년 겨울의 시점을 놓고 본다면 소련의 지원을 받는 공산주의자들은 영국의 이해보다는 소련의 입장에 따라 전쟁을 대하고 있었다.

오웰은 노동당도 혁명을 담당할 수 없다고 보았다. 노동당이 획기적 변화를 이루어낼 수 있으리라는 기대는 1923년의 최초의 노동당 정부 이래 점점 시들어가고 있었다.[21] 그리고 그는 노동당이 영제국의 유지를 통해 번영을 확보하려 한 점에 대해서 비판했다. 영국의 부는 아시아와 아프리카로부터 나오고 있었는데 이는 노조에 속한 노동자들의 삶이 인도 노동자들에 대한 착취에 의존하고 있었음을 의미했다.[22] 혁명이 자본주의와 제국주의를 동시에 겨냥해야 하는 상황 속에서 노동당은 혁명을 이루어낼 가능성이 없었다.

오웰은 노동당도 맑시즘도 아닌 새로운 종류의 사회주의 운동이 영국에서 출현할 것을 기대하고 예측했던 것이다. 그는 다음과 같이 지적했다.

> 우리가 (파시즘에) 정복당하지 않는다면 특별히 영국적인*English* 사회주의 운동을 보게 될 것이다. 이제까지는 노동당만이 있었다. 이것은 노동계급이 만들어낸 것이지만 근본적인 변화를 원하지는 않았다. 그리고 맑시즘이 있었다. 이것은 러시아인들에 의해 해석된 독일의 이론인데 영국에 이식된 사상이다. 영국의 사회주의 운동은 그 전체 역사를 통해서 라 마르세에즈나 라쿠카라차같은 노래를 만들어 내지 못했다.[23]

그는 『사자와 유니콘』(1941)에서 집단주의 계획을 포함한 6개의 개혁 프로그램을 제시하면서 이를 실현시키는 상황이 혁명을 의미한다고 주장했지만 오웰은 그 과정에 대해서는 단정적으로 규정하지 않았다. 오웰은 혁명이 성취될 수 있는 방법에 대해 여러 가지 가능성을 열어두고 있었던 것으로 보인다. 첫 번째 방법으로 전쟁을 치르고 있는 정부가 혁명과 전쟁이 분리 불가능함을 깨닫고 이 전쟁을 혁명전쟁으로 바꾸는 정책을 공약하는 방법이 있었다. 하지만 오웰은 당시의 정부가 이런 변화를 이루어 내기는 어려울 것으로 보았다. 그는 처칠은 기껏해야 타협을 하면서 서커스의 곡예사처럼 두 마리 말에 걸쳐 타고 갈 것이라고 지적했다.[24] 두 번째의 방법으로 오웰이 제시한 것은 총선이었다. 1940년 12월 리비아에서 이탈리아를 패배시킴으로서 권력층은 자신감을 회복하고 있었지만[25], 1940년 겨울 동안 전쟁이 또 다른 침체 국면으로 빠져든다면 총선을 요구해야 한다고 주장했다.[26] 토리 정부는 이를 필사적으로 막을 것이지만 오웰은 선거를 한다면 이를 통해 혁명을 이루어낼 가능성이 높다고 보았다. 왜냐하면 1940년의 특별한 상황이 분위기를 바꾸어 놓았기 때문이다. 그는 다음과 같이 지적했다.

> 이런 정책이 영국에서 동의를 얻을 수 있을 것인가. 1년 전 심지어 6개월 전만 해도 그것은 불가능하였을 것이다. 하지만 지금은 특별한 기회이다. 지금은 충분한 홍보가 가능하다. 상당히 많은 주간지가 있고 … 동정적인 일간지도 서너 개 존재한다. 그것이 우리가 걸어온 지난 6개월간의 거리인 것이다.[27]

오웰은 혁명이 폭력적으로 관철될 것인지에 대해서 분명한 의견을 밝히지 않았다. 그는 『사자와 유니콘』에서 혁명이 유혈사태로 일어나든 아니든 그것은 대체로 시간과 장소의 문제일 따름이라는 견해를 밝혔는데[28] 이는 혁명이 어느 쪽의 형태로도 일어날 수 있음을 의미한다. 하지만 그가 엘리트주의에 반대하는 태도를 지녔다는 점과, 혁명의 과정에서 국민들의 동의를 강조하고 있는 점으로 미루어 보면 혁명은 목표를 가진 소수의 지도자가 이끌고 다수의 대중이 무턱대고 따라가는 방식으로 진행되는 것은 아닌 것으로 보인다. 그렇다면 혁명은 광범위한 사회적 합의를 바탕으로 진행되는 과정을 가지게 될 수밖에 없다. 오웰에게 혁명이 특별히 폭력적이야 할 이유는 없었던 것으로 보인다. 『사자와 유니콘』 이후 몇 년 뒤에 쓰여진 『영국 국민』에서도 이런 입장은 재차 확인되고 있다. 그는 "영국은 너무 작고, 너무 고도로 조직되어 있으며, 식품을 수입에 너무 크게 의존하므로 소련에서 일어난 것 같은 혁명은 일어날 수 없으며, 영국은 다른 어느 나라보다 혁명적 변화를 유혈사태 없이 이루어낼 수 있을 것"이라고 지적한다.29)

그래서 오웰의 혁명 개념은 다소 특이하다. 그의 혁명 개념에서 발견할 수 있는 독특한 요소 몇 가지를 지적해 보고자 한다. 우선 첫째 그의 혁명은 문화적 전통을 건드리지 않는다는 점이다. 그는 "영국의 사회주의 정부는 영국을 위에서 아래까지 모두 바꿀 것이지만 우리 문명의 특징들을 모두 여전히 갖고 있게 될 것"이라고 주장하여 사회주의가 영국을 철저히 변화시킬 것이지만 영국의 문화적 전통은 유지될 것이라는 점을 밝히고 있다.30)

두 번째는 오웰은 혁명이 일어난다 해도 그 변화의 내용이 매우 영국적일 것이라고 보고 있다는 점이다. 다음과 같은 발언이 오웰의 그런 생각을 잘 보여주고 있다.

영국 사회주의는 교조적이지 않으며, 심지어 논리적이지도 않을 것이다. 그것은 상원을 없앨 것이다. 그러나 왕정은 없애지 않을 것이다. 그것은 시대착오적인 면을 가지고 있을 것이다. 판사들은 우스꽝스런 가발을 쓰고 있을 것이며 군인들의 모자 단추에는 (왕실 문장인)사자와 유니콘이 달려 있을 것이다.31)

196

혁명은 대륙의 교조적인 사회주의와는 다른 방식으로 자본주의를 변화시킬 것이며 심지어 시대착오적인 면이 존재할 수도 있다는 점을 지적하고 있는 것이다. 오웰의 혁명은 왕정을 존속시키면서도 신분제를 없앨 수 있다는 생각을 보여준다.

세 번째는 오웰의 혁명 개념에는 연속성이 살아 있다는 점이다. 그래서 오웰의 혁명은 혁명이 일어났다고 해도 그것이 혁명인지 의심하게 만들 수도 있는 혁명이었다. 오웰은 다음과 같이 지적한다.

> 영국의 사회주의 정부는 국교회를 폐지할 것이지만 종교를 박해하지는 않을 것이다. … 그것은 과거를 동화시키는 힘을 보여줄 것이다. 이것은 외국인들을 놀라게 할 것이고 때로는 혁명이 일어난 것인지를 그들로 하여금 의심하게 만들 것이다.[32]

오웰은 그가 주장하는 혁명은 영국을 과거와 단절시키는 혁명이 아니라는 점을 강조하고 있다. 맬컴 무거리지는 오웰은 과거를 사랑하는 혁명가라고 지적했다.[33] 그래서 과거에 대한 애정을 담고 있는 오웰의 혁명 개념은 과거를 복원시키려는 성격을 지닌 것이 아닌가 하는 의구심마저 야기한다. 그러나 그의 혁명은 집단주의적 프로그램을 담고 있는 사회주의를 내걸고 있었다는 점을 잊어서는 안 될 것 같다.

네 번째 오웰의 혁명 개념에는 계급 적대 현상이 부각되지 않는다는 점이다. 그는 다음과 같은 견해를 밝히고 있다.

> 내란은 잉글랜드에서 도덕적으로 가능하지 않다. 해머스미스

Hammersmith의 프롤레타리아는 켄싱턴Kensington의 부르주아를 학살하지 않을 것이다. 그들은 충분히 다르지 않은 것이다. 심지어 가장 극적인 변화마저 평화적으로 일어날 것이고 합법성을 보여주면서 일어날 것이다.34)

이 점에서 오웰의 혁명은 계급투쟁에 입각한 맑스의 혁명과는 분명히 다른 혁명이라는 점을 보여주고 있다. 그는 영국에서 프롤레타리아 혁명은 가능하지 않다고 주장한다.35)

다섯 번째는 오웰의 혁명은 권력을 추구하지 않는 혁명이었다는 점이다. 혁명은 물론 현재 권력을 잡고 있는 인물과 세력을 바꾸겠지만, 오웰이 밝힌 집단주의 정책을 추구하기 위한 권력의 의미를 지녔을 뿐 그 이상의 의미를 지니지 않았다. 오웰이 사회주의 정치가 아뉴린 베번Aneurin Bevan에게 호감을 가졌던 것도 그가 사회주의를 "권력을 없애기 위해 권력을 추구하는 유일한 운동"으로 이해하는 입장을 지니고 있었기 때문이다.36)

여섯 번째 요소로 오웰의 혁명 개념을 특별하게 만드는 또 하나의 중요한 부분이 있다. 그것은 오웰에게 혁명은 파시스트에 대한 저항과 연결되어 있었다는 점이다. 이것은 두 개의 의미를 가지고 있었다. 혁명은 우선 전쟁에서 승리하기 위해 필요했다. 오웰은 영국이 19세기의 경제적 사회적 상태에 머물러 있으면서 히틀러를 패배시킬 수 없으며, 사회주의를 도입하지 않고는 전쟁에서 이길 수 없다고 주장했다.37) 파시즘은 자본주의의 발전 속에서 나온 기형적 현상이므로 파시즘을 타도하기 위해서는 자본주의를 바꾸지 않으면 안 되었다. 자본주의의 발전 속에서 나온 또 하나의 기현상인 제국주의 역시

혁명 과정 속에서 함께 변화되지 않으면 안 되었다.[38]

하지만 1940년 하반기 영국전쟁이 벌어지고 있는 상황에서 승리와 패배는 불확실했다. 혁명이 성공한다고 해도 영국은 히틀러의 권력에 무너질 수 있었던 것이다. 그래서 여기에 두 번째 의미가 더해졌다. 혁명은 전쟁이 패배로 끝난다고 해도 영국에 희망을 안겨줄 불씨를 남겨줄 것이라는 점이었다. 혁명을 성취한다면 설령 영국이 전쟁에서 패배하더라도 완전한 패배가 되지는 않을 것이라고 오웰은 주장했다.[39] 오웰은 혁명이 파시스트에 대한 저항의 원동력이 될 것이라는 점을 다음과 같이 밝혔다.

> 영국은 … 여전히 패배당할 수도 있다. 그러나 설사 그렇다 해도 소수의 부자들과 그들이 고용한 거짓말쟁이들이 원하는 '타협의 평화compromise peace'보다는 훨씬 덜 치명적일 것이다. … 투쟁은 계속될 것이고, 이념은 살아남을 것이다. 싸우면서 무너지는 것과 싸움 없이 항복하는 것의 차이는 결코 단순하지 않다. … 1870년의 패배는 프랑스의 세계적 영향력을 감소시키지 않았다. 제3공화국은 나폴레옹 3세의 프랑스보다 더 큰 영향력을 행사했다. 그러나 패탱, 라발이 만든 것과 같은 평화는 오직 민족 문화를 고의적으로 지워버리는 것으로 살아남을 수 있는 것이다. 비시정부는 오직 프랑스 문화의 특징들을—공화주의, 정교분리주의secularism, 지성에 대한 존중과 같은— 파괴한다는 조건으로만 기만적인 독립을 누릴 수 있게 될 것이다.[40]

오웰은 영국이 전쟁에서 승리하든 패배하든 영국에서 혁명을 실현시키는 것만이 이 전쟁에서 영국을 살릴 수 있는 길이라고 믿고 있는 것이다.

오웰의 혁명 개념은 1940년이라는 특정한 시점에서 제기된 것으로서 분명히 사회주의 혁명의 성격을 지닌 것이기는 하지만 그 사회주의 혁명은 일반적으로 회자되던 사회주의 혁명과는 큰 차이가 있었다는 점을 지적해야 하겠다.

3. 오웰의 계급분석 ─ 혁명의 견인세력

오웰의 혁명과정에서 나타나게 될 또 하나의 특별한 현상이 있었다. 그것은 혁명을 끌고 나갈 세력과 관련된 현상이었다. 오웰은 오래 주장되어온 프롤레타리아 혁명은 불가능해졌다고 보았다. 변화의 필요성을 알고 있는 사람들은 한 계급에 국한되지 않았기 때문이다.[41] 오웰은 혁명은 중간계급이 노동계급과 연대를 이루어 나가는 과정 속에서만 실현될 수 있을 것이라고 보았다.[42] 계급에 대한 오웰의 독특한 분석은 오웰 혁명의 중요한 한 부분을 구성한다.

오웰이 계급분석을 하고 있는『사자와 유니콘』과『영국 국민』을 통해서 볼 때 그는 영국에서 3개의 엘리트 그룹을 찾아낸 것으로 보인다. 하나는 지배계급으로서 귀족계급과 상층 중간계급의 결합 형태로 등장하는데 그 관계는 귀족계급이 상층 중간계급을 끌어들이고 있는 양상이었다. 여기에는 퍼블릭 스쿨(사립기숙학교)이 매개되고 있었다. 이 계급은 나라를 위해 싸우겠다는 애국심을 가지고 있었지만 새로운 경향을 따라가지 못하고 과거에 매어 있는 무지한 상태에 놓여 있었다. 따라서 이들이 새로운 변화를 주도해 나갈 수는 없었다.

오웰이 관찰한 영국의 지배계급으로서의 엘리트층은 어리석었고 배우려고 하지 않았다. 그들은 중세 기사계급과도 같이 자신들의 의무가 국가를 지키는 것이라는 점을 알고 있다는 점을 빼고는 무지했다. 그는 영국의 지배계급에 대해 다음과 같이 지적했다.

> 영국의 지배계급은 퍼블릭 스쿨을 다녔고 여기서 그들은 국가를 위해 죽는 것이 그들의 의무라고 배웠다. 그래서 그들은 자신들이 진정한 애국자라고 느낀다. 그들이 농민들을 약탈하면서도 말이다. 그들에게는 오직 하나의 도피처가 있었는데 그것은 어리석음이었다. … 그들은 그들의 눈을 과거에 고정시키고 일어나고 있는 변화들을 받아들이기를 거부함으로써 사회를 현재의 상태에 묶어 두려 하는 것이다.[43]

영국의 지배계급은 사회가 변화하고 있다는 점을 깨닫지 못하고 있었다. 그래서 그들은 공산주의에 대항해서도 파시즘에 대항해서도 싸우지 못하는 것이다. 그는 다음과 같이 지적했다.

> 영국의 지배계급은 나치즘이나 파시즘과 투쟁할 수 없다. 왜냐하면 이들은 그들을 이해하지 못하기 때문이다. 그들은 공산주의에 대항해 싸우지도 못했다. 파시즘을 이해하기 위해 이들은 사회주의 이론을 공부하지 않으면 안 된다. 사회주의 공부는 그들로 하여금 그들이 살고 있는 경제체제가 부당하며, 비효율적이며, 낡았다는 점을 깨닫게 할 것이다.[44]

심지어 2차대전조차도 과거의 전쟁인 1차대전을 되풀이하는 것으로 이해하고 있는 영국의 지배계급에 대해 오웰은 마치 귀신들이 다과회tea party를 하고 있는 것 같다고 혹평했다.

> 낡은 세대는 이 전쟁이 1차대전을 반복하는 것이라고 보고 있다. 늙은이들은 20년이 지난 후 똑같은 일을 되풀이하고 있다. 이안 헤이Ian Hay는 군인들을 독려하고 있고, 벨록Belloc은 전략에 대한 기사를 쓰고 있고, 모로아Maurois는 방송을 하고 있고, 베언스파더 Bairnsfather는 만화를 그리고 있다. 귀신들의 티파티tea party를 보고 있는 것 같다.45)

정치적으로 무지한 사람들은 국가를 맡고 있는 사람들 전체에 걸쳐 있었다. 내각의 각료들, 대사들과 영사들과 판사들과 행정관들과 경찰들 모두가 그러했다. 공산주의자를 체포하는 경찰들은 공산주의자들이 가르치는 이론을 이해하지 못하고 있었다. 무지한 지배계급이 권력을 잡고 있는 한 2차대전에서 승리할 수 없다는 점은 명백했다. 파시즘을 이해하지 못하는 이들은 파시즘과 타협하려 들지도 몰랐다.

두 개의 다른 엘리트 그룹은 중간계급 엘리트 계층이라고 할 수 있었는데 한 부류는 제국의 관료계층으로 제국 건설에 앞장선 블림프 Blimp라 불린 군사관료 계층이 대표적이었다. 다른 한 부류는 개혁세력을 자처하는 인텔리겐차였다.46) 전자는 우파에 속하고 후자는 좌파에 속했다. 그러나 전간기의 변화로 인해 블림프 계층은 활력을 잃어버렸으며 이 제국의 건설자들은 이제 서기로 전락해 버렸다. 좌파 인텔리겐차의 상황 역시 긍정적이지 않았다. 이들은 평범한 사람들과의 접촉은 단절한 채 자기들의 이론에 갇혀 논쟁만을 일삼고 있었다.47) 따라서 오웰은 영국에서 엘리트 계급은 좌파든 우파든 변화를 주도할 능력이 없으며 영국을 끌고 갈 위치에 놓여 있지 않다고 보고 있다.

오웰의 계급분석에서 중요한 부분은 폭이 넓은 중간계급이었다. 맑스는 자본주의가 발전해 나가며 계급이 부르주아와 프롤레타리아로 양극화되어가는 과정에서 중간계급은 축소될 것이라고 분석했지만 오웰은 전혀 다른 분석을 제시했다.

그는 사실 영국에서 재산이 소수의 손에 집중되어 있다는 점을 지적했다. 그는 "근대에 들어와 영국인들은 옷, 가구 말고는 거의 **가진 것이** 없는 상태가 되었다"고 주장할 정도로 부가 소수의 손에 집중되어 버렸음을 인정했다. 중간계급의 몰락이 이 과정에서 함께 나타났음을 부정하지도 않았다. "농민층은 일찍이 사라져 버렸으며, 독립 상점주들도 파괴되어 버렸고, 소사업가들은 숫자가 줄어들고 있음"을 지적하고 있는 것이다.48) 그러나 오웰은 근대 사회의 산업화 과정에서 또 다른 변화가 일어나고 있음을 잘 포착하고 있었다. 그는 다음과 같이 지적했다.

> 그러나 동시에 근대 산업은 매우 복잡하여 매니저, 세일즈맨, 엔지니어, 화학자, 모든 종류의 기술자들이 없이는 돌아가지 않는다. 이들은 꽤 괜찮은 수입을 얻는다. … 발전한 자본주의의 경향은 중간계급을 확대시키지 없애버리지 않는 것이다.49)

오웰은 산업화가 다양한 직업군을 만들어내는 결과를 낳으면서 새로운 중간계급이 만들어질 뿐 아니라 그것이 점점 확장되어 가고 있다는 점을 관찰하고 있었던 것이다.

오웰은 여기서 그치지 않고 산업화가 계급관계에 미친 더욱 중요한 현상들을 지적했다. 그것은 중간계급과 노동계급의 이질성이 줄어들고 있다는 점이었다. 오웰은 『영국 국민』에서 6가지 사례를 들면서 산업화가 계급간의 이질성을 줄이는 측면을 갖고 있다고 주장했다. 첫째는 산업 기술이 향상되면서 힘든 육체노동에 종사하는 사람들이 매년 줄어들고 있다는 점이다. 둘째는 전간기에 지방정부에 의해 재건축이 이루어지고 주택이 개량되면서 주택의 차별성이 줄어들었다는 점이다. 셋째는 가구의 대량생산으로 노동계급의 주택 내부도 중간계급의 주택 내부와 비슷해 졌다는 점이다. 넷째는 저렴한 의류가 대량생산되면서 이제 더 이상 의복으로 신분을 구분하는 것은 힘들어 졌다는 점이다. 다섯째로 대량생산되는 잡지류나 대중을 상대하는 여흥도 같은 효과를 낳고 있다는 점이다.[50] 여섯째 음식에서도 값싸고 괜찮은 레스토랑이 많이 생겨나면서 동일한 효과를 만들어내고 있었다.[51]

이런 여러 가지 주장들은 산업화가 계급의 이질성을 심화시켜 양극화를 초래하게 될 것이라는 맑스의 주장과는 달리 계급협력의 가능성을 만들어내고 있음을 지적하고 있다. 오웰은 다음과 같이 지적한다.

이러한 변화의 이유는 과학의 발전에 있다. 생활수준이 실질임금의 상응하는 증가 없이 일어날 수 있다는 점을 사람들은 거의 깨닫지 못하고 있다. … 아무리 정의롭지 못하게 사회가 조직되어 있다 해도 어떤 기술적 발전은 사회 전체에 이익을 주게 되어 있다. 왜냐하면 어떤 재화는 반드시 공유될 수밖에 없기 때문이다. 백만장자는 다른 사람들에게는 어둡게 하면서 자신을 위해서만 가로등을 밝힐 수는 없는 법이다.52)

사람들은 계급을 떠나 모두가 같은 책을 읽고, 같은 영화를 보고, 같은 라디오 방송을 듣고 있을 뿐 아니라, 다른 한편으로는 다중을 상대로 한 저렴한 소비재들을 접하고 있었다. 이러한 것들이 모두 중간계급과 노동계급의 생활방식의 차이를 줄이고 있었던 것이다. 오웰은 잉글랜드 북부에서만 전형적 프롤레타리아가 존재할 따름이며 노동계급은 변해가고 있다고 주장했다.

취향과tastes, 습관과habits, 예절과manners, 외관outlook에서 노동계급과 중간계급은 점점 가까이 가고 있다. 부당한 차이는 남아 있다. 그러나 진정한 차이는 감소하고 있다. 오래된 스타일의 프롤레타리아는 여전히 존재한다. 그러나 그 숫자는 점점 줄어들고 있다. 그들은 잉글랜드 북부의 중공업 지역에서만 압도적으로 많을 따름이다.53)

오웰은 산업화가 낳은 다양한 직종에서 만들어진 새로운 중간계급의 출현으로 인해 중간계급의 층은 두터워졌을 뿐 아니라, 아울러 중간계급과 노동계급 사이의 이질성은 줄어들고 있다는 분석을 하고 있는 것이다.

그러나 오웰은 계급 사이의 이질성이 사라지지 않는 영역도 지적했다. 그는 그런 분야를 경제적 영역 밖에서 제시했다. 그는 중간계급과 노동계급을 분명히 구별하는 차이로 각 계급의 언어와 악센트를 지적했다.54) 예를 들자면 노동계급이 페이스face를 파이스fice로 발음하는 것이나 에이치h 발음을 하지 않는 것과 같은 것이다.55) 그래서 계급의 간극을 줄이기 위해서는 영어에서 계급적 표시가 드러나지 않도록 하는 노력이 필요했다. 오웰은 새롭게 규정될 국민적 악센트는 코크니Cockney의 수정판이 되어야 한다는 의견을 제시했다.56)

아울러 오웰은 그가 중시한 중간계급과 관련해 흥미로운 두 개의 집단을 발견했다. 먼저 새롭게 출현한 집단을 들 수 있는데 이 집단은 시공간적으로 규정될 수 있는 특징을 가졌다. 시기적으로는 1918년 이후 출현했으며, 공간적으로는 산업이 남쪽으로 이동하면서 나타난 현상이었던 것이다. 그는 다음과 같이 지적한다.

> 1918년 이후 영국에서는 이전에 존재하지 않았던 사람들이 나타났다. 즉 특정하기 어려운 사회계급의 사람들이다. 1910년에는 모든 사람은 그의 옷, 예절, 악센트로 그의 계층이 즉시 구별되었다. 이제 더 이상 그렇지 않다. 값싼 자동차와 산업이 남쪽으로 이동한 것으로 인해 발전한 새로운 거주지역에서는 그렇지 않은 것이다. 미래 영국의 기원을 찾을 수 있는 지역은 경공업 지역이며 고속도로를 따라서 있는 지역들이다. 슬로우Slough, 다겐함Dagengham, 바넷Barnet, 레치워쓰Letchworth, 헤이즈Hayes 같은 곳들이다. 대도시의 외곽지역들이다.

고속도로를 따라 만들어진 대도시 외곽의 경공업 지대가 만들어낸 이 계급은 흥미롭게도 특정하기 어려운 계급이었다. 그들의 생활방식과 문화적 내용이 그런 판단을 내리게 만들고 있었다.

　　이들은 소득 차이는 넓게 벌어져 있지만 모두 동일한 삶을 살고
있는 것이다. … 이들은 문화가 없는 생활인데 통조림 음식을 먹고,
라디오와 내연기관을 사용한다. … 이 문명에는 근대세계에 편안함
을 느끼는 사람들이 속하고 있는 것이다. 기술자들, 고임금의 숙련노
동자들, 비행사들과 항공정비공들, 라디오 전문가들, 영화 제작자들,
대중 저널리스트들 등이다. 이 계층은 이전의 낡은 계급구분이 무너
지고 있는 특정되지 않는 계급인 것이다.[57]

　오웰은 이들이 특정되지 않는 계급이라고 언명했지만 오웰이 언급
하고 있는 직종들로 볼 때 이들은 노동계급이면서 중간계급이기도
한 이중적 지위를 가진 사람들로 분류하는 것이 타당할 듯하다. 변화
된 세계가 만들어낸 새로운 계급이었던 것이다.
　두 번째 집단으로 오웰은 몰락하는 중간계급을 지적했다. 여기에는
일자리를 갖지 못한 케임브리지 졸업생과 자유기고 저널리스트 등이
포함되었다.[58] 몰락하는 중간계급은 경제적으로 볼 때 노동계급으로
전락하고 있었다. 일단 형식적으로 본다면 이것은 노동계급의 층을
두텁게 하는 것이었다. 그러나 오웰이 지적하는 중요한 점은 중간계급
은 몰락하지만 그 정체성을 상실하지는 않는다는 것이다. 그는 다음과
같이 서술한다.

　　사회적 계층은 경제적 계층과 상응하지 않는다. 사립학교 교사가
연 200파운드 소득 이하로 떨어진다면 그는 바로 코크니cockney(런던
노동자들의 어투) 발음을 하는 사람이 되는 것인가? … 나는 어떤
계급에 속하는가? 경제적으로 나는 노동계급에 속한다. 그러나 내가

나를 부르주아가 아닌 다른 사람으로 생각하는 것은 거의 불가능하다.59)

주 3파운드의 소득을 가진 오웰은 자신을 경제적으로는 노동계급에 분류될 수 있지만 사회적으로는 부르주아에 속한다고 보고 있는 것이다.60) 오웰은 "사무직 노동자와 검은 코트를 입은 모든 종류의 노동자들은 이들을 프롤레타리아라고 부르면 고마워하지 않을 것"이라고 주장했다.61) 오웰은 이들 역시 자신처럼 사회적 계층과 경제적 계층의 괴리를 가진 사람들이라고 보고 있는 것이다.

노동계급과 중간계급이 서로 매개되고 있는 다양한 현상들을 고려한다면 이 폭넓은 중간계급이야말로 사회주의가 끌어안아야 할 계층이었다. 사회주의는 결코 중간계급을 배제해서는 안 되었으며 노동계급과 중간계급을 함께 끌어안아야만 했다. 소토지 농민은 공장노동자와 손잡아야 하고 타이피스트는 광부들과 손잡아야 하고 학교 선생은 기계공과 손을 잡아야 하는 것이다.62)

중간계급은 오웰의 혁명에서 핵심적인 역할을 하는 계급으로 자리매김되고 있다. 몰락하고 있는 중간계급도 생기고 새롭게 출현하는 중간계급도 나타나면서 그 계급은 확장되고 변화되고 있었다. 그렇게 변화되는 중간계급은 노동계급과 소통하며 이들을 이끌고 나가야 했다.63)

하지만 계급과 관련해서도 오웰의 혁명 개념에는 약점이 있다. 그가 혁명을 견인할 세력으로 서로 잠식하며 연결되고 있는 노동계급과 중간계급의 연대를 지적하기는 했지만 이러한 집단의 힘이 어떻게 결집되고 드러날 수 있는가에 대한 제안은 제시하지 않았기 때문이다.

그는 혁명과 관련하여 이들이 전개할 어떤 특별한 운동 조직도 어떤 특별한 운동의 방법도 제시하지 않았다. 그런 점에서 오웰의 혁명은 무정부주의적인 약점을 가지고 있다. 오웰이 제시하는 방법은 신문과 잡지를 통해 사회적 각성과 합의를 만들어 나가는 것이었다. 그가 벌인 노력도 글을 써서 기고하고 출판하는 것이었을 따름이다.

4. 애국심과 혁명 – 혁명을 이끄는 정신

오웰의 혁명에서 계급투쟁은 부각되지 않는다.[64] 그렇다면 무엇이 혁명을 이끌고 나가는 힘이란 말인가. 오웰은 여기에 대해 흥미롭게도 애국심이라는 요소를 제시했다. 사실 오웰의 애국심에 대한 주장은 2차대전의 발발과 함께 나타났다. 그래서 그의 애국심은 전쟁 상황에서 적국과의 전쟁에서 승리하기 위해 제시된 이데올로기에 다름아닐 것이라는 생각이 들게 만든다. 게다가 오웰은 1936년 스페인 내란에 참여하면서 자신이 민주적 사회주의자임을 밝힌 이래 계속 국제주의적 입장을 견지해 왔다. 그래서 그의 애국심에 대한 주장은 전쟁 앞에서 민족을 택하게 된 오웰의 민족주의적 선회를 보여주는 현상으로 보이게 한다. 더욱이 오웰은 1940년 여름에 출판된 「우파든 좌파든 나의 조국」이란 글에서 1939년 8월의 몰로토프-리벤트로프 조약 전야에 꾼 꿈에서 독일과의 전쟁이 시작되었다는 것을 알고 자신이 마음 속에서 애국자라는 점을 오직 처음으로 분명하게 믿게 되었고, 영국 편에 반대해 사보타지하는 행동을 하지 않을 것이라고 밝혔다.[65] 이런 점 역시 그의 애국심은 민족주의와 연관이 된다는 인상을 낳고

있다. 하지만 흥미로운 점은 그가 그의 애국심을 민족주의와 구별했다
는 점이다. 그는 1945년 5월에 나온 「민족주의에 대한 소고Notes on
Nationalism」에서 민족주의는 민족을 선악을 넘어서 위치시키고 민족의
이익을 추구하는 의무 외에 다른 의무를 인정하지 않는 태도라고
규정했다. 나아가 애국심은 그 성격상 군사적이든 문화적이든 방어적
이지만 민족주의는 그와 반대로 권력에 대한 욕구와 분리될 수 없다고
주장했다.66) 오웰은 침략적인 민족주의를 앞에 두고 민족주의라는
용어를 쓰고 싶지 않았던 것으로 보인다. 그래서 그는 애국심이라는
용어를 민족주의에 대비시켜 사용했지만 실제로는 애국심으로 표현
되는 민족주의를 주장한 것으로 보인다. 그렇지만 그 민족주의는
침략적인 민족주의나 보수파가 사용하는 민족주의와는 다른 다소
특이한 민족주의였다. 그가 제시한 애국심의 의미를 살펴보면 이를
알 수 있다.

그의 애국심은 보수파의 목적과 부합되지 않고 사회개혁으로 연결
되는 특이한 성격을 띠고 있다. 그의 애국심은 전쟁에 이기기 위한
힘이기도 했지만 아울러 혁명을 일으키는 힘이기도 했다. 그래서
설사 그가 꿈을 꾸고 나서 자신이 애국자임을 발견했다고 해도 그의
애국심은 그 꿈을 꾸기 이전에 이미 깊은 뿌리를 가지고 있었다고
볼 수 있다. 아울러 그 애국심의 근원도 달랐을 것이라고 추측해
볼 수 있다. 오웰의 애국심의 밑바닥에 무엇이 깔려 있었는가를 살펴
볼 필요가 있다.

오웰은 영국에 대해 깊은 애정을 가졌던 사람이다. 그의 이름조차가
그러하다. 그의 본래 이름은 에릭 블레어Eric Blair였지만 그는 필명으로
조지 오웰이란 이름을 썼다. 오웰은 영국 이스트 앵글리아 지방에

있었던 강 이름이다. 조지는 마치 우리나라에서 '철수'라는 이름과도 같이 영국에서 가장 흔하고 친숙한 이름의 하나이다. 그는 자신의 성을 영국의 자연에서 따 왔고 이름을 영국 민중들로부터 차용했던 것이다.

오웰은 개인의 자유와 권리, 개인의 영역을 강조하였으며 국가권력의 위험성에 대해 비판적인 입장을 견지했던 사람이다. 오웰이 자신을 토리 무정부주의자라고 규정한 것에서 이런 생각이 잘 드러난다. 그렇지만 오웰은 1936년 이후 자신을 민주적 사회주의자라고 규정함으로써 그가 집단주의를 받아들였다는 점을 보여주고 있다. 즉 그는 개인주의와 집단주의를 함께 받아들였던 것이다. 그렇지만 양자는 형식적으로 볼 때, 서로 배타적인 사상이며 서로를 배척했다. 그런데 어떻게 오웰에게서 이 양자는 병립할 수 있는 것일까. 바로 여기에 매개된 개념이 애국심이었다. 애국심은 개인을 위해 보다 나은 질서를 만들어내려는 사회에 대한 애정이었다. 오웰에게 애국심은 개인과 사회, 개인주의와 집단주의를 연결하는 끈이었으며 인대였던 것이다.[67]

오웰의 애국심은 공동의 운명을 가진 공동체에 대한 감각과 연관되었다.[68] 그래서 그것은 나와 관계를 맺고 있는 주변에 대한 사랑으로부터 시작했다. 그는 먼저 그가 살고 있는 영국의 자연에 깊은 애정을 보인다.[69] 그는 다음과 같이 지적한다.

영국은 충실한 아침식사solid breakfasts와 음울한 일요일gloomy Sundays, 연기 자욱한 도시smoky towns와 구불구불한 길winding roads, 푸른 평원green fields과 붉은 우체통pillar-boxes과 같은 특징을 갖고 있다. 영국은 자신의 운치flavour를 가지고 있다. 게다가 그것은 미래와 과거로 이어진다. 거기에는 마치 살아있는 생물과도 같이 지속되는 것이 있다.[70]

이어서 그는 자연과 함께 영국인의 삶에 깊은 애정을 보이고 있다. 그는 다음과 같이 지적한다.

> 당신이 외국에서 영국으로 돌아오면 당신은 즉시 다른 공기를 마시고 있다는 것을 알게 된다. 심지어 몇 분 안에 수십 개의 작은 것들이 이러한 감정을 갖도록 공모한다. 맥주는 더 쓰고, 동전은 더 무겁고, 풀은 더 푸르고, 광고는 더 노골적이다. 대도시의 사람들은 온화한mild 얼굴과 … 점잖은 태도gentle manners를 가지고 있는데 이들은 유럽 사람들과는 다르다.[71]

오웰은 영국은 독특한 자연과 독특한 삶의 방식을 가지고 있으며 그것은 시간을 관통해서 지속된다고 보고 있다. 그의 애국심의 바탕에는 안개낀 시골길과 진짜 홉으로 만든 에일을 사랑하는[72] 영국성Englishness이 자리잡고 있는 것이다. 그래서 오웰의 애국심에서 찾아낼 수 있는 특별한 요소는 그의 애국심이 국가권력을 유지하려는 보수파의 주장과 연결되지 않는다는 점이다. 오웰은 한 나라에서 변함없이 지속되고 있는 현상은 권력체와 위계질서가 아니라고 보았다. 거기에는 보통 사람들이 만들어낸 여러 가지 성격들이 지속되고 있었던 것이다. 그래서 오웰은 영국인들의 삶을 구성하면서 영속성을 보여주고 있는 특징적 요소들을 찾아내려고 했다. 이런 요소들 즉 영국성 혹은 영국의 국민성을 구성하는 요소들이 애국심과 관계를 맺고

212

있었던 것이다. 그래서 그는 영국성을 찾아내는 작업을 하고 있다.

오웰이 찾아낸 영국성은 첫째 영국인들은 예술적 재능이 없다는 것이었다. 영국인들은 독일인이나 이탈리아인들처럼 음악적이지 않고 프랑스처럼 회화나 조각에 대한 관심이 없다는 것이다.

둘째로 영국은 지적이지 intellectual 않고 추상적 사고를 싫어한다는 점이었다. 오웰은 다음과 같이 서술했다.

> 이들은 추상적 사고에 대해 공포감을 가지고 있다. 이들은 철학이나 어떤 체계적인 세계관에 대한 필요성을 느끼지 않는다. … 사람들이 도시계획이나 수도 공급을 하는 방법을 보면 그들은 낡은 방법을 고수하고 있으며, 분석이 안 되는 스펠링 제도를 가지고 있으며, 수학책을 보아야 알 수 있는 무게와 측량의 단위를 가지고 있는데 이런 것들은 이들이 단순한 효율에 대해 얼마나 신경을 쓰지 않는지를 보여준다.73)

오웰에게 영국은 kg(킬로그램) 대신 £(파운드)를 쓰며 12펜스가 1실링인 나라이며 네이버의 스펠링이 neighbour인 비합리적인 나라였던 것이다.74)

셋째로 영국인들은 생각하지 않으면서 행동하는 어떤 힘을 가지고 있다는 점이었다. 영국인들이 제국에 대해 두 개의 얼굴을 가지고 있는 것 같은 위선적인 태도가 이런 특징과 연관된다. 아울러 커다란 위기의 순간에 전 국가가 함께 뭉쳐 본능에 입각해 행동하는 것도 이런 특징을 설명하는 것이다. 오웰은 이런 특징을 두고 정식화되지는 않지만 모두가 이해하고 있는 행동코드라고 주장했다.75)

넷째는 꽃에 대한 사랑이었는데 이것은 단순하게 보이지만 보다 깊은 함의를 갖는다. 이 특징은 외국인이 영국에 오게 된다면 가장 먼저 발견하게 되는 특징이기도 했다. 그런데 꽃에 대한 사랑은 예술에 대한 기호와는 다른 것이었다. 왜냐하면 꽃에 대한 사랑은 미적 감정을 갖지 않은 일반인들 사이에서 발견되는 현상이기 때문이었다. 이러한 현상은 영국인들이 취미와 여가를 좋아하는 특징 속에서 설명될 수 있었다. 오웰은 다음과 같이 지적했다.

> 우리는 꽃을 사랑하는 민족일 뿐 아니라 우표 수집가의 민족이며, 비둘기애호가pigeon fancier의 민족이며, 아마추어 목수의 민족이며, 쿠폰 자르기를 좋아하는coupon snipper 민족이며, 다트 놀이를 즐기는 민족이며, 십자글 맞추기를 좋아하는 민족인 것이다.76)

꽃을 사랑하는 특성은 취미생활을 좋아하는 영국인들의 특징 속에서 설명될 수 있었으며 이렇게 취미생활을 즐긴다는 점은 결국 영국인들이 사생활privateness을 즐기며 소중하게 생각한다는 점을 보여주고 있었다. 오웰은 이 점을 특히 잘 관찰해 내었는데 영국인은 꽃만 사랑하는 것이 아니라 동물을 애호하며 스포츠에 열광하는 민족이었던 것이다. 스톡 포지스Stock Poges, 켄싱턴 가든 등 여러 곳들에는 끔찍하게도 애완견 공동묘지가 조성되어 있는 것을 볼 수 있다.77) 그리고 프로 축구 선수들, 권투 선수들, 승마 기수들, 크리켓 선수들은 어떤 과학자나 예술가도 견줄 수 없는 인기를 누리고 있었다.78) 오웰은 영국에서 사적 영역으로 깊이 들어간 취미나 여가의 형태를 여러 곳에서 발견했다. 그러한 것들로 그는 펍, 축구경기, 뒤뜰 정원backyard

214

garden, 난롯가fireside, 한 잔의 차nice cup of tea 등을 즐기는 현상을 지적했다.79)

사생활의 추구는 개인의 자유를 의미했다. 여기서 오웰은 개인의 자유가 갖는 의미를 둘로 구분했다. 그는 이 자유는 경제적 자유와는 아무 상관이 없다고 주장했던 것이다. 즉 경제활동에서의 자유방임laissez-faire을 의미하는 자유와는 아무 관련이 없었던 것이다. 여기서 개인의 자유는 자기 자신의 집을 갖는 자유이고, 여가 시간에 하고 싶은 것을 할 자유이고, 오락을 자신이 선택할 수 있는 자유였던 것이다.

다섯째는 외국인에 대한 혐오였다. 외국인 혐오증은 중간계급보다 노동계급에서 더 강력했다. 전쟁 전 파시스트 국가들로부터의 거대한 난민유입을 막은 세력 중 하나는 노동조합회의TUC였다. 오웰은 음식과 언어가 노동계급이 외국인들과 조화를 이루는 것을 매우 어렵게 만들고 있다고 주장했다. 잉글랜드의 노동계급은 마늘과 올리브 오일을 혐오스럽게 여기는 반면 차와 푸딩이 없으면 살 수가 없다. 영어의 특이성은 14세에 학교를 떠난 사람들이 성인이 되어 다른 언어를 배우게 하는 것을 거의 불가능하게 만든다.80) 오웰은 영국인들은 폐쇄적인 기질을 가지고 있다고 주장하는 것이다.

여섯째로 오웰은 또 하나의 매우 중요한 점을 지적하고 있다. 표면 아래로 들어가서 볼 수 있는 영국의 문화적 요소들이었다. 그는 그런 것들로 청교도 도덕에 물들지 않고 마키아벨리에 물들지 않은 영국의 국민성을 지적한다. 즉 법(혹은 도덕)과 종교와 정치는 지배층의 가치에 물들지 않았다는 것이다. 오웰에게는 이런 것들이야말로 평범한 사람들ordinary people의 진정한 문화를 보여주고 있었다. 그는 다음과 같이 지적했다.

평범한 사람들을 보게 될 때 우리가 발견하는 것은 그들이 청교도
적puritanical이지 않다는 것이다. 그들은 골수 도박자들이며 돈이 떨어
질 때까지 술을 퍼마시며, 외설적인 농담을 하고, 아마도 세계에서
가장 상스런 말을 하는 것이다. 그들은 이러한 그들의 취향을 모든
사람을 간섭하려고 만들어졌지만 사실은 모든 것을 허용하고 있는
위선적인 법률들을(주류허가법, 도박법 등등) 무릅쓰고 충족시켜야
만 한다. 그리고 일반인들은 확실한 종교적 믿음을 가지고 있지
않다. 수세기동안 그러해 왔다. 국교회는 결코 진정으로 그들을 사로
잡지 못했다. 국교회는 단지 토지 젠트리의 교회였다. 비국교도는
오직 소수에게만 영향을 행사했다.[81]

오웰은 영국의 평범한 사람들은 법을 어겨가면서 음주, 도박을
즐기고, 외설적이고 상스러우며 신앙심도 없다고 지적했다.[82] 이런
지적은 영국의 평범한 사람들의 삶이 건전하지 않다는 의심을 불러일
으킨다. 그러나 오웰은 영국의 보통 사람들의 반항적인 문화가 그렇게
불건전하지 않다고 보고 있다. 영국의 보통 사람들은 법이 금지하는
음주와 도박을 하고 있지만 그들은 법을 존중하는 태도를 가지고
있었다. 여기서의 법은 실정법이라기보다는 국가의 위에 있고 개인의
위에 있는 어떤 존재로서의 법과 도덕을 의미했다.[83] 이들은 교회에
10퍼센트 정도만이 나갈 따름이고 중요한 기독교 교리에 대해 알지
못한다. 그러나 이들은 예수의 이름을 거의 잊었을지 모르지만 이타주
의나 이웃에 대한 사랑과 같은 기독교 윤리는 간직하고 있었다.[84]

　아울러 이들은 유럽의 새로운 종교인 권력 숭배power-worship를 받아 들이지 않았으며, 이들은 결코 권력정치에 사로잡히지 않았다. 권력 정치가 감염시킨 부류는 단지 영국의 지식인들일 따름이었다.85) 영국 의 지식인들은 카알라일 이래로 계속하여 유럽의 사상을 받아들였으 며 마키아벨리적 태도에 영향을 받았다. 그러나 보통 사람들은 권력을 추구하는 경향에 감염되지 않았다. 영국의 기본적인 동화는 '잭 더 자이언트 킬러Jack the giant killer' 즉 거인을 상대하는 작은 사람이며, 영국인이 좋아하는 미키 마우스와 뽀빠이, 채플린 등에서 모두 이런 정서가 표현되고 있었다. 약자를 응원하고 선량한 패자를 높게 평가하 는 태도가 영국 보통 사람들의 태도였던 것이다.86) 거칠게 보이는 평범한 사람들의 문화는 자생력을 가지고 있고, 외부세력에 물들지 않으면서 오히려 튼튼하고 건강했던 것이다.

　이제까지의 요소들을 놓고 볼 때 오웰이 관찰하고 있는 영국의 평범한 사람들은 그렇게 똑똑하지도 않고 미적 감각도 없다는 부정적 요소에도 불구하고 긍정적인 요소들을 가지고 있었다. 영국의 평범한 사람들은 사적 영역을 중시하며 이 공간에 대한 외부의 간섭을 거부했 다. 이는 영국 사람들이 개인의 자유를 존중하는 속성을 가지고 있음 을 보여주는 것이다. 그리고 영국 사람들은 법과 종교, 권력에 대해서 는 시니컬했다. 그렇지만 법을 지키지 않고 자기 이익대로 행동한다고 해도 더 높이 있는 어떤 법을 존중하였으며, 교회에 나가지 않지만 기독교가 지닌 귀중한 가치들을 존중했으며, 권력을 숭배하는 대신 약자의 편을 드는 태도를 가지고 있었다. 이는 영국 사람들이 권력을 따르기보다 정의에 대한 감각을 지니고 있음을 보여주는 것이다. 이러한 영국성으로부터 영국인들의 디슨시decency(온전한 태도)가 나오고 있었던 것이다. 오웰이 영국인들은 온전decent하다고 했을 때 그가 의미했던 것은 바로 영국성을 바탕으로 해서 나타나는 이러한 태도라고 보아야 한다.

그리고 여기에 영국인의 생활 전반에 걸친 하나의 태도가 더해진다. 그것은 온순함gentleness이었다.[87] 그는 이것을 영국인의 가장 현저한 특징이라고 주장했다. 오웰은 다음과 같이 주장했다.

> 영국 문명의 젠틀니스는 아마도 가장 현저한 특징일 것이다. 당신은 영국에 발을 들여놓는 순간 그것을 깨닫게 될 것이다. 영국은 버스 차장이 좋은 기질을 가지고 있고 경찰이 총을 들고 다니지 않는 나라인 것이다. … 영국은 전쟁과 군국주의를 싫어한다. … 다중mass of the people은 군사적 지식이나 전통을 가지고 있지 않다. 그리고 전쟁에 대한 태도는 언제나 방어적이다. 어떤 정치인도 정복이나 군사적 영광을 내걸고 권력을 잡을 수 없다.[88]

영국인을 온전하게 만드는 또 하나의 영국성으로 오웰은 온순함, 좋은 마음씨 여기서 나오는 반反군국주의anti-militarism를 들고 있다.[89] 오웰은 영국인은 비폭력적이라고 주장하고 있는 것이다.[90] 이런 모든 요소들이 어울려 영국인의 디슨시(온전성)를 구성했다. 그래서 오웰은 영국에서 정의, 자유, 객관적 진실과 같은 개념들은 여전히 믿어지고 있다고 주장하는 것이다.

애국심은 이러한 평범한 사람들의 문화 속에서 형성된 영국성 속에서 발휘되는 것이다. 즉 애국심은 영국성에 내재해 있는 온전함 decency과 민주적 경향의 표현이었던 것이다.[91] 그렇다면 그 애국심은 권력을 지키려는 애국심이 아니라 자유와 정의를 추구하고 실현시키려는 마음에서 나오는 애국심이 될 수밖에 없는 것이다. 그는 이러한 애국심이 개혁을 추진할 뿐만 아니라 개혁의 방향을 이끌어 나가는 동력이 되어야 한다고 보았다. 그는 애국심이 개혁을 이끌 때 이 개혁은 전체주의를 피하면서도 사회주의와 결합될 수 있다고 믿었다. 즉 그가 표명한 민주적 사회주의를 성취할 수 있었던 것이다.

영국이 파시스트 독일의 침공 위기에 놓여 있었던 1940년 겨울 오웰은 영국을 지키려는 애국심이 발휘되기를 원했다. 그런데 그 애국심은 현재의 권력을 지키려는 애국심이 되어서는 안 되었다. 왜냐하면 현재의 권력이 그대로 유지되어서는 전쟁을 이길 수 없었기 때문이다. 나라를 구하기 위해 영국은 영국에 올바른 권력을 만들어내지 않으면 안 되었다. 그러한 변화를 위해 평범한 사람들의 "영국에 대한 사랑"이란 힘을 끌어내어야 했던 것이다.

따라서 오웰의 애국심은 보수파와는 아무 관계가 없었다. 그는 그의 애국심과 보수파의 애국심의 개념은 완전히 다르다고 주장했다. 그는 다음과 같이 주장한다.

> 애국심은 사실상 보수파와는 반대이다. 왜냐하면 애국심은 항상 변화하지만 신기하게도 같은 것으로 여겨지는 어떤 것에 대한 헌신이기 때문이다.(devotion to something that is always changing and yet is felt to be mystically the same) 애국심은 미래와 과거 사이에 놓인 다리이다. 어떤 진정한 혁명가도 국제주의자인 적이 없다.[92]

그리고 그는 애국심이 이끄는 이 혁명을 노동계급과 중간계급이 결합하여 주도하게 될 것이라고 전망했다. 좌파 인텔리겐차 즉 사회주의자들은 이 혁명을 주도할 수 없었다. 왜냐하면 이들은 영국성과 거리가 먼 사람들이었기 때문이다. 이들은 추상적인 논리를 제시하고 논쟁적인 태도만 가지고 있을 뿐, 건설적 제안을 하지 못하며, 현실과의 접촉은 별로 없고 일반인들의 문화common culture와는 단절되어 있었던 것이다.93) 이들이 영국성을 결여하고 있다는 점은 다음의 주장에서 적나라하게 드러난다.

> 영국 인텔리겐차는 유럽화되어 있다. 이들은 파리로부터 요리를 배워오고, 그들의 의견은 모스크바로부터 배워온다. … 영국은 아마도 지식인들이 그들의 국적을 부끄러워하는 유일한 나라일 것이다. … 영국 좌파들은 경마에서 푸딩에 이르기까지 모든 영국 제도를 비웃는다.94)

소련의 공산주의자든, 그와는 다른 맑스주의자든 아니면 또 다른 사회주의자든 이론과 교리를 강조하는 좌파 인텔리겐차들은 영국성과는 단절되어 있었고 그래서 참다운 애국심을 발휘할 수 없는 사람들이었다.95)

오웰에게 애국심이 가장 잘 발휘될 수 있는 계층은 중간계급과 노동계급을 포함하는 일반인들이었다. 그는 변화의 필요성과 방향을 알고 있는 영국 국민은 어떤 한 계급에 속해 있지 않다고 주장했다. 하지만 그는 하나의 단서를 달았는데, 연 2천 파운드를 넘는 사람 중에는 여기에 속하는 사람이 얼마 안 될 것이라고 지적했다.96) 그렇다면 나머지 사람들 즉 노동계급에서부터 연 2천 파운드 소득을 넘지 않는 사람들까지는 사회주의를 향한 애국심을 발휘할 수 있을 것이라고 그는 믿고 있는 것이다. 그것은 영국성이 이들에게 내재되어 있었기 때문이다.

오웰은 영국성과 관련해 특히 노동계급의 문화를 중시했다. 그는 노동계급의 문화에 대한 애정을 보였으며 스스로 노동계급의 습관을 따라하려고 시도하기도 했다. 그가 찻잔으로 차를 마시는 것 같은 행동을 한 예로 들 수 있을 것이다.[97] 노동계급의 능력에 대해서는 강한 신뢰감을 보였다. 그는 「스페인 전쟁에 대한 회고」에서 다음과 같이 주장했다.

> 노동계급의 투쟁은 나무가 성장하는 것과도 같다. 나무는 보지 못하고 멍청하다. 그러나 그것은 빛을 향해 계속 나아갈 만큼은 충분히 알고 있다. 그리고 나무는 끝없이 방해하는 것들이 있다 해도 이런 노력을 계속해 나갈 것이다.[98]

그래서 오웰이 영국의 국민성으로 의미한 것은 노동계급의 문화였다는 주장이 제기되기도 한다.[99] 그러나 이런 주장은 어느 정도 수긍할 수는 있지만 정확한 것은 아닌 것으로 보인다. 오웰은 영국성을 찾아내는 과정에서 평범한 사람들ordinary people이란 표현을 되풀이하여 사용하고 있다. 여기서 평범한 사람들의 다수가 노동계급일 수는 있으나 여기에는 다른 계층의 사람들이 포함된다는 사실을 잊어서는 안 된다. 오웰이 애국심을 발휘할 수 있는 계층을 소득으로 구체화한 부분을 두고 미루어 볼 때도 영국성 즉 영국의 국민성은 노동계급 사이에서만 공유되는 것이 아니라 보다 넓은 외연을 가지고 있었다고 보아야 할 것이다.

아울러 영국성에 대한 강조는 지방에 대한 관심으로 확장된다는 점을 지적해야 하겠다. 이러한 영국성은 영국의 곳곳에 뿌리깊이 박혀 있었기 때문이다. 그래서 지방은 오웰의 사회주의에서 중심에 놓여 있다.[100] 그런데 이스트 앵글리아East Anglia나 웨스트 컨트리맨 West Countryman과 같은 지방의 감각은 지난 100년 동안 매우 약화되었다. 영국 전체가 사실상 런던의 지배를 받는 상황이 되어 버렸다.[101] 그래서 오웰은 탈 중앙집중화를 주장했다. 그는 영국인의 삶은 보다 분권화된 체제로 나아가야 한다고 주장했다. 그러기 위해 지방에 더 큰 권력이 주어져야 했다. 스코틀랜드와 웨일즈의 경제에는 보다 더 큰 자율성이 주어져야 했다. 이런 주장은 농업에 보다 큰 비중이 두어져야 한다는 주장으로 이어졌다. 아울러 런던의 신문보다는 지방의 신문에, 옥스퍼드나 케임브리지보다는 지방의 대학에 보다 큰 힘이 주어져야 했다.[102] 지방의 자부심이 고양되어야 했으며 사람들은 자신의 지역의 특성(로컬리티)을 자랑스럽게 여겨야 했다. 사람들은 자신의 지역의 풍경, 건축 심지어 음식들이 세계에서 최고라는 자부심을 가질 수 있어야 했다. 그래서 젊은이들이 자신의 지역에 머물러 살 수 있게 되어야 했다.[103]

오웰의 혁명을 끌고 나가는 정신적 힘은 애국심에서 나와야 했다. 그런데 그 애국심은 국가에 대한 맹목적 충성심이 아니라 영국성 Englishness의 기초 위에 세워져 있어야 했다. 그리고 그 영국성은 바로 온전한decent 보통 사람의 문화에 내재되어 있었다. 이러한 연관 관계 속에서 살펴 볼 때 바로 이 유럽 문화의 밖에 놓여 있는[104] 영국인들의 특별한 영국성으로 말미암아 오웰은 여러 나라 중에서 영국이야말로 혼란과 독재를 피하면서 혁명을 성취할 수 있는 나라라고 주장할 수 있었던 것이다.[105] 오웰의 혁명 개념은 혁명이 적대감이 아니라 애정을 바탕으로 해서 일어날 수 있고, 엘리트가 아니라 평범한 사람들에 의해 주도될 수 있다는 가능성과 당위성을 제기한 점에서 독특한 혁명관을 제시하고 있다고 할 수 있다.

5. 맺음말

오웰은 혁명을 주장했지만 사회주의 혁명 이론을 제시한 것은 아니다. 그는 영국 역사의 특별한 국면에서 혁명의 가능성을 발견하고 그것이 발현되는 조건과 동력을 이야기했을 뿐이다. 그 특별한 국면은 파시스트와의 전쟁이었다. 오웰의 혁명은 파시스트와의 전쟁에서 승리하기 위해 영국에서 일어나지 않으면 안 되는 변화를 의미했던 것이다. 그 혁명은 혁명적 변화를 의미했지 폭력의 사용에 무게중심이 두어진 것은 아니었다. 오웰은 오히려 평화적 혁명의 가능성을 더 크게 보고 있었다.

오웰의 혁명의 주체 세력은 노동계급과 중간계급을 아우르는 계층이었다. 오웰은 영국에서 노동계급과 중간계급은 계급의 양극화 속에서 계급 적대가 극단화되어 가는 현상이 나타나지 않는다고 보았다. 오히려 그 이질성은 줄어들고 있다고 주장했다. 그리고 노동계급과 중간계급은 경제적 요소에 의해 반드시 구분되는 것도 아니라고 주장했다. 경제적 요소보다 언어적 요소가 계급을 구분하는 더 큰 척도라는 주장을 했다. 오웰은 노동계급은 그 자체만으로는 혁명을 성취시킬 수 없지만 그들을 끌고 가는 힘이 사회주의자들 혹은 좌파 지식인들에게서 나오지는 않을 것이라고 보았다. 역설적이게도 사회주의자들은 혁명을 방해하는 세력이었으며 그들은 혁명을 실현시킬 수도 사회주의를 실현시킬 수도 없었다. 노동계급은 중간계급의 협력 속에서 혁명을 성취할 수 있게 될 것이다.

오웰의 혁명에서 혁명을 끌고 가는 힘은 계급 적대감에서 나오는 것이 아니었다. 혁명은 애국심을 기초로 해서 성취될 것이다. 애국심은 추상적인 국가가 아니라 자신을 둘러싼 구체적인 주변 환경에 대한 사랑을 의미했다. 그러므로 그 애국심은 보수파의 애국심과는 달랐다. 그의 애국심은 영국성에 뿌리박혀 있는 애국심이었다. 영국의 보통 사람들이 가지고 있는 문화에 뿌리박힌 애국심은 자기 고향의 자연과 전통을 지키려는 마음이었으며 이에 대한 사랑이었다. 오웰의 혁명을 이끄는 정신은 특정 계층에 대한 적개심이 아니라 영국의 삶에 대한 사랑이었던 것이다. 그리고 그 영국의 삶은 지방에 깊이 뿌리내리고 있었으므로 애국심의 발휘를 위해 지방이 강조될 수밖에 없었던 것이다.

6장
알렉스 컴포트의
뉴아나키즘

권력, 평화주의 그리고 성(sex)의 문제

컴포트는 끝없는 혁명이라는 방식을 제안한다. 이는 지속적으로 진행되는 개인들의 불복종과 직접행동의 과정을 의미하는 것이다. 단 한 번에 흑백을 구분하려 하는 식이 아니라 지속적으로 흑백을 구분해 내는 운동을 펴나가는 과정에서 검은 부분들이 마모되어 나가는 방식을 의미하는 것이다. 그래야 개인이 살아 있는 운동이 전개될 수 있는 것이다. 그리고 운동의 과정에서 개인과 개인의 이해와 연대가 증진되는 효과가 함께 나타날 수 있는 것이다. 징집거부와 반핵운동에서 구체적으로 시도된 이런 방법들이 극적인 효과를 나타내었다고 하기는 힘들다. 하지만 새로운 운동의 가능성을 보여주었다는 점에서는 큰 의미를 지닌다.

결국 컴포트에게 핵심은 개인을 바탕으로 하여 만들어 내는 힘이었다. 그리고 그런 힘으로 혁명이 이루어져야 했던 것이다. 맑시스트와 같은 혁명적 사회주의자는 말할 것도 없고 사회 민주주의자들도 집단의 목적을 중요시했고 개인은 집단의 목적에 종속되었다. 당에 대한 충성심 그리고 나아가 국가에 대한 충성심과 같이 자신을 버리고 집단에 자기를 종속시키는 행위는 자유로부터 도피하는 행위이며 아울러 책임으로부터도 도피하는 행위였다. 컴포트는 개인이 주체성을 되찾기를 그리고 책임감을 되찾기를 요구하고 있는 것이다. 그런 점에서 그는 비대해져 가는 국가 속에서 개인을 발견하고 있는 신르네상스맨이라고 할 수 있을 것이다.

알렉스 컴포트

1. 머리말

역사 자체가 이념과 운동을 만들어낸다. 19세기의 산업혁명이 낳은 자본주의의 여러 문제점들은 이런 현상이 권력과 얽혀 있다는 점을 발견하게 되면서 사회주의와 아나키즘 이념을 탄생시켰다. 20세기의 1차대전은 전후 대량실업이 일어나는 와중에서 파시즘을 탄생시켰을 뿐 아니라, 전쟁이 초래한 참상에 대한 비판과 다시 찾아온 전쟁 위기 속에서 또 하나의 아나키즘을 만들어내었다. 그것은 전쟁에 대한 관심으로부터 출발한 뉴아나키즘 사상이다.

알렉스 컴포트는 2차대전을 전후한 반전 사상으로부터 출현한 뉴아나키즘 운동의 선구자라고 할 수 있다. 허버트 리드와 콜린 워드 등과 연결선 상에 있으면서 반전 반핵과 권력에 대한 불복종 운동을 전개한 그의 아나키즘은 권력과 전쟁, 성sex의 문제에 초점을 맞추고 있다.

컴포트의 모든 작업은 궁극적으로는 죽음을 극복하기 위한 노력에서 나온 것이다. 죽음은 자연과 사회로부터 왔는데 그는 양 쪽의 죽음 모두와 투쟁했다. 자연으로부터 오는 죽음에 대항하기 위해 그는 케임브리지 대학에서 의학을 연구했고 그 중에서 노인학 gerontology을 전공했다. 특히 그는 인간의 노화에 대해 연구했으며 인간이 생물학적으로 어떻게 죽음을 극복할 수 있는가 하는 문제에 매달렸다. 다른 한편으로 사회로부터 오는 죽음에 대항하기 위해 그는 인문학자, 사회과학자 및 사회운동가로서 활동했다. 그는 인간들을 사회적 죽음에서 구원하려는 노력을 한 것이다. 사람들을 죽음으로 빠져들게 하는 가장 중요한 원인으로 그는 전쟁을 지목했다. 그런

228

생각은 평화주의로 이어졌고 전쟁의 원인을 찾는 과정은 권력에
대한 분석으로 이어졌다. 그리고 그는 중앙집권화되고 권력계서제를
갖는 국가에 대해 저항해야 한다는 점을 찾아내었다. 그러한 노력은
자연스럽게 아나키즘 사상으로 이어졌고 이를 실천하기 위한 행동으
로 연결되었다.[1] 하지만 그의 아나키즘은 19세기의 계급투쟁적 아나
키즘과는 성격이 달랐다. 그의 문제의식은 죽음과 전쟁에서 비롯된
것이므로 그의 아나키즘은 평화주의와 비폭력성을 띠고 있으며 개인
의 생명을 강조했다. 이런 바탕에서 시민불복종과 직접행동의 방법이
포함되는 개인적 행위의 집적체로서의 새로운 혁명 개념을 제시하게
되는 것이다. 그리고 무사회의 사회를 벗어나 진정으로 사회화된
개인들의 사회를 위해서는 개인들간의 응집성을 만들어내는 힘이
중요시되었고 그런 문제의식 속에서 그는 성의 역할을 주장하고
있는 것이다. 그러나 그런 문제 제기들과 그에 대한 처방이 인간을
기준으로 한 합리주의와 효용주의에[2] 기초해 있기는 하지만 실제
적용 과정에서는 문제점도 있다고 생각된다. 아래에서 그의 뉴아나키
즘 사상을 둘러싼 중요 문제들을 검토하고 비판해 보기로 하겠다.[3]

2. 권력의 민주화?

ㄱ) 첫 번째 던져볼 질문은 컴포트의 뉴아나키즘은 권력의 민주화에
대해 어떤 시각을 가지고 있는가 하는 문제이다. 여기에 대한 컴포트
의 입장은 근대 권력은 민주화되기 어렵다는 것이다. 컴포트는 반전운
동을 벌이는 과정에서 아나키즘 사상을 발전시키게 되었다.[4] 반전운

동과 아나키즘의 연결고리는 권력이었다. 전쟁은 권력으로부터 일어
난다는 사실을 발견한 컴포트는 역사 자체를 권력의 역사로 바라보게
되었다. 그리고 역사를 어떤 특정한 방향을 향해 나가는 과정으로
보기보다는 권력과 자유 사이의 출렁이는 갈등의 연속체로 보는
견해를 제시했다. 그런 점에서 그는 기원전 500년과 그가 살고 있는
1940년대 사이에 질적인 변화가 일어났다고 보지 않았다.[5]

　　그렇다면 여러 종류의 혁명을 거치면서 민주화를 이루어내었다고
하는 20세기의 국가들은 과연 어떤 성격을 지니고 있다고 보는 것일
까? 그는 현대의 국가들이 지닌 특징으로 중앙집권화와 권력계서제
power hierarchy를 지목했다. 그런데 권력이 이런 특징을 가지고 있는
한 권력의 민주화는 성취되기 어렵다고 보았다. 거기에는 두 가지
이유가 있었다.

　　첫째 컴포트에게 민주화된 사회는 사회구성원 개인들의 책임이
살아있는 사회였는데, 중앙집권적 권력은 개인의 책임을 회복시키기
는커녕 개인의 책임을 사라지게 하면서 무책임 사회를 만들어내기
때문이었다. 중앙집권적 권력은 그것이 어떤 제도 속에 존재하든
책임지는 개인으로서의 인간들을 사라지게 만들었다. 이 점에서 컴포
트는 20세기의 권력들을 모두 비판하고 있다. 그는 독일의 파시스트
체제나 러시아의 공산주의 체제만이 아니라[6] 영국의 대의 민주주의
조차 신랄하게 비판하고 있다. 그는 영국의 권력도 사실은 파시스트
권력과 크게 다르지 않다고 주장한다.[7] 왜냐하면 대의 민주제에서도
개인의 책임이 상실되어 있기는 마찬가지였기 때문이다. 대의 민주제
에서도 인간행위의 중요한 영역들은 다른 체제의 경우와 동일하게
중앙집권화된 권력에 위임되어 있었다. 심지어 이 위임받은 권력이

일반 시민에게 행사하는 통제력은 과거에 군주들이 행사한 권력에 비해 볼 때 훨씬 효과적이고 철저했다.[8] 하지만 이러한 권력의 작동 과정에서 인간과 인간이 대면하는 역동적 과정들은 개인들에게 허용되지 않았고, 따라서 진정으로 자신의 책임을 위임받은 사람은 존재하지 않는 것이다. 결국 개인과 권력이 유리된 상황 속에서 권력에 대한 개인의 통제력은 상실되며 아울러 권력의 행위에 대한 개인의 책임감도 사라지게 되는 것이다.[9] 컴포트는 책임이 사라진 사람의 행위에 대해 다음과 같이 지적한다.

당신과 함께 식사했던 사람이 어느 날 저녁 나타난 당신과 술을 마시면서 자신의 행위가 정당했다는 생각을 가지고 그가 행했던 가장 기괴하고 비열한 행위를 말한다. 순전히 그가 이제는 조직된 그룹의 일원으로 행동한다는 이유로 말이다.[10]

그 결과 대의 민주제에서도 파시스트 체제에서 나타나는 것과 동일한 권력행위가 나타난다. 국가는 징집을 강제하고 있고 왕에 대한 무조건적인 복종을 강요하고 있다. 권력자들은 무차별 폭격을 명령하고 있으며 독일 파시스트보다도 더 반인간적인 행위를 자행하고 있다. 2차대전 당시 영국의 대의제 정부가 더 비판받아야 하는 것은 이 권력이 인간의 해방이란 명분으로 이러한 반인간적 행위를 저질렀다는 점 때문이었다.[11]

둘째 중앙집권적 정부의 권력자들이 비정상적이라는 점을 들 수 있다. 그 이유는 이들이 권력의 자리에 오르면서 비정상 상태로 변했기 때문이 아니라, 비정상적인 사람들만이 권력자가 될 수 있기 때문이었다.[12] 중앙집권적 권력과 권력계서제가 이런 인과관계를 만들고 있었다. 개인들의 대면 관계가 사라진 중앙집권 사회에서 권력 추구자들은 권력을 잡기 위한 방법에 몰두하고 그 과정에서 온갖 방법을 쓰고 온갖 투쟁을 벌이면서 권력계서제의 최상위에 오른다. 컴포트는 이런 메커니즘에 군주정보다 민주정이 더욱 취약하다고 보았다. 왜냐하면 군주정에서는 공직에 들어오려는 사람은 귀족에 한정되어 있지만 민주정에서는 모든 사람들에게 개방되어 있으므로 권력을 차지하는 사람들은 매우 공격적인 비정상적 기질을 가진 사람들에 한정될 수밖에 없다는 것이다.[13]

따라서 이들에게 정상적인 정신 상태를 기대할 수 없었다. 거대도시와 중앙집권적 정치제도가 정신병자들을 권력에 끌어들이고 있었다. 컴포트는 비정상 권력자가 하는 비정상 행위의 전형적인 예를 전쟁에서 찾고 있다. 컴포트는 반전운동을 추구해 나가다가 문제의 단초에 권력이 있다는 점을 발견하고 무정부주의자가 된 경우이다. 그는 전쟁은 국가 안에서 어떤 집단이 전쟁을 하자는 운동이 일어나면서 혹은 양국 간에 계급 적대감이 형성되면서 벌어지지는 않는다고 주장했다. 그는 전쟁범죄에 대한 많은 자료를 검토해 본 결과 어떤 경우에도 대중적 감정이 터져 나와 전쟁이 일어난 경우는 없었다고 지적했다. 전쟁은 모두 권력자들이 전쟁을 선택하면서 일어나고 있는 것이다.[14] 컴포트는 전쟁은 대중의 범죄가 아니라 모두 관직에 앉아 있는 개인들의 범죄이며 정신병자들의 범죄라고 보고 있는 것이다.[15]

ㄴ) 그래서 권력에 대한 컴포트의 보다 근본적인 답변을 찾아볼 필요가 있다. 그것은 권력 자체가 해악이라는 것이다. 컴포트는 근대

국가는 질서를 위해 만들어진 것이며, 권력은 민주화될 수 있다고 믿는 전통적 입장에 대해 근본적인 질문을 던진다. 그는 국가기구를 통제하거나 여기에 의존하려는 욕구 그 자체가 비정상적 충동이라고 보고 있다.16) 그래서 그는 이스라엘이 국가를 수립한 행위에 대해서도 의구심을 던지면서 이는 "이스라엘을 전통 권력제도들로 감염시키는 재앙이 될 것"이라고 주장했는데17) 사실상 그의 예측은 틀리지 않았다. 그는 홉스, 로크, 루소로 이어지는 서양의 전통적 정치이론 전체에 대해 의문을 제기하고 그들의 사회계약 이론에 의해 정당화되는 권력 역시 전체주의적 요소를 가지고 있음을 주장하고 있는 것이다.18) 홉스가 생각한 리바이어던은 결국은 프랑켄슈타인이 되어 버린다고 보는 것이다.

컴포트는 권력을 광기의 씨앗으로 보았으며 자기 자신의 내면 세계 안에도 광기의 씨앗이 있다는 점을 지적하면서 자신이 그룹의 일원으로 행동할 것을 허용하고 있으며 동료에 대한 책임을 버리고 있다는 점을 알고 있다고 고백했다. 그래서 그는 매우 중요한 사실을 발견했다. 그것은 권력에 기초한 모든 단체, 그룹, 팀 등을 의심해야 한다는 것이었다. 왜냐하면 그러한 집단이 형성되면 거기에 광기의 가능성이 존재하기 때문이었다. 그것은 유태인을 죽이는 것이든, 인도인들을 구타하는 것이든, 쿠 클럭스 클랜을 추종하는 것이든, 베를린을 폭격하는 것이든 어떤 형태로든 나타날 수 있었다. 그는 이백 명이라는 숫자조차도 권력을 만들어내고 개인을 매몰시킬 수 있는 집단이라고 보았다.19)

따라서 컴포트는 권력에 대한 우리의 시각에 대해 완전히 다른 시각을 제시한다. 정당한 권력을 만들어낼 수 있다는 시각이 아니라 어떤 권력이든 그것은 부당하다는 시각을 제시하는 것이다. 그는 사회의 권력개념이 생물학적 원칙으로 볼 때 반사회적이라는 주장을 폈다.[20]

권력은 그 자체가 질병plague이었던 것이다.[21] 그래서 컴포트는 다음과 같이 주장한다.

내가 인간관계의 메커니즘으로부터 배운 관점에서 볼 때 나는 나쁜 법률에 저항하는 것만이 아니라 권력을 행사하는 것을 거부하는 것이 나의 의무라고 생각한다. 그 권력이 정치적인 것이든 사적인 것이든 아니면 나의 가족에 대해 독재적 태도를 갖는 것으로든 말이다. 왜냐하면 만약 내가 권력을 받아들인다면 나는 나의 행동을 인간의 도덕 감각의 영역으로부터 제거하고 히틀러의 직관 속으로 밀어넣는 것이기 때문이다.[22]

권력의 도구로 작동하는 법과, 법이 행사하는 처벌에 대해서도 독특한 시각을 제시했다. 법과 강제는 중앙집권적으로 조직된 사회 안에서 개인의 행동을 규제하기 위해서만 필요할 따름이다. 반면 소규모 그룹에서 나타나는 사회적 힘은 직접적이고 즉각적이다. 여기서는 개인의 도덕 감각이 아무런 방해를 받지 않고 작동하는 것이다.[23] 그리고 법에 의한 처벌은 모두 원시적 종교의식의 연장선상에서 있을 따름이었다.[24] 컴포트는 처벌을 통해 집단 구성원들이 만족감을 얻고 집단의 안정감을 유지하려는 원시종교의 내재적 동기가 살아남아 법으로 작동하고 있다고 보았다. 그래서 그는 법과 처벌은 범죄를 없애는 효과를 낳지 못한다고 주장했다. 범죄에 대한 처방은 처벌의 방식에서 사회성sociality을 강화하는 방식으로 대체되어야 효과를 기대할 수 있다고 보았다.[25] 아울러 처벌은 경찰력을 중시하게 되는데 처벌을 중시하는 국가는 강제력을 중시하는 사회를 조장하게 되고 이는 결국 비정상인으로 채워진 중앙집권적 권력을 강화하게 되는 것이다.[26]

권력자들을 병리적 인간으로 간주하는 시각에 서면[27] 지금의 민주주의는 정신병자들의 게임 혹은 스포츠를 위장하는 기만적 장치에 불과한 것이다. 게임과 스포츠의 용어에는 선거, 서민, 정의, 분배, 복지 등이 등장하면서 중간 중간 잠시 사람들이 마취 상태에 빠지도록 만들지만 그것은 그저 정신병자들의 게임을 위한 도구일 뿐 그 이상이 되지 못하는 것이다.

컴포트는 한 발 더 나아가 권력에 대한 욕구를 범죄적delinquency(청소년 범죄에 쓰이는 용어이다) 성향으로 간주할 수 있다는 견해를 제시했다. 그는 권력의 행사를 허가받은 범죄로 간주하면서 이 행위는 개인의 안전에 이제까지의 범죄crime보다 더 큰 위협을 제기한다고 주장했다.[28] 그는 두 종류의 허가받은 범죄자들deliquent을 지목하면서 한 부류는 입법과 정치권력 기구를 통제하는 통치자들이며 또 다른 부류는 이들과 시민들 사이에 개입하는 강제기구의 담당자들이라고 주장했다.[29] 그는 이들의 문제가 근대 형법학에서 다루어야 할 가장 심각한 문제라고 주장했다.[30]

권력이 민주화될 수 없다는 전제에 서게 되면 우리들은 선량한 시민이 될 것을 지향하기보다는 인간이 되는 것을 추구해야 하는 것이다.[31] 프랑스 혁명의 "인간과 시민의 권리선언"은 인간의 권리선언으로 다시 쓰여져야 하는 것이다.

컴포트는 국가만이 아니라 제도 일반에 대해서도 그것이 행사하는 권력의 위험성과 개인의 상실에 대해 경고한다. 그는 다음과 같이 지적한다.

> 우리가 제도들을 마치 그것들이 인간 개인들human individual인 것처럼 취급하기 시작한다면, 우리가 속한 그룹을 개인화하고 우리의 이웃에 대한 우리의 책임을 그런 제도나 그룹으로 이전시킨다면 우리의 사회적 감각이 붕괴되고 있다는 신호를 보내는 것이다. 그리고 우리는 모든 공적 행동에 대해 도덕적 결여 상태에 빠지게 되는 것이다. 아무리 우리가 집에서 올바로 행동한다고 해도 말이다.[32]

그는 제도나 관습을 무비판적으로 받아들이며 그것이 행사하는 권력에 대해 무비판적이 되는 것을 경계하고 있는 것이다. 따라서 우리는 정치적 권력만이 아니라 사회적 권력에도 억압당하고 있으며 이 두 권력 모두에서 개인의 책임이 회복된 상태를 추구해야 하는 것이다. 이런 문제의식에서 그는 국가의 문제와 성性의 문제를 연결시키게 되는 것이다.

ㄷ) 파시즘 체제만이 아니라 대의 민주제의 권력자들마저 정신병자라는 주장이 전적으로 맞다고 보기는 어렵다. 그러나 중앙집권적 국가가 그런 권력자를 낳는 경향이 있다는 점에는 수긍할 부분이 있다고 생각한다. 사실 현대 국가의 권력자들을 보면 많은 경우에 민주적으로 선출된 권력자들임에도 불구하고 병리적 현상을 보여준다는 점을 종종 발견하게 된다. 컴포트가 이런 주장을 영국의 경우에

도 동일하게 적용할 수 있었던 것은 2차대전 중 처칠이 보여준 행동
즉 드레스덴에 대해 무차별 폭격을 하고 카틴 대학살에 침묵하는
행위를 목격하고 연합군이 히로시마에 원폭을 투하하는 사건을 접했
기 때문일 것이다.

그렇다면 '권력의 민주화는 과연 불가능한가' 하는 질문을 던져볼
필요가 있다. 이것은 '민주화의 정의를 어떻게 내리느냐' 하는 문제와
연관된다. 하지만 컴포트의 논리를 따른다면 민주화를 선거에 의존하
는 현재의 방법으로는 어려울 것으로 보인다. 진정한 민주화는 권력에
대한 이해와 접근을 개인화시킬 수 있을 때에만 가능해지기 때문이다.
따라서 컴포트에게 권력의 민주화는 책임감 있는 개인을 회복시키고
그런 개인들 사이의 관계를 확장시켜 나갈 수 있을 때 비로소 그
가능성이 열린다고 할 수 있겠다.

3. 평화주의와 반전의 의미

ㄱ) 많은 사람들이 전쟁에서 아군의 행위는 정당하지만 적군의
행위는 범죄라는 이분법을 구사한다. 컴포트는 이런 생각에 정면으로
도전한다. 컴포트는 침략전쟁만이 아니라 모든 전쟁이 그 자체로
범죄 행위를 낳고 있다는 주장을 제시했다.[33] 그런 점을 뚜렷이 보여
주는 부분이 2차대전 중 나치에 대항해 싸운 연합군에 대한 그의
평가이다. 그는 2차대전에서 나치가 저지른 범죄보다도 나치에 대항
해 싸운 연합군이 저지른 범죄가 더 크다는 점을 지적한다. 영국은
드레스덴 폭격으로 민간인 수만 명을 하룻밤에 살해했다. 심지어

안트워프, 로테르담 폭격은 같은 편에 서 있는 나라의 선량한 시민들을 살해했다.[34] 일본에 대한 원폭투하는 하룻밤에 30만 인구의 도시를 사라지게 만들었다. 연합군이 적의 야만성을 강조하고 여기에 대해 인용한 모든 사례들은 자신들이 저지르는 유사한 야만성을 정당화하기 위해 만들어졌을 뿐이었다.[35] 컴포트는 다음과 같이 자신의 정부를 고발했다.

우리는 우리를 고발하는 사람들을 고발한다. 우리는 전 세계의 사람들을 대신하여 그들을 고발한다. 이들은 그들의 믿음을 배신했고 그들의 삶과 자유를 파괴했다. … 우리는 인도 사람들을 대신하여 고발할 것이다. 이들은 폭력으로 인도인의 권리를 짓밟았다. 우리는 투린, 칼레, 함부르크, 도쿄의 시민들을 대신하여 이들을 고발할 것이다. … 그들이 발언한 모든 허구와, 그들이 매수한 모든 거짓말쟁이들과, 그들이 지금 허위보도로 간직하고 있는 그들의 허구적인 대서양 헌장으로 우리들은 그들을 반역자로 기소할 것이다.[36]

전쟁에서 추상적 선에 자신을 결합시킨 개인들은 국가의 명령에 복종하고 죄의식 없이 범죄행위를 저질렀다. 2차대전을 겪고 난 후 컴포트는 "국가적 영웅들이 교수형에 처해지거나 정신병원에 갔어야 할 세계" 속에서 살고 있다고 지적했다.[37] 컴포트가 2차대전 후 반핵운동으로 나아간 것은 반전운동의 연장선상에서였다. 그 과정에서 반전의 논리는 더욱 강화되었으며 전쟁에서 과학기술이 지니는 정치적 사회적 의미는 더 크게 부각되었다.[38]

그런데 한 가지 문제가 제기될 수 있다. 전쟁 자체를 반대한다는 주장은 전쟁에 도움을 주는 모든 행위를 반인간적인 해로운 행위로 간주할 수밖에 없다. 그렇지만 침략을 당한 국가의 경우 전쟁은 불가피한 선택이 될 수밖에 없고 따라서 국가에 협조하는 행위 역시 불가피한 것이 아닐까? 오웰이 2차대전에서 애국심의 논리로 파시스트와의 전쟁에 찬성하는 입장을 취한 것이 바로 이런 논리에서인 것이다.[39] 반면 징집에 반대한 컴포트는 비겁자라고 비판받았다. 그렇다면 컴포트의 주장에는 무언가 모순이 있다고 보아야 하는 것일까.

이 부분에서 컴포트는 매우 중요한 질문을 던지고 있다. 즉 '개인은 집단적 존재에 혹은 추상적 선에 대해 충성을 바쳐야 하는가'라는 것이다. 여기에 대해 컴포트는 "그렇지 않다"라고 답하고 있는 것이다. 컴포트에게는 자신을 초개인적 실체나 시간을 뛰어넘는 명분과 동일시하는 사람이야말로 비겁한 사람이었다.[40] 그 이유는 집단적 존재에 대한 충성은 자신의 개인적 죽음을 인정할 용기가 없어서 나타나는 것이며 그 결과 개인의 도덕적 책임도 함께 포기되기 때문이었다. 충성심 혹은 애국심이야말로 잔혹한 행위를 정당화하는 도구였으며 사회가 바로 그런 정신을 길러내었다. 주체성을 지닌 개인이라면 자신의 행위에 책임을 질 수밖에 없으며 타인에 대한 잔혹한 행위는 정당화될 수 없는 것이다.[41]

그래서 컴포트의 경우는 전선이 달라지고 있다. 모든 전쟁이 범죄행위라면 개인이 취할 수 있는 방법은 전쟁행위의 모든 당사자들로부터 이탈하는 것이다. 그리고 전쟁의 근원에 놓여 있는 모든 권력들에 저항하는 것이다. 컴포트는 "정부가 전쟁을 하려 할 때 국가 안에서 살고 있는 일반인의 정부에 대한 태도는 외부 침략자에 대한 태도와

동일해야 한다"고 주장했다.[42]

컴포트에게는 전쟁이야말로 사람들을 무정부주의에 대해 각성시키는 요소였다. 그는 특히 2차대전을 그런 점에서 특별한 전쟁이라고 지적했다. 2차대전은 권력을 장착한 사회가 인간의 적Society is the enemy of man이라는 점을 뚜렷이 보여주었기 때문이다.[43] 개인은 전쟁을 일으키지 않는 것이다.

ㄴ) 컴포트가 2차대전에서 취한 반전 논리는 영국의 특별했던 상황을 고려해서 이해할 필요가 있다. 영국은 2차대전이 발발했음에도 2차대전 초기의 전투없는 전쟁기phoney war(1939년 9월부터 1940년 5월까지 독일에 대해 전쟁은 선포되었지만 독일, 영국, 프랑스 사이에 직접적인 전투는 벌어지지 않았던 상황)의 애매한 전쟁 상황을 맞았으며, 그 이후에도 영국은 대륙과는 달리 직접 격전지가 되지는 않았던 특별한 영국적 상황을 가지고 있었다.

그렇지만 논리적으로만 본다면 컴포트의 주장은 옹호될 여지가 있다는 점에 유의해야 한다. 역사 속에서 침략 앞에 무너진 많은 국가나 사회들 중 침략에 맞서 싸우라는 국가의 요구를 정당화시켜줄 만한 나라가 몇 나라나 되었을지를 생각해 볼 필요가 있다. 전투에 나가라는 이런 국가의 요구가 악당들의 요구가 아니라는 점을 정당화해 줄 수 있는 국가는 진정으로 민주화된 국가밖에는 없을 것이다.

근대 전쟁에서 징집당해 전쟁에 나간 개인들은 모두 추상적인 존재를 위해 싸운 것이지 개인을 위해 싸운 것이 아니라는 점을 받아들인다면 전투를 강요하는 모든 나라는 개인에게 범죄적 행위를 저지르고 있다는 사실을 받아들여야 하지 않을까?

또 하나 지적해 볼 수 있는 점은 컴포트의 논리에는 민족주의를 거부하는 요소가 있다는 점이다. 여기에 대해 변명을 할 수 있다면 그것은 현재의 민족주의가 일그러진 모습으로 변질되어 있기 때문이라고 말해야 할 것이다. 컴포트가 추구하는 상호부조의 힘이 작동하는 사회에서는 공동체에 대한 관심이 작동하게 될 가능성이 있다는 점도 생각해 볼 수 있다.

4. 새로운 혁명개념 ─ 평화적 행위의 집적체로서의 혁명

ㄱ) 평화주의와 혁명이란 단어는 서로 잘 연결될 것 같지 않다. 그래서 컴포트의 혁명 개념은 독특하다. 그 혁명은 19세기의 혁명과는 전혀 다른 것이다. 아래로부터의 폭력적 사회변화, 한 번의 혁명으로 유토피아를 만들어내려 하는 오래된 혁명이론과는 별로 공통점을 갖지 않는다. 그는 계급투쟁과 관련하여 맑시즘을 비판했다. 그는 "생활 패턴의 변화가 맑스와 엥겔스 이후 크게 변화했으므로 역사적 힘에 대한 그들의 분석은 낡은 것으로 보인다"고 지적하며 현대 도시 사회에서의 박탈자는 맑스의 경제적 박탈자와 성격이 달라졌다고 주장했다.[44] 따라서 계급투쟁 개념은 적절성을 상실한다고 보는 것이다. 그는 19세기의 혁명적 사회주의 이론은 물론 초기의 계급투쟁 아나키즘 이론과도 결별하고 있다.[45] 그의 전선은 계급 사이에 놓여 있는 것이 아니라 개인과 야만적 사회barbarian society 즉 잘못 구성된 사회 사이에 놓여 있는 것이다.[46] 컴포트는 맑시즘의 오류 중 하나로 맑스가 노동계급의 연대를 인간의 연대라는 책임있고 반권위주의적

인 개념으로 확대시키지 않았다는 점을 지적했다.[47] 혁명의 전선만
달라진 것이 아니라 혁명의 방법도 달라졌는데 야만적 사회와의
투쟁에서 그가 제시한 도구들은 개인의 책임, 상호부조, 직접행동과
같은 매우 개인적인 것들이었다.[48]

　야만적 사회는 무책임 사회였고 무사회의 사회였다. 여기서 주적은
개인을 빨아들이는 집단적 힘이었다. 개인이 자신을 거대한 힘에
매몰시키면 그때부터 개인의 책임은 사라지고 비인간적 행위들이
정상 행위로 둔갑하여 나타나게 된다. 영국의 조종사들은 죄의식
없이 수만 명을 학살했다. 야만적 사회의 본질은 복종이었다. 컴포트
는 바로 자신이 야만적 사회에 살고 있음을 다음과 같이 지적했다.

　　선량한 시민들의 놀라운 복종은 근본적으로는 무책임한 것이다.
　　나라에 대한 단순한 사랑, 이성이나 정당화를 필요로 하지 않는
　　사랑은 국가의 공식적 옹호자들에 의해 애국심 숭배로 전환된다.
　　그 애국심은 강제적인 집단적 만장일치coercive group unanimity, 국가
　　지도자에 대한 맹목적인 지지, 감상적인 국민적 에고이즘, 국가적
　　영광을 위해 집단적 잔혹성을 기꺼이 저지르려는 마음 등으로 나타
　　나는 것이다.[49]

　컴포트는 "사회에 대한 복종이 많은 사람들로 하여금 악당들에게
복종하게 만들고 이 악당들이 리바이어던의 활동을 조종한다"고 지적
했다.[50]

　컴포트는 이러한 무사회의asocial 사회 상태에서 벗어나는 과정을
혁명으로 규정했다. 좋은 사회를 구성하기 위해 개인은 자아와 책임감

을 잃지 않고 타인과 결합해야 했고 그러한 사회적 응집 과정을
통해 복종을 강요하는 현재의 야만적 사회가 극복되어야 하는 것이다.
개인의 자유와 책임을 회복시키기 위한 변화는 직접적이고 즉각적이
고 가축성이 있는 방향으로 나아가야 했다.[51] 직접성의 회복이 없으면
개인의 부활도 없고 책임의 부활도 없는 셈이다. 즉각성의 전제가
없으면 어떤 피부에 와 닿는 변화도 만들어낼 수 없다. 그러한 혁명은
"어떤 정당이나 정부가 해 주는 것이 아니라 자신이 스스로 하지
않으면 안 되는 것"이다. 그리고 혁명은 지금 당장 일어나야 하며
일어날 수 있으며 지속되어야 하는 것이다. 혁명에 대한 일종의
DIY(Do It Yourself) 모델인 셈이다.[52] 이렇게 지속되는 혁명의 개념에
대해 그는 다음과 같이 지적했다.

> 이 아나키즘은 오래된 혁명 이론과는 별로 공통점을 갖지 않는다.
> … 그것은 교조적이거나 메시아적이라기보다는 경험적이고 시험적
> 인 것이다. … 이러한 종류의 혁명은 황금시대가 뒤따라오는 변혁과
> 복수의 단일 행위가 아니다. 이 혁명은 그것의 목표들이 혁명이
> 진행되면서 뒤로 물러나게 되는 끊임없는 인간행동인 것이다.[53]

혁명의 방법으로 컴포트가 주장한 구체적인 방법은 권력에 저항하
는 불복종 운동이었는데 이는 정당화될 수 있을까. 그는 "혁명은
단일한 행위가 아니라 시민불복종에 기초한 끊임없는 과정"이라고
주장했다.[54] 그가 불복종 운동을 주장하는 근거는 인간은 개인적
책임감을 지닌 존재라는 사실에 있었다. 개인들은 잊고 있는 또 잃어
버린 개인적 책임을 회복시켜야 하고 그 결과는 권력에 대한 불복종으

로 나타나야 한다는 것이다. 여기서 혁명의 유일한 무기는 책임이었다. 폭력과 살인은 절망에 빠진 사람들의 행위였지 혁명의 무기가 아니었다.[55]

그리고 그 책임감이 불복종을 만들어내는 것이다. 그 불복종의 형태 중 전쟁을 막을 수 있는 행위들로 컴포트는 2차대전기에는 징집에 대한 불복종을 주장했고 2차대전 후 핵시대에는 과학자들의 국가에 대한 협조의 철회를 주장했다.[56] 그는 1914년과 1939년을 가능하게 했던 것은 바로 이 징집에 대한 복종이었다고 주장했다.[57] 국가권력에 대한 복종을 당연하다고 생각하는 사람들 때문에 권력자들은 악당의 행위와 비정상적인 행위를 계속할 수 있었고 리바이어던을 작동시킬 수 있었던 것이다. 국가권력에 대한 복종이 애국심으로 전환되어 나가면 지도자의 광기는 집단적 광기로 이어지게 된다. 그 결과 조종사들은 커피를 마시면서 학살행위를 애국심으로 포장해 자랑하게 되는 것이다. 여기서 함부르크와 드레스덴에 폭격을 하고 히로시마에 핵폭탄을 터뜨리는 행위를 한 조종사들이 개인적 책임을 회복했다면 그들은 불복종했어야 한다는 논리가 제기된다. 컴포트는 2차대전 중 영국 정부에 대한 저항의 논리를 다음과 같이 제시했다.

사람들은 숨는 것을 목표로 해야 한다. 광기가 규범일 때 시니시즘은 의무이다. 중요한 과제는 이런 동료 환자들로부터 눈에 뜨이지 않게 남아 있는 것이다. … 그런 생각들의 적극적인 표현은 투표함에 있는 것이 아니라 책임있는 시민을 회복시키는 데 있다. 저항하는 상호부조의 실천에 있다. 정치 조직에 있지 않고 개인적 불복종, 개인적 사고, 소규모의 책임 있는 상호부조 단체들을 만들어내는

244

데 있다.58)

컴포트가 권력에 대해 저항하는 방법으로 숨을 것을 제안하고 있다는 점에서 그는 겁쟁이로 비쳐졌을지 모른다. 그러나 그러한 도피는 두려움에서 나오는 도피가 아니라 올바르게 저항하기 위해 제안된 것이었다. 그는 개인은 정부에 저항하기에 무력한 존재라는 생각이 사실이 아니라고 믿는다고 지적했다.59) 그는 개인의 힘이 강력할 수 있다는 점을 다음과 같이 주장했다.

> 만약 전체주의가 득세한다면 우리는 그것에 대해 유효한 단 하나의 방법으로 저항해야 한다. 그것은 개인적 불복종과 개인적 저항의 방법이다. 우리는 개인의 힘power of the individual을 저평가해왔다. 그러나 고도로 중앙집중화된 사회에서 그러한 종류의 저항은 이제까지보다 훨씬 크게 효과적인 것이다.60)

불복종 운동은 개인의 권리에 대한 침해에 대해 저항할 준비가 되어 있는 사람들의 운동이었으며,61) 방법에 있어서도 그것은 집단의 운동이 아니라 개인의 운동이었고 개인의 힘이 발휘되는 운동이었다. 정당이나 정치적 단체의 지도나 계획에 의해 움직이는 운동이 아니었다. 행동해야 한다면 "개인으로서의 우리 자신들"이62) 만들어내야 하는 운동이었다.63) 그것은 또한 직접행동의 방법이었는데 컴포트는 다음과 같이 주장했다.

> 책임있는 시민의 개인적 회복, 완고한 상호부조의 실천 … 개인적

불복종과 개인적 사고, 소규모의 책임있는 상호부조단체 … 그것은 직접행동의 철학이다. 이탈자deserter와 마키스Maquis의 철학인데 이 둘은 모든 야만의 시대에 가장 의미있는 인간들인 것이다.64)

직접행동은 오직 개인들에게만 책임지는 행동이었으며, 직접적 경험과 상호작용, 즉각성이 중시되는 방법이었다. 컴포트는 케임브리지 대학 시절 2차대전이 터졌을 때 반전에 대한 직접행동의 표현으로서 양심적 병역거부를 선언했다.65) 전쟁 이후 컴포트는 1955년 핵무기폐기운동CND(Campaign for Nuclear Disarmament) 창립 연설에서 직접행동의 방법을 강조했으며, 반핵운동 단체였던 직접행동위원회DAC (Direct Action Committee)를 후원했다. 이어 나타난 무정부주의에 가장 근접한 운동조직으로 간주되었던 백인위원회C100(Committee of 100)에서도(컴포트는 100인 중의 한 사람이었다) 직접행동은 배타적으로 강조되었다.66) 직접행동의 방법 위에 서 있었던 이 운동들은 모두 정통 사회민주주의나 공산주의 이데올로기와는 거리가 멀었으며 아나키즘의 바탕 위에서 전개되고 있었다.67) 불복종 운동이나 직접행동과 같은 방법으로 나타나는 컴포트의 혁명은 끝없는 혁명이었으며 운동이 진행되어 나가는 과정 속에서 끝없이 목표가 수정되고 연장되어 나가는 혁명이었다. 이 혁명이 지닌 또 하나의 의의는 혁명 후에 전제의 씨앗을 갖지 않는 유일한 혁명운동으로 간주되었다는 점68)이라고 할 수 있다. 기존 혁명이 인간은 사라지고 지도자의 카리스마만 남아 독재화되는 운동으로 간 것과는 전혀 다른 차원의 운동이었던 셈이다.

246

ㄴ) 하지만 과연 이런 방법이 유효할까 하는 점에서 의문이 제기된다. 불복종 운동의 논리는 아나코생디칼리즘의 총파업 개념 즉 협력의 철회라는 개념에서 찾아볼 수 있다. 제도에 대한 협력 철회가 대규모로 일어난다면 제도의 붕괴를 가져올 수 있을 것이라는 생각이다. 그런데 생디칼리즘의 경우는 노동자 조직을 이용한 불복종의 대규모화가 가능성을 갖지만 컴포트의 경우 어떻게 불복종을 대규모화할 수 있을 것인가 하는 의문을 제기해 보아야 하는 것이다.

컴포트가 불복종을 외친 구체적 사례들을 놓고 보아도 의문은 제기된다. 컴포트는 드레스덴을 비롯한 무차별폭격에 대해 개인의 책임을 근거로 불복종할 것을 요구했다. 그러나 조종사들이 드레스덴과 히로시마에서 불복종했다 해도 국가는 다른 조종사들을 구할 수 있었을 것이다.

불복종의 또 다른 사례인 징집의 문제를 놓고 검토해 볼 필요가 있다. 컴포트는 징집에 불복종하는 것이 개인적 책임을 회복시키는 것이라고 주장하지만 그것은 정당화될 수 있다 해도 유효할는지는 의문이다. 여기서 불복종은 처벌로 이어질 것이다. 전체주의 사회라면 생명에 대한 위협으로 이어질는지도 모른다. 불복종은 대규모화하기 전에 분쇄되어 버릴 소지가 크다. 아울러 평화주의와 관련하여서는 복종의 문제에만 초점이 맞추어져 있다는 점에서 컴포트의 논리에 대한 비판이 가능하다. 톰슨E. P. Thompson은 다음과 같이 비판했다.

그는 단순한 메시지-전쟁은 복종에 의해 야기되며 우리는 우리에게 전쟁을 위해 복종할 것을 요구하는 사람들을 없애기만 하면 된다는-를 가지고 예언자로 나선다. … 어떤 전쟁도 희미한 추상적 개념이 되어 버린다. (이 개념은)실제의 역사를 만드는 살아있는 사람들의 진정한 싸움으로부터 제거되어 있는 개념이다. 우리들의 삶의 일부를 구성하는 진정한 문제 진정한 고뇌로부터 제거되어 있는 개념인 것이다.69)

　　그러나 이런 의구심에도 불구하고 불복종의 방법은 가능성을 가진다. 컴포트는 이미 일찍이 불복종의 태도가 나타난 사례를 미술 작품 속에서 발견했다. 그는 브뤼겔의 작품 「죽음의 승리*The Triumph of Death*」와 「무고한 사람들의 학살*The Massacre of the Holy Innocents*」을 제시했는데 첫 번째 작품에서는 거대한 해골들이 사람을 짓누르고 있으며 두 번째 작품에서는 알바공작the Duke of Alva의 군대가 플레미시 농민들과 아이들을 학살하고 있다.70) 죽음과 복종에 저항하는 태도와 노력은 그것이 단번에 상황을 바꿀 수는 없더라도 지속적인 힘을 발휘하면서 목표를 향해 한 발 한 발 나아갈 수 있는 가능성을 보여준다. 컴포트는 불복종 개념을 국가권력을 주요 대상으로 하여 사용하였지만 이 개념을 사회적 권력으로까지 확대시켜 적용시키게 되면 불복종은 의외로 큰 힘을 발휘한다는 점을 발견하게 된다. 사회적 관습을 깨뜨리는 과정이 관습에 대한 반대운동을 통해서라기보다는 개인의 불복종의 축적을 통해 진행되어나가는 현상을 종종 발견하기 때문이다.

　　아울러 컴포트가 개인의 힘을 믿고 불복종을 유효한 방법으로 주장한 것은 영국이라는 독특한 정치적 환경이 작용한 때문이라는 점을 생각해볼 필요가 있다. 불복종했을 경우 바로 처형으로 이어지는 전체주의나 전제적 사회에서 살고 있다면 이러한 방법은 주장되기 힘들었을 것이다. 그러나 거꾸로 생각해 본다면 어느 정도의 정치적

248

「죽음의 승리」 *The Triumph of Death*

브뢰겔 작. 해골 군단의 공격을 받고 있는 사람들의 모습이 보인다. 죽음에 대항하는 인간의 모습을 적나라하게 드러내고 있다.

「무고한 사람들의 학살」 The Massacre of the Holy Innocents」

브뤼겔 작. 플레밍어에서 실제로 일어났던 역사적 사건을 소재로 하여 죽음에 대항하는 인간의 모습을 드러내고 있다.

　민주화가 진행된 정치적 환경을 가진 사회라면 불복종 운동의 실현 가능성은 상존한다고 볼 수 있다.

5. 성(sex)과 사회적 응집

　ㄱ) 컴포트는 섹스를 사회적 응집력을 높이는 훌륭한 방법으로 간주하고 상호 부조에 의해 개인과 개인이 연결되는 무정부주의 사회로 이어지는 수단으로 작동할 수 있다고 생각했다. 과연 섹스는 그런 의미를 지닐 수 있는 것일까?

　컴포트의 혁명은 생명 중심적 life-centered 삶을 추구하는 사람들을 격려하고 권력중심적 삶을 추구하는 사람들을 억제해 나가는 과정에서 실현되는 것이었다. 그런데 생명 중심의 가치를 확대시키는 문제는 성sex, 가족family, 개인적personal 태도의 전체 구조와 연결되어 있는 문제였다.[71] 따라서 성적 태도나 가정 내에서 이루어지는 학습은 컴포트의 혁명에서 매우 중요한 부분을 차지했다.[72] 특히 성은 사회적 응집과 관련해 중요한 의미를 부여받고 있다. 사회적 응집이 중요한 것은 개인의 자유와 권리는 무엇보다 중요한 가치였지만 개인들은 서로 연결되어야 했기 때문이다. 컴포트는 예술의 표현이 전문 예술인들에게 넘어가 있고 섹스는 전문 영화배우에게로 넘어가 있는 단절된 개인들의 세계를 비판했다.[73] 하지만 무사회의 asocial 사회에서 개인의 자기인식과 사회성의 소멸은 동시에 나타나고 있었다. 이런 현상 속에서 인간 진화의 생물학적 힘으로서의 성적욕망sexuality은 무사회 사회를 극복하는 데 커다란 의미를 내포할 수 있다고 기대되었던

것이다.74)

우선 컴포트는 관습적 성도덕 코드에 대한 관념을 허물어트리려는 노력을 하고 있다.75) 그는 모든 가치는 인간에서부터 출발한다고 보고 있다. 인간은 밥을 먹는 존재이므로 밥을 먹지 말라고 하는 주장은 올바른 주장이 아니다. 중세부터 교회는 자위를 죄악으로 규정해 왔다. 그런데 그렇게 규정하는 것은 올바르지 않다는 것이다. 인간은 자위를 하는 존재이므로 자위를 죄악으로 규정하는 것은 타당하지 않다는 것이 컴포트의 주장이다. 그렇다면 과연 인간은 자위를 하는 존재인가? 이 사실을 우리는 오랫동안 몰랐다는 것이다. 그렇지만 의학과 심리학이 발달하면서 성에 대한 조사가 이루어지고 그 과정에서 나타난 통계적 사실은 인간이 자위를 하는 존재라는 것을 보여주고 있다는 것이다.76) 동성애에 대한 조사도 인간은 이성애에서 동성애에 이르기까지 다양한 스펙트럼을 보여주고 있으므로 동성애에 대한 이제까지의 편견은 잘못된 것이라는 점을 지적한다.77)

그는 성적 욕망은 건강한 것이 아니며, 비정상적인 것이고, 정신적으로 유해하다는 근대적 믿음 아래에 깔려 있는 뿌리깊은 종교적 도덕에 도전했다. 그리고 "단지 그것이 성적 행동을 하는 개인이나 다른 사람들에게 논증할 수 있는 나쁜 효과를 갖지 않는 한 어떤 형태의 성적 행동도 수용이 안 되는 것으로, 비도덕적인 것으로, 비난받을 것으로 여겨져서는 안 된다"고 주장했다.78)

킨제이보고서에 대한 논평에서 컴포트는 법률이 성에 대한 일반적 사실과 일치하지 않는다는 점도 지적했다. 미국의 법률은 어떤 형태의 성적 표현도 그것이 번식 즉 결혼 내의 이성간 성행위에 필수적인 사항을 제외하고는 허용하지 않았는데 그 결과 적어도 남성 열 명

중 여덟 명은 처벌당하게 될 성적 행위를 하게 된다고 지적했다.[79] 아울러 법률로 성에 관한 규제를 하려는 시도는 성공하지 못한다고 보았다. 본능적 동력에 의해 움직이는 행동은 법과 아무런 관계를 갖지 않기 때문이었다. 많은 법률이 자유를 억압하려 하였지만 자유를 향한 욕구를 막지 못한 것과 마찬가지였다. 컴포트는 성범죄와 관련된 형법 개혁은 급진적인 변화를 겪지 않으면 안 된다는 견해를 피력했다.[80]

1972년 발간되어 1200만부가 팔려 나간 『성의 기쁨*Joy of Sex*』은 컴포트를 대중적인 작가로 인식되게 만들었지만 여기에서도 그가 진정으로 의도했던 것은 관습으로부터의 개인의 책임과 자유에 대한 문제였다. 그는 여기서 정치적 억압과 성적 억압이 공동의 병리현상을 가지고 있다는 생각을 보여주고 있는 것이다.[81]

다른 한편으로 컴포트는 성을 인간의 자발성의 근원적 힘으로서 간주했으며,[82] 성과 사회적 응집력을 연결시켰다.[83] 그는 유희 행동이 응집력을 발휘한다고 보았다. 그는 크로포트킨이 동물에게서 나타나는 유희 행동을 과잉된 힘의 표시로 해석한 점을 지적하면서 유희 행동은 소통과 사회성을 표시한다고 보고 있다.[84] 그 유희는 한편으로 사랑과 손을 잡고 있으며 그것은 인간을 사회화하는 힘으로 작용한다고 보는 것이다. 여기서 인간들은 편견없이 감정을 표현하고 방출할 수 있는 것이다.[85] 성sex을 통해 개인성과 개인의 책임을 희생하지 않으면서 자아 경계를 허물어뜨리는 행위는 다른 사람과의 관계에 대한 새로운 감각을 얻게 만들며 인간 내면 세계의 구조에 대한 감각을 얻게 하는 것이다.[86]

이런 주장은 영장류학primatology에 기초하고 있었는데 영장류 연구자들에 의하면 그룹을 형성하는 과정에서 결정적으로 중요한 요인은 성적 유혹이었다.[87] 인간의 경우에도 성의 기능은 "사회적"이며 성은 "함께 있는 것togetherness에 대한 표현"인 것이다.[88] 성적 충동은 그 자체로 인간의 진화 과정 속에서 종의 연대 즉 상호부조, 협동, 응집 등에 필수적인 요소로 작용하고 있는 것이다.[89] 컴포트는 로스앤젤레스의 샌드스토운Sandstone에서의 경험을 "관계에 대한 강력한 경험"이었다고 평가했다. 그는 성이 사회성을 개발하는 현상을 다음과 같이 밝히고 있다.

> 집은 4백 명을 수용할 수 있었다. 종종 방문객은 자신의 음식을 가져왔는데 토요일은 뷔페로 저녁이 제공되었다. 방문객은 밤을 세워 머물 수 있었다. … 누드는 일반적이었다. 그러나 누구도 예절바른 행동을 했다. 규칙이 없는 구조가 그룹의 일반적 도덕감mores에 의해 유지될 수 있었다. 어떤 종류의 성적 표현도 자유로왔다. 마약은 금지되었고 알코올은 크게 권장되지 않았다.[90]

ㄴ) 성에 대한 그의 인식은 전통적 성 개념을 파괴하고 인간과 인간을 연결시키고 응집력을 키우는 성의 사회적 기능을 발견해 내었다는 점에서 높이 평가할 부분이 있다. 그러나 성의 문제는 결혼, 사랑, 번식의 문제 등과 연결되어 있으며 특히 여기서 결혼제도는 이런 문제들의 중심에서 여러 가치들을 매개하고 연결하는 기능을 하고 있다. 하지만 그는 성의 긍정적 기능과 성의 자유를 주장하기는 하였지만 결혼제도에 대한 분석으로 나아가지는 않았다. 성의 문제에서 중심적 위치를 차지하고 있는 결혼제도에 대한 분석이 미비한

점에서 권력과 자유와 관련하여 제기된 성에 대한 그의 논의는 한계점
이 있다고 보아야 한다.

6. 신자유주의, 뉴아나키즘과 개인의 책임

최근 등장한 신자유주의Neo-liberalism는 사회를 부정하고 개인의
책임을 강조한다. 이러한 주장은 얼핏 보면 컴포트의 주장과 흡사한
것처럼 보인다. 용어로만 보면 개인의 책임을 강조하는 이 두 사상은
동일한 주장을 하는 것으로 보인다. 형식으로만 볼 때 사회를 부정적
인 시선으로 보는 관점에서도 두 사상은 유사하게 보인다. 컴포트는
심지어 사회는 적이라는 표현을 쓰기까지 했다.

그러나 형식으로 볼 때 극단적 유사성을 보여주는 이 두 사상은
그 내용으로 보면 전혀 그렇지 않다. 우선 컴포트의 '개인의 책임'은
권력에 대해 저항하기 위한 수단으로서 제시되고 있지 정치권력을
포함한 기존체제를 받아들이기 위한 논리로 제시되지 않는다. 신자유
주의가 개인의 책임을 복종을 위한 논리로 사용하고 있다면 뉴아나키
즘은 개인의 책임을 불복종을 위한 논리로 사용하고 있는 것이다.

뉴아나키즘의 '사회는 적'이라는 주장은 일그러진 사회를 교정해야
한다는 주장의 근거로 사용되는 것이지[91] 사회의 책임을 회피하기
위한 논리로 사용되는 것이 아니다. 컴포트에게 개인적 자유의 적은
"사회적 책임을 요구하는 행위"를 의미하지 않는다.[92] 예컨대 컴포트
는 질병을 사회적 책임으로 돌리고 있다. 반면 신자유주의가 사회를
거부하는 것은 사회 문제라고 지목되는 현상들에 대해 사회에 책임을

돌려서는 안 된다는 주장을 하기 위한 논리로 사용되고 있는 것이다.

컴포트는 질병과 주택 문제 등을 지적하며 이것들이 사회에 책임이 있다는 점을 지적하고 있다. 그는 다음과 같이 주장했다.

> 결핵은 결핵균에 기인한 것이 아니다. 그것은 미스터 처칠, 아돌프 히틀러, 메갈로폴리탄 런던, 메갈로매니악 정책들, 사회적 무책임성에 기인하는 것이다. 미래의 임질gonorrhoea에 대한 박테리아학에서 그것의 원인학aetiology에서 (질병의 원인으로)임질균gonococcus이 아니라 야만적 도시들과 군사적 징집을 들게 될 것이다. 마치 규폐증silicosis이 탐욕과 권력에 원인이 있듯이 말이다.[93)]

그러나 사회에 대한 책임을 지적하면서도 개인과의 긴밀한 접촉이 결여된 집단이 개인을 강요하는 현상이 나타나서는 안 된다는 점이 함께 강조된다. 이는 개인에 대한 간섭이 일어날 경우 동의와 합의, 소통과 이해의 과정이 절대적으로 필요하다는 점을 의미하는 것이다. NHS(National Health Service: 국민의료보험제) 시행 과정에서 국가가 의사를 규제하려 한 것에 대해 우려를 표명한 부분에서 그런 점이 잘 드러난다.[94)]

개인의 책임에 대한 논의를 할 경우, 타인에 대한 개인의 책임을 의미하기보다는 모든 문제에 대한 고립된 개인의 책임을 의미하면서도 필요에 따라서는 집단에 매몰되는 애국심을 강요하는 신자유주의의 개인주의는 뉴아나키즘의 개인주의와는 사실상 대척점에 서 있는 기묘한 개인주의라고 할 수밖에 없다.

7. 맺음말

컴포트의 뉴아나키즘은 권력과 전쟁, 혁명과 성에 대해 주장하고 있지만 이 모든 논의가 과학의 산물이라는 점을 강조할 필요가 있다.[95] 컴포트는 의사였고 노화연구자였고 생화학 박사였으며 동시에 인문학도였다. 그의 과학적 결론이 그를 아나키즘으로 이끈 것이며 그래서 그는 과학이 인간의 문제를 해결할 것이라고 믿었다. 그 과학은 생물학, 의학, 사회학, 심리학과 같은 소위 삶의 과학life sciences인 것이다. 과학을 중시한 그의 접근법은 다음과 같은 주장에서 확인된다.

> 현재 우리는 우리가 서구 정치 사상이라고 부르는 전통적 노선을 따르지 않고 과학적 연구에 의해 사회 문제에−그 중 전쟁이 아마도 가장 중요한 문제일 것이다− 막 접근하기 시작하고 있다. 우리는 천연두를 다룬 것에서 나타난 성공과도 같은 결과를 기대하며 동일한 일반적 방법에 의해 이런 문제들을 다루기를 원한다.[96]

사회에서 죽음을 극복하려는 컴포트의 노력은 개인의 책임을 인지시키려는 노력으로 나아갔다. 컴포트는 무사회의 사회 속에서 개인의 주체성과 자아 그리고 책임을 발견해내려 하며 이를 강조하는 것이다. 이런 노력은 개인을 집단에 매몰시키는 권력에 대한 대항으로 귀결될 수밖에 없었다. 그리고 그는 권력에 대항하는 새로운 처방책을 제시했다. 그는 권력을 타도하기 위해 조직적인 권력을 이용하고 동원하는 방식으로 혁명을 추구하는 것은 성공할 수 없다고 보았다. 왜냐하면 대항하는 그들 역시 권력을 추구하기 때문이었다. 사실 역사는 그런 사례를 보여주고 있다. 러시아 혁명, 프랑스 혁명, 중국 혁명, 쿠바 혁명 등은 모두 더 강력한 독재자의 출현을 보여주고 있으며 혁명 이후 개인은 새로운 권력에 종속되어야 했다.

그렇다면 이런 방식의 혁명을 배제하면서 어떻게 투쟁해야 한단 말인가. 여기에 대해 컴포트는 끝없는 혁명이라는 방식을 제안한다. 이는 지속적으로 진행되는 개인들의 불복종과 직접행동의 과정을 의미하는 것이다. 단 한 번에 흑백을 구분하려 하는 식이 아니라 지속적으로 흑백을 구분해 내는 운동을 펴나가는 과정에서 검은 부분들이 마모되어 나가는 방식을 의미하는 것이다. 그래야 개인이 살아 있는 운동이 전개될 수 있는 것이다. 그리고 운동의 과정에서 개인과 개인의 이해와 연대가 증진되는 효과가 함께 나타날 수 있는 것이다. 징집거부와 반핵운동에서 구체적으로 시도된 이런 방법들이 극적인 효과를 나타내었다고 하기는 힘들다. 하지만 새로운 운동의 가능성을 보여주었다는 점에서는 큰 의미를 지닌다.[97]

컴포트의 사상에 대해 정작 비판해야 할 부분은 그가 자본주의에 대한 논의 즉 경제적 논의를 빠뜨리고 있다는 점이다. 권력이 해체된다고 하여 모든 문제가 해결되는 것은 아니다. 그 다음의 문제 즉 노동과 산업을 비롯한 삶의 내용에 대한 논의가 빠져 있다는 점이 아쉬운 부분이다.[98] 그는 개인의 책임이란 개념으로 이 커다란 문제를 넘어가 버린다.

결국 컴포트에게 핵심은 개인을 바탕으로 하여 만들어내는 힘이었다. 그리고 그런 힘으로 혁명이 이루어져야 했던 것이다.[99] 맑시스트와 같은 혁명적 사회주의자는 말할 것도 없고 사회민주주의자들도 집단의 목적을 중요시했고 개인은 집단의 목적에 종속되었다. 당에 대한 충성심 그리고 나아가 국가에 대한 충성심과 같이 자신을 버리고 집단에 자기를 종속시키는 행위는 자유로부터 도피하는 행위이며 아울러 책임으로부터도 도피하는 행위였다. 컴포트는 개인이 주체성을 되찾기를 그리고 책임감을 되찾기를 요구하고 있는 것이다. 그런 점에서 그는 비대해져 가는 국가 속에서 개인을 발견하고 있는 신르네상스맨이라고 할 수 있을 것이다.[100] 그리고 뉴아나키즘 운동은 새로운 르네상스 운동이라고 평가할 수 있을 것이다. 인간과 개인이 사라져 가는 사회에서 인간의 가치와 개인의 책임을 발견해 내려 하고 있기 때문이다.

7장
조지 오웰과
알렉스 컴포트 사상의 비교

토리 아나키즘 vs 뉴아나키즘

조지 오웰은 토리 아나키즘과 민주적 사회주의를 표방한 작가였으며 알렉스 컴포트는 뉴아나키즘 사상과 운동을 선도한 작가 겸 과학자였다. 이 두 사람은 2차대전이 발생하자 나치스 독일과의 전쟁을 두고 양보하지 않는 논쟁을 벌였다. 그렇지만 이 두 사람은 날카로운 설전을 벌였음에도 불구하고 서로를 친구로 간주했다. 이 두 사람의 친화성은 조지 오웰의 유산을 지니고 있었던 뉴레프트 운동 그룹과 알렉스 컴포트의 사상이 녹아 있었던 뉴아나키즘 운동 그룹이 1960년대에 서로 만나고 있는 점에서도 확인할 수 있다.

서로를 비판하였지만 서로가 닮아 있는 두 사람의 사상은 아나키즘과 사회주의의 경계에 서 있었던 독특한 개혁 사상과 아나키즘의 새로운 조류를 만들어 내고 있었던 뉴아나키즘 개혁 사상의 미묘한 차이를 보여준다. 오웰과 컴포트의 사상은 구체적인 부분에서 여러 가지 차이가 있기는 하지만 이들이 제기하는 현실에 대한 비판과 경고는 공통의 수렴점을 가지며 현실에 대해 커다란 의미를 부여한다고 보아야 할 것이다.

조지 오웰과 알렉스 컴포트

1. 머리말

때때로 인간과 사회에 대해 유사한 견해를 지니고 공통의 목적을 추구하는 것으로 보이는 사람들이 치열하게 싸우는 경우를 보면 매우 흥미롭다. 조지 오웰과 알렉스 컴포트도 그러한 경우다. 조지 오웰은 토리 아나키즘과 민주적 사회주의를 표방한 작가였으며 알렉스 컴포트는 뉴아나키즘 사상과 운동을 선도한 작가 겸 과학자였다. 한 세대의 차이가 나는 이 두 사람은 모두 전간기에 파시즘을 격렬히 비판했던 사람들이다. 그런데 흥미롭게도 이 두 사람은 2차대전이 발생하자 나치스 독일과의 전쟁을 두고 양보하지 않는 논쟁을 벌였다. 컴포트가 평화주의를 외치며 징집에 반대하는 주장을 폈을 때 오웰은 "경찰의 편에 서 있지 않는 자는 범죄자의 편에 서 있는 것이다. 그 반대도 마찬가지이다. 영국의 전쟁 노력을 방해하는 한 영국 평화주의는 나치의 편에 서 있는 것"이라고 컴포트를 비판했다.[1] 여기에 대해 컴포트는 "히틀러의 가장 큰 승리는 그가 영국 국민들에게 파시즘을 이기는 유일한 방법은 그것을 모방하는 것이라고 설득하였을 때"였으며 "오웰처럼 우리를 도울 수 있었을 사람들이 우리를 파시스트라고 부르고 있고 뮌스터 성당의 폐허 주위에서 춤을 추고 있다"고 오웰을 비판했다.[2] 파시즘에 반대한 두 사람이 서로를 파시스트라고 부르는 치열한 논쟁이었던 셈이다.

두 사람의 논쟁은 서로 한 치의 양보도 없었지만 40년이 지난 후[3] 컴포트는 다음과 같이 오웰에 대해 회고하는 것을 볼 수 있다.

오웰과 나는 1942년 5월 『파티잔 리뷰*Partisan Review*』에서 격하게 편지를 주고 받았다. 나는 그를 지적 사냥을 한다고 비난했다. 그는 내가 나치의 승리를 희망하고 있다고 비난했다. … 나는 그를 강경 맑시스트로 오해했고 그는 나를 미들턴 머리Middleton Murry[4]의 모호한 제자들의 하나로 오해했다. 우리가 직접 서신교환을 했을 때 그는 비록 우리가 공개적으로는 서로를 오해하고 있었지만 조금의 악의도 보이지 않았다. … 나는 오웰을 친구로 간주했다. 하지만 서신으로서만 친구였다. 나는 그를 단지 한 번 만난 적이 있다. 그가 『동물농장Animal Farm』을 출판하고 내가 『파워하우스Power House』를 출판한 후 버몬시Bermondsey의 한 펍에서 만났었다. 나는 당시 로얄 워털루 병원의 직원이었다. 그 때 그는 그가 쓰고 있는 새로운 소설 『1984』에 대해 이야기했다.[5]

두 사람은 공개적으로 싸움을 벌였지만 사적으로는 서로 호감을 가졌으며 서로를 존경했던 것으로 보인다. 오웰이 컴포트에게 악의적이고 완고하게 굴었다는 비판에 대해 컴포트 자신이 오웰은 결코 그러하지 않았다고 변호하고 있는 것을 보아도 그러하다.[6]

두 사람의 논쟁은 참전과 관련해 두 사람의 입장에 분명한 차이가 있다는 점을 드러내었다. 하지만 그들은 모두 파시즘에 반대한 사람들이었고 나치 독일에 대해 비판한 사람들이었다. 비록 이들의 사상에 파시즘과 전쟁의 관계에 대한 또 하나의 문제가 함께 엮이면서 이 두 사람을 친구이면서 적대자로 만들기는 하였지만 이 두 사람에게는 개혁을 바라보는 관점뿐만 아니라 여러 면에서 의외로 공통점이 많이 발견된다. 뉴아나키즘의 주창자였던 니콜라스 월터가 직접행동에 관한 중요한 글을 썼을 때 맨 마지막 문단에서 조지 오웰과 알렉스

컴포트의 문귀를 함께 인용하고 있는 것은 우연이 아닌 것이다.[7]

우선 두 사람은 모두 공전의 베스트셀러를 남겼다. 오웰은 『동물농장』의 판매로 엄청난 인세를 받게 되었고 비로소 주 3파운드 소득의 생활에서 벗어나게 되었다. 컴포트는 『성의 기쁨』이 1,200만부나 팔려 나가며 놀라운 베스트셀러 작가가 되었다.

그런데 흥미롭게도 이 두 사람의 베스트셀러 저작들이 이들의 진정한 모습을 왜곡시키는 데 기여했다는 점도 동일하다. 오웰의 『동물농장』은 영국과 미국의 정보기관에 의해 이용되면서 오웰을 냉전기에 서방세계를 옹호하는 이데올로그로 비치게 만들었다. 오웰이 자신을 평생동안 아나키스트와 사회주의자로 자처하며 영국 사회를 비판한 사실을 놓고 보면 오웰이 일찍 사망하지 않고 살아남았다면 이런 평가에 대해 격한 반응을 보였을 것이라는 짐작을 하게 만든다.[8] 컴포트의 『성의 기쁨』이 가져온 결과도 이에 못지 않다. 이 책은 그에게 닥터 섹스Dr. Sex라는 별명을 얻게 하면서 그를 섹스학자로 인식되게 만들었다. 심지어 어떤 사람은 그의 유명세에 대해 악명높은 notorious이라는 용어를 사용하는 것을 보면[9] 그의 인기는 그의 본질적인 사상과는 무관하게 형성되었다는 생각을 하게 만든다. 컴포트 자신도 그런 점을 인식하고 있었는지 자신이 부콜로시Bucolossi와도 같다는 지적을 하기도 했다.[10]

두 사람이 모두 장애를 가졌다는 점도 흥미로운 공통점이다. 오웰은 스페인 내란 참전시에 총알이 목을 관통하는 부상을 입는 바람에 평생 후두 장애를 안고 살았다. 컴포트는 14살에 화학 실험을 하다가 왼손 엄지 손가락을 제외하고 나머지 손가락을 모두 잃어 버리는 사고를 당했다. 하지만 두 사람 모두 이러한 장애가 그들의 지적

활동과 사회 운동에 장애를 주지 않았던 것으로 보인다.[11]

보다 본질적인 측면에서 나타나는 공통점이 중요할 것이다. 무엇보다 이들은 모두 권력을 싫어하였다는 점을 지적해 볼 수 있다. 권력이 싫어서 싫어했던 것이 아니라 권력이 해악을 만들어낸다는 점을 발견하였기 때문이다. 오웰은 제국주의로부터 벗어나야 할 뿐 아니라 모든 형태의 인간의 지배로부터 벗어나야 한다는 생각을 가지게 되었음을[12] 밝히고 있으며, 컴포트는 권력은 질병이며 권력에 대한 욕구는 범죄적 성향으로 간주할 수 있다는 견해를 밝혔다.[13] 오웰은 그 자신이 식민지 경찰로서 직접 권력을 누렸던 사람이며 컴포트는 케임브리지 대학에서 뛰어난 재능을 인정받고 장래가 보장된 삶을 확보한 지식인이었다. 그렇지만 두 사람은 모두 자신들에게 주어진 권력을 밀어내었다. 이 점에서 두 사람의 사상에는 아나키즘이라는 공통의 요소가 내재해 있는 것으로 보인다. 오웰은 자신을 후기에 민주적 사회주의자라고 규정했지만 그가 초기에 자신을 규정한 토리 아나키즘 사상은 여전히 사라지지 않고 함께 가고 있는 것으로 보인다.[14] 컴포트의 경우 그의 대학 시절인 1940년 무렵부터 형성되기 시작한 아나키즘 사상이 노년에 이르기까지 지속되었으며 후기에도 그가 자신의 사상을 아나키즘으로 규정하고 있는 것을 확인할 수 있다.[15] 하지만 그의 사상은 그가 공언하고 있듯이 19세기 말의 계급 투쟁적 아나키즘과는 별 관련이 없었다.

이 두 사람은 비록 1940년대에 날카로운 설전을 벌였지만 조지 오웰의 유산을 지니고 있었던 뉴레프트 운동 그룹과 컴포트의 사상이 녹아 있었던 뉴아나키즘 운동 그룹이 1960년대에 만나고 있는 점을 놓고 보면 이들은 서로에게 의미있는 존재였던 것임을 확인할 수 있다.16) 서로를 비판하였지만 서로가 닮아 있는 두 사람의 사상은 아나키즘과 사회주의의 경계에 서 있던 독특한 개혁 사상과 아나키 즘의 새로운 조류를 만들어내고 있었던 뉴아나키즘17) 개혁 사상의 미묘한 차이를 보여주는 것 같다. 두 사람의 사상을 비교해 보면서 파시즘 사상에 반대한 이들이 현대 사회를 바라보는 전망에서 가졌던 공통의 기반은 무엇이며 그 기반 위에서 서로가 달랐던 점은 무엇인가 를 찾아보는 노력을 아래에서 해 보도록 하겠다.

2. 오웰과 컴포트 사상의 유사점들

서론에서 언급하였듯이 이들의 논쟁에도 불구하고 이들의 사상에 는 많은 공통점들이 발견된다. 그 유사성을 살펴보는 것은 이 두 사람이 공유하는 아나키즘적 요소만이 아니라 그들이 공유한 인간관 과 사회관을 이해하는 데 도움을 줄 것이다. 그러한 유사점들로 反파 시즘, 반反중앙집권화, 반反엘리트주의, 반反집단주의, 좌파에 대한 비판, 계급에 대한 관점, 인간에 대한 믿음, 인간의 연결성에 대한 믿음, 구체적인 변화의 강조 등을 들 수 있다. 아래에서 하나씩 살펴보 도록 한다.

먼저 제시해 볼 수 있는 점으로 반反파시즘 사상을 지적할 수 있다. 두 사람은 모두 파시즘에 강력히 반대했다. 오웰은 독일 나치 체제에 저항하여 싸울 것을 주장했고 그의 작품 『동물농장』과 『1984』는 모두 중앙집권적 권력의 파시즘 혹은 전체주의 체제를 비판하고 있는 내용을 담고 있다. 컴포트는 집단이 개인에게 압력을 가하는 현상과 개인이 집단에 매몰되는 현상을 파시즘으로 간주하면서 파시즘을 넓은 의미로 사용하였는데, 그는 2차대전기에 징집을 강요하고 국민의 자유를 제약한 영국 정부의 행위와, 무차별 폭격 과정에서 개인의 책임이 사라져 버리고 야만적 행위가 영웅적 행위로 둔갑해 버리는 현상에 대해 파시스트적이라는 주장을 서슴지 않았다.

반反파시즘에 대한 두 사람의 친화성은 오웰의 책『1984』에 대한 컴포트의 해석에서도 드러났다. 컴포트는 오웰의『1984』를 이해하기 위해 그것이 쓰여진 시대의 영국을 새로운 맥락에서 볼 것을 제안했다.『1984』는 컴포트가 개인의 책임이 사라져 버린 사회로 묘사하는 파시즘 사회와 매우 유사하다. 그런데 컴포트는 1986년 오웰의 이 책에 대해 언급하면서 오웰의 반反파시즘 사상을 다시 한 번 특별하게 상기시켰다. 컴포트는 1939년 9월 2차대전이 발발할 시점에 유럽 강국들이 지녔던 이해관계의 맥락과 전쟁 발발 이후 1941년 6월 22일 나치의 소련 침공 시점까지 영국 내부에서 나타났던 각 정파의 미묘한 태도들을 고려한다면 2차대전의 신화[18]는 수정되어야 하며 영국의 국가권력에 대한 관점도 달라져야 한다고 주장했다. 1938년 뮌헨 회담에서 체임벌린이 보여준 유화정책은 맹목적 평화주의에서 나온 것이 아니라 하나의 정책이었다는 것이다.[19] 즉 그는 영국을 제국주의 국가라는 맥락에서 바라보아야 한다는 점을 지적하고 있는 것이다. 그래서 컴포트는 오웰의 책에서 강력한 반反파시즘 사상을 읽어내고 있을 뿐 아니라 오웰의 비판이 비단 소련의 권력만을 향한 것이 아니라는 점을 지적해 내고 있다. 그 스스로 그의 사상과 오웰 사상과의 친화성을 주장하고 있는 셈이다.

두 번째로 두 사람이 모두 런던이 활동의 중심지였음에도 불구하고 중앙집권화에 대해 강력히 반대했다는 점을 지적해 볼 수 있다. 오웰에게 영국성Englishness은 영국이 개혁을 해 나가는 바탕에서 작용하는 준거틀이었다. 그런데 오웰은 영국성이 영국 각 지역에 뿌리박고 있음을 지적하면서 지방을 강조하고 중앙집권화에 반대했다. 그는 1944년 전후戰後 영국의 변화를 구상하면서 쓴 『영국 국민*The English People*』에서 영국이 변화되어야 할 4가지 사항 중 한 가지로 탈집중화를 지적했다.[20] 그는 모든 것이 런던에 집중되는 경향에 대해 비판했고 권력과 문화가 지방으로 분산되어야 하며 지방이 자생력이 있어야 하고 긍지를 가질 수 있어야 한다고 주장했다. 대학과 언론이 강화되어야 하며 초등학교에서부터 지방의 자부심이 강조되어야 한다고 주장했다.[21] 오웰은 중앙집권화가 엘리트에 의한 전체주의 체제로 나아갈 위험성에 대해서도 함께 경고했다.[22]

컴포트 역시 중앙집권화와 여기서 파생되는 권력계서제를 파시즘과 연결시키면서 중앙집권화를 강력하게 비판했다. 그는 이런 체제가 개인들의 책임감을 상실시키고 비정상인들을 권력자로 끌어들인다고 주장했다. 그는 심지어 중앙집권적 정부의 기능은 정신병자와 다름없는 사람들이 계속 공급되는 것에 의존하고 있다고 지적해 중앙집권적 권력의 정상성을 의심했다.[23] 20세기의 전쟁은 바로 이러한 중앙집권적 권력의 산물이었다. 중앙집권적 권력의 위험은 독일 나치즘이나 러시아 공산주의 체제에 한정되지 않았다. 민주주의 역시 그러한 위험에 동일하게 노출되어 있는 것이다.[24] 그는 거대 도시가 권력자들로 하여금 풍부한 강제력을 가질 수 있도록 만든 반면 조직된 저항은 미미한 상태가 되도록 만들었다고 보고 있다.[25] 그러므로 거대 도시화 현상을 막거나 역전시키는 노력이 중요했다. 컴포트에게

중앙집권화는 결국 파시스트 사회를 만들어내는 장치였던 셈이다.

세 번째로 두 사람은 모두 엘리트였지만 엘리트주의자는 아니었다는 점을 지적해 볼 수 있다. 오웰은 엘리트를 길러내는 사립기숙학교를 나와 버마에서 제국경찰직을 맡았으며 컴포트는 케임브리지를 나와 대학과 연구소에서 근무한 엘리트였다. 하지만 이들은 엘리트주의에 빠져들지는 않았다. 여기에 대해 두 가지 증거를 제시한다.

그것을 보여주는 첫 번째 증거는 이들이 엘리트라면 누구나 추구하는 권력을 추구하지 않았을 뿐 아니라 계급 특권을 비판했다는 점을 들 수 있다. 오웰은 버마에서의 제국경찰 경험에서 권력의 억압성을 깨닫고 권력에 대해 비판적인 입장을 그의 생애 내내 유지했을 뿐 아니라 계급 특권의 타파와 보다 큰 사회적 평등을 주장했다.26) 이런 바탕 위에서 그는 1930년대에 자신의 사상을 토리 아나키즘Tory anarchism으로 규정했다.27) 그가 후기에 가서 집단주의 정책을 받아들이며 민주적 사회주의를 표방했을 때도 그는 권력을 추구하지 않는 태도를 유지했다. 오웰은 자신과 친밀한 노동당 정치가로 아뉴린 베번28)을 들었는데 그 이유는 오웰이 그를 "권력을 추구하지 않는" 유일한 사회주의자로 간주했기 때문이다. 오웰은 대부분의 중간계급 사회주의자들이 계급없는 사회를 주장하면서도 그들의 사회적 특권을 버리려 하지 않는 점을 추악한 사실의 하나로 지적한 바 있다.29)

컴포트는 권력에 대한 전통적 시각 자체를 수정하고 있다. 그에게는 정당한 권력 같은 것은 존재하지 않았다. 그는 어떤 권력이든 부당하다는 생각을 가지고 있었다. 그는 사회의 권력개념이 생물학적 원칙으로 볼 때 반사회적이라고 보았으므로30) 권력은 그 자체가 질병plague이었던 것이다.31) 따라서 컴포트에게는 권력 추구 행위 즉 국가를 통제하려는 욕구 그 자체가 비정상적 충동이었다.[32] 그리고 그런 비정상 상태에서 나온 권력이 저지르는 가장 극악한 형태가 전쟁으로 귀결된다고 지적하고 있는 것이다. 컴포트는 권력을 추구하는 인간이 아니라 생명을 추구하는 인간을 길러내어야 한다고 주장했다.[33]

두 번째 증거는 개혁 작업을 하거나 권력을 민주화하는 과정에서 이들이 모두 자신들이 대중을 지도해야 한다는 생각에 빠져 들지 않았다는 점이다. 오웰은 혁명을 이야기할 때 대부분의 사회주의자들이 똑똑한 '우리'들이 '그들'(대중)에게 개혁을 부과하려 하는 생각을 하고 있는 점에 대해 비판했다.[34] 오웰은 노동자문화에 대해서도 지도되어야 할 문화로 간주하지 않았다. 오웰은 노동자문화를 저급한 문화로 인식하고 이를 바꾸려고 하기보다는 이들의 문화를 자생적인 건강한 문화로 인정하고 이를 이해하려고 노력하였다.

컴포트는 야만의 사회에서 벗어나기 위해 인문학자와 과학자의 역할이 결정적으로 중요하다는 점을 주장했지만[35] 이들이 어떤 특권을 가지거나 지도력을 발휘해야 한다는 요구를 하지 않았다.[36] 컴포트는 지도자가 나서서 대중을 이끌고 혁명을 이루어내는 운동을 배격하고 개인이 중심에 서서 만들어내는 불복종 운동과 직접행동 방식의 운동을 추구했다. 즉 "자기 스스로 해내기(DIY)" 방식의 혁명을 주장한 것이다.[37] 그가 반전운동과 반핵운동을 벌이는 과정에서 추구한 직접행동의 방식은 개인과 개인이 연결되며 동력을 얻어 나가는 반反엘리트주의적인 사회운동이었다.

네 번째로 지적해 볼 수 있는 유사점은 이들이 모두 집단주의에 대해 경계하며 개인을 강조하고 있다는 점이다. 오웰은 개인의 사적 영역과 개성의 자유를 중시하는 개인주의를 일관되게 옹호했다. 오웰

스스로가 독특한 자신의 삶의 방식을 추구했는데 그는 소토지를 보유했고, 염소를 키웠으며 혁명을 외치면서도 죽을 때까지 닭의 잡종교배를 계속했다.38) 오웰은 집단이 개인에 대해 가하는 공식적 비공식적 압력에 대해 끊임없이 비판하고 있다. 오웰이 후기에 사회주의를 받아들였을 때도 그는 개인의 자유를 건드리지 않는 집단주의 정책을 찾아내려 노력했다. 국가간섭을 최소화해야 한다고 주장했던 것이다. 1945년 아더 쾨슬러, 평화주의자 버트란드 러셀, 출판인 빅터 골란즈 등과 함께 오웰은 '인간의 존엄과 권리를 위한 연맹League for the Dignity and Rights of Man'을 수립하려 시도했는데 이때 오웰은 이 연맹의 선언문 기초를 작성하였다. 그는 여기서 국가의 기능을 1. 시민들에게 평등한 기회를 보장해 주고 2. 시민들을 개인이나 집단의 경제적 착취로부터 보호해 주며 3. 시민들의 창조적 능력이 억제되거나 잘못 이용되지 않도록 보호해 주는 것으로 규정하였지만 여기에는 중요한 단서가 붙었는데 이러한 작업을 국가 간섭을 최소화 하면서 달성해야 한다는 것이었다.39)

컴포트는 개인이 집단에 매몰되는 현상에 대해 맹렬하게 비판하고 있다. 그는 초개인적 실체에 자신을 위탁하는 것은 자신의 책임을 버리는 행위라고 주장했다. 이 과정에서 개인의 책임은 사라져 버리고 집단에 매몰된 개인은 어떠한 야만적 행위도 아무런 죄의식 없이 저지를 수 있게 된다고 보았다. 컴포트는 불과 수백 명의 사람이라도 이들이 집단화되면 개인들은 자신을 집단에 위탁하면서 야만적 행위를 저지를 수 있다고 주장했다. 이러한 집단주의는 파시즘과 공산주의 심지어 대의 민주주의에서까지 나타나고 있는 현상으로 컴포트는 개인과 개인의 관계가 끊어진 상태에서 형성되는 권력과 권력의 작동은 모두 위험할 수 있다는 생각을 제시했다. 따라서 이들은 모두 개인의 자유와 개인의 자율성을 우선적으로 중요시하는 공통점을 갖는다.

다섯 번째로 이들은 모두 좌파를 비판한 좌파라는 점을 지적해 볼 수 있다. 오웰은 소련을 추종하는 맑시스트들이든 그렇지 않은 맑시스트들이든 아니면 또 다른 부류의 사회주의자이든 교조적인 이론을 제시하는 사회주의자들에 대해 비판했다. 계급의식과 부르주아 이데올로기를 강조하는 사회주의자도, 질서정연한 세계에 대한 전망을 제시하는 사회주의자도 모두 그의 비판 대상이었다. 오웰은 이들이 논리 정연한 교리를 가지고 이상적 질서와 변화에 대해 주장하지만 진정으로 중요한 것은 현실에 직접 개입하고 현실을 개선하는 것이라고 주장했다. 오웰은 제국주의 국가 내의 좌파의 한계까지 찾아내어 비판했다. 그는 제국주의 국가 안에서 국내 개혁을 외치는 좌파 정당들은 모두 사기꾼이라고 보았는데 왜냐하면 그들은 식민지 노동자들을 착취하는 질서를 받아들이면서 개혁을 주장하고 있었기 때문이다.[40] 이런 점에서 그는 영국 노동당과 좌파 언론도 비판했다.[41]

컴포트는 맑스의 경제적 분석이 20세기에 와서는 적절하지 않게 되었다고 비판한다. 20세기의 인간을 이해하기 위해서는 경제적 요인만이 아니라 기타 여러 가지 요인들을 함께 고려해야 하며 이제는 경제적 요인보다 다른 요인들이 더 중요해졌다고 주장한다. 더 중요한 비판은 컴포트에게는 교조적 좌파의 집단주의적 권력이 다른 형태의 권력과 다를 바 없이 위험했다는 점이다. 컴포트는 봉건 폴란드나 볼셰비키 소련이나 그 권력의 억압성은 다를 바가 없다고 보았다.[42]

272

오웰에게 교조적 좌파는 추상적 이상을 제시할 따름이었으며 컴포트에게 교조적 좌파는 잘못된 분석틀 위에서 또 하나의 야만적 권력을 추구할 따름이었다.

여섯 번째로 지적해 볼 수 있는 점은 이들이 운동의 주체로 노동계급과 같은 특정한 계급을 설정하지 않았다는 점이다. 오웰은 중간계급과 노동계급의 광범위한 층을 개혁 운동의 주체로 제시했다. 그는 연소득 150파운드에서 2,000파운드까지의 사람들이 모두 개혁의 주체가 될 수 있을 것이라고 주장했다. 그는 소득 2,000파운드 이상의 50만 명을 제외하고는 모두 그의 개혁에 공감할 수 있을 것이라고 생각했다.[43]

컴포트는 계급투쟁을 주장하는 맑시스트들에 대해 비판했다.[44] 컴포트는 맑시즘의 오류 중 하나로 맑스가 "노동계급의 연대"를 "인간의 연대"라는 책임있고 반권위주의적인 개념으로 확대시키지 않았다는 점을 지적했다.[45] 그는 혁명의 문을 권력에 불복종하는 모든 계급의 사람들에게 개방해야 한다고 보았던 것이다.

일곱 번째로 두 사람은 모두 인간에 대한 강한 믿음을 가지고 있다는 점을 지적해 볼 수 있다. 오웰은 끊임없이 일반인ordinary people의 온전함decency에 대한 믿음을 강조하고 있다.[46] 그는 온전함이 의미하는 것에 대해 다음과 같이 지적한다.

좋은 사회는 그 구성원들의 온전함decency에 대한 공약에 기초해야 한다. 진실에 대한 사랑, 인간에 대한 존중respect for persons, 부정의와 불평등에 대한 혐오와 같은 행동코드가 제도들의 원칙으로 작동해야 하는 것이다.[47]

오웰은 일반인이 진실을 추구하고, 인간을 존중하며, 정의감을
지니고 있고, 평등을 지향한다는 믿음을 "온전함decency"이란 용어로
제시하고 있는 것이다. 오웰은 노동계급의 온전함에 대해서도 다음과
같이 지적했다.

> 노동계급의 투쟁은 나무의 성장과도 같다. 나무는 어리석다. 그러
> 나 나무는 빛을 향해 계속 나아갈 정도로는 충분히 알고 있다. 그리고
> 나무는 자신을 막는 것이 있음에도 불구하고 끊임없이 빛을 향해
> 나아가는 것이다.[48]

오웰은 평범한 사람들이 뛰어난 능력을 가지고 있지는 못할지라도
선을 향해 나아가는 본성을 가지고 있다는 믿음을 보여준다. 이러한
주장은 영국성Englishness에 대한 그의 상세한 분석을 통해 더욱 강력하
게 지지되고 있다.[49]

그런가 하면 컴포트는 인간은 태어날 때 백지상태tabula rasa로 태어
난다는 로크의 주장을 거부하면서 인간은 사회성sociality을 본능적으
로 가지고 태어난다는 믿음을 드러낸다.[50] 그는 인간들이 서로 투쟁하
면서 공포 상태에 빠져 있다는 홉스적 가정도 받아들이지 않는다.
그는 영장류학자들이 건강한 야생 영장류는 결코 같은 종 안에서
서로 싸우지 않는다는 점에 대해 합의하고 있다는 점을 지적한다.[51]
컴포트는 자신의 입장이 낙관적 효용주의agathistic utilitarianism[52]에 기초
한다고 주장했다. 이 두 사람은 모두 자신이 의존해야할 기본적 가치
를 초월적 존재에 돌리지 않고 평범한 인간의 건강성에 기초하고
있는 것이다.

여덟·번째로 두 사람이 모두 인간들의 연결성에 대한 강한 믿음을 보여주고 있다는 점을 지적한다. 이 부분은 오웰의 경우에는 그의 사상이 지닌 윤리적 사회주의의 요소와 연결되는 부분이며 컴포트의 경우에는 인간들 사이의 사회적 응집성을 높이는 노력이 필요하다는 주장과 연결되는 부분인데 두 경우 모두 개혁은 제도의 변화보다는 인간들의 변화가 중요하다는 인식을 보여준다는 점에서 중요하다.

오웰은 인간들이 우애fraternity와 형제애brotherness 그리고 동료애fellowship와 같은 감정으로 현재의 모순을 해결해 나갈 수 있다는 믿음을 보여준다.53) 윤리적 사회주의는 19세기말 윌리엄 모리스의 사상이나, 블래치포드의 클라리온 운동, 사회주의 주일학교 운동, 존 트레버의 노동자 교회 운동 등에서 나타났는데 모두 교리나 이론적 체계화에 치중하기보다는 우애의 확산에 노력을 기울였다. 윤리적 사회주의자들은 국유화나 산업통제의 문제와 같은 경제적 제도를 건드리는 대안을 제시하기보다는 인간들 사이의 이해와 연대감을 높이려는 노력을 중요시했던 것이다. 이들보다 한 세대 뒤의 오웰 역시 교조적 이론을 싫어하였으며, 개혁을 위해서는 정리된 교리에 따라 특정한 제도를 만들어내려 하기보다는 우애와 평등 같은 가치를 확산시키는 것이 중요하다는 생각을 피력했다.54)

컴포트는 인간들이 상호부조를 통하여 사회적 응집social cohesion을 이루어나갈 수 있을 것이라고 믿었다. 인간에 대하여 책임감을 회복한 개인들이 사회성과 협동심을 통해 관계망을 형성해 나가면서 무사회의 사회asocial society에서 벗어날 수 있을 것이라고 본 것이다.

이와 관련해서 두 사람 모두가 특별한 경험을 거치면서 이런 믿음을 강화시키고 있다는 점을 지적해 볼 수 있다. 오웰은 바르셀로나 Barcelona에서 컴포트는 샌드스토운Sandstone에서의 경험을 가지고 있는 데 오웰은 바르셀로나의 맑스주의 통합노동자당POUM(Partido Obrero de Unification Marxista: Workers' Party of Marxist Unification)에서 인간들이 자발적으로 만들어낸 자유롭고 평등한 질서와 우애 현상을 발견했다. 오웰은 바르셀로나에서 "사람들은 자본주의 기계의 나사처럼 움직이지 않고 인간으로서 행동하려고 노력하고 있었다"고 관찰했다. 무정부주의 이발사들은 "이발사는 더 이상 노예가 아니다"라고 설명하는 공지문을 붙여 놓았고, 기념사나 아첨조의 연설이 사라진 현상을 관찰했다.55) 컴포트는 샌드스토운에서 성에 대한 규제와 억압이 사라진 공간에서 나타난 인간들의 사회적 응집 현상을 발견했다. 그는 샌드스토운에 대해 "그것은 성性적이었지만 그것은 관계에 대한 강력한 경험intense experience of relationship이었다. 나는 그렇게 기대하지는 않았다. 나는 그것을 흥미롭다고 생각했다. 그렇지만 그렇게 작동했다"고 지적했다.56) 그는 그 경험을 다음과 같이 기술했다.

집은 사백 명을 수용할 수 있었다. 방문자들은 종종 자신의 음식을 가져왔는데 토요일은 뷔페식으로 저녁이 제공되었다. 방문자들은 밤을 세워 머물 수 있었다. … 누드는 일반적이었다. 그러나 모두 예절바르게 행동했다. 그룹의 일반적 도덕감mores이 규칙이 없는 구조를 유지하고 있었다. 성적 표현은 어떤 것이라도 자유로웠다. 약물 사용은 금지되었고 음주 현상은 크게 나타나지 않았다.57)

아홉 번째로 두 사람 모두 개혁 과정에서 구체적인 변화를 중요시한다는 점을 지적해 볼 수 있다. 오웰은 추상적 교리나 이론을 설파하는 것은 무의미하다는 입장을 견지했다. 특히 그는 사회주의를 비판하면서 교조적인 이론으로 현실을 설명하고 거시적인 변화를 추구하는 논리에 대해 반박했다. 오웰은 노동자들이 투쟁에서 대단한 것을 추구하지 않는다는 점에 대해 다음과 같이 지적했다.

> 넉넉한 음식, 실업으로부터의 자유, 자식들이 공정한 기회를 가질 것이라는 것에 대한 앎, 하루 한 번 하는 목욕, 침구를 적당한 간격으로 세탁하는 것, 새지 않는 지붕, 하루 일과가 끝났을 때 약간의 에너지가 남아 있을 정도는 되는 노동시간 등이다.[58]

그는 노동자들의 소득에서든 삶에서든 변화가 구체적으로 직접적으로 일어나는 것이 중요하다는 입장을 가지고 있었다.

컴포트의 경우도 혁명은 가촉성tangibility이 있어야 하며 바로 일어나야 하며 직접적이어야 했다.[59] 컴포트에게는 직접성의 회복이 없으면 개인의 부활도 없으며 책임의 부활도 없었다. 아울러 즉각성의 전제가 없으면 어떤 피부에 와 닿는 변화도 만들어낼 수 없었던 것이다. 그래서 그의 혁명은 단 한 번에 이루어지는 혁명이 아니라 작은 변화를 만들어내면서 끊임없이 계속되는 혁명unending revolution이 되어야 했다.[60] 그가 직접행동direct action의 방법론을 주장했을 때 그 운동은 바로 즉각적이고 직접적인 효과를 낳을 것을 의도했던 것이다.

3. 오웰과 컴포트 사상의 상이점들

오웰과 컴포트는 사상의 밑바탕에 공통의 요소들을 가지고 있었지만 여러 부분에서 차이점들을 드러내었다. 두 사람 모두 아나키즘을 받아들이면서도 한 사람은 사회주의를 받아들였지만 다른 사람은 사회주의라는 용어를 자신에게 사용하지 않았다. 그럼에도 불구하고 두 사람의 사상의 차이를 사회주의와 아나키즘의 차이라고 구별하기에는 좀 곤란한 방식으로 그 사상의 접점과 분기점이 미묘하게 형성되어 있다. 그런 차이점들로 전쟁에 대한 참여 문제, 애국심에 대한 관점, 사회주의에 대한 입장, 혁명에 대한 입장, 제도의 변화에 대한 생각, 과학에 대한 태도, 성sex에 대한 입장, 개인과 집단을 매개하는 힘에 대한 관점, 이들을 자극한 동기 등을 지적해 볼 수 있다. 아래에서 이 두 사람의 사상이 어떻게 갈라지고 있는지를 차례로 살펴보도록 하겠다.

우선 두 사람이 가장 크게 갈라진 부분으로는 서론에서 지목한 것처럼 전쟁에 대한 참여 문제가 있었다. 오웰은 전간기에 평화주의를 주창하였지만 1940년 8월 몰로토프-리벤트로프 조약이 체결된 이후 독일 나치에 대항하는 전쟁에 참여해야 한다는 주장으로 돌아섰다. 오웰은 파시즘을 분쇄하기 위해서 영국 정부를 도와야 한다는 입장을 표명하면서 그 자신 스스로 국토방위군home guard에 참여했다. 반면 컴포트는 영국 정부를 돕는 것은 또 하나의 파시스트 정권 즉 내부의 파시즘에 협조하는 행위라는[61] 입장을 표명하면서 징집거부를 선언했다. 컴포트는 전쟁에 대한 비판을 통해 아나키즘으로 나아간 경우임으로 그는 평화주의를 고수했으며 전쟁 내내 추축국의 행위만이 아니라 연합군의 행위에 대해서도 야만성을 지적하는 노력을 계속했다. 컴포트는 연합군의 전략폭격기 사령부의 무차별 폭격행위를 비난하였으며 함부르크, 드레스덴 폭격으로 수만 명의 민간인이 사망한 사건을 두고 전쟁 범죄로 비판했다.

사실 컴포트와 오웰은 전쟁을 수행할 것을 위임받은 영국 정부에 대한 평가에서는 합의하고 있었다. 이들은 영국 정부가 위선적인 정부라는 점에 대해서는 공통적으로 인정했다. 오웰은 풀뿌리에 기초한 사람들의 노력으로 진정한 권력이 재구성되어야 한다고 생각했다. 오웰은 그러한 혁명이 1940년 덩커크의 패배 이후 일어날 것을 원했던 것이다.[62] 그러면서도 이들의 입장이 갈라졌던 점은 컴포트는 영국 정부 역시 파시스트 정부이며 개인을 죽음으로 몰아넣고 있으므로 전쟁에 대해 불복종으로 대응해야 한다고 본 반면, 오웰은 영국 정부는 독일 나치보다는 덜 악한 정부이며 더 큰 악에 대항하고 있으니 독일에 맞서 싸우는 정부에 협조해야 한다는 것이었다. 오웰은 자신의 양심을 정부에 맡겨둘 수 없다는 컴포트의 주장은 영국인이 가질 수 없는 도덕적 사치라고 보았던 것이다.[63] 전쟁 참여 문제를 둘러싼 두 사람의 견해 차이는 서로를 공박하는 수준으로 나아갔는데 이 두 사람의 입장이 갈라진 것은 애국심에 대한 관점과 연관성이 있다.

두 번째로 지적해 볼 상이점은 애국심에 대한 관점이다. 오웰은 애국심에 대해 긍정적인 입장을 가졌다. 흥미롭게도 그는 몰로토프-리벤트로프 조약 전야에 꿈을 꾸고 난 후 자신이 애국심을 가지고 있다는 점을 확인했다고 고백했다. 오웰의 설명에 의하면 1939년 8월 21일 아침까지는 그의 사고에 어떤 변화도 일어나지 않았다. 자러 들어갈 때 그는 하나의 정치를 가지고 자러갔지만 일어날 때는 다른 정치를 가지고 일어났다. 오웰은 그 경험에 대해 「우파든 좌파든 나의 조국」이라는 글에서 밝혔다.[64]

오웰의 애국심 개념이 다소 독특하기는 하다. 오웰의 애국심은 국가권력이나 정부에 충성을 바치는 태도를 의미하지 않고 자신이 살고 있는 자연환경과 자신의 역사가 깃들어 있는 전통문화에 대한 애정을 의미했다. 따라서 오웰의 애국심은 보수적인 성격을 지니기보다는 혁명적 성격을 지니는 애국심이었다. 그가 영국에서 혁명을 원했을 때도 그 바탕에서 작동하는 정신은 바로 이 애국심이 될 것을 기대했다. 오웰은 그러한 애국심을 인정했을 뿐만 아니라 강조했던 것이다. 그리고 애국심이야말로 독일의 나치에 대항하는 전쟁에서 영국인들을 싸우게 만드는 이유였다. 결국 오웰은 애국심의 필요성과 가능성을 인정한 결과 전쟁이 정당화될 수 있다는 결론에 도달한 것으로 보인다.

반면 컴포트의 경우는 애국심을 인정하지 않았다. 컴포트에게 애국심은 자신을 초월적 실체에 연합하는 행위이며, 개인의 책임을 포기하는 행위이며, 자신의 죽음을 인정할 용기가 없는 사람들의 피난처였다.[65] 그는 집단에 대한 충성심은 인간을 집단에 매몰시키는 결과를 낳게 되며 그로 인해 개인으로 하여금 무책임한 행위를 저지르게 하는 결과를 낳는다고 주장했다. 그는 애국심에 대해 다음과 같이 지적한다.

선량한 시민들의 놀라운 복종은 근본적으로는 무책임한 것이다. 나라에 대한 단순한 사랑, 이성이나 정당화를 필요로 하지 않는 사랑은 국가의 공식적 옹호자들에 의해 애국심 숭배로 전환된다.

> 그 애국심은 강제적인 집단적 만장일치coercive group unanimity, 국가
> 지도자에 대한 맹목적인 지지, 감상적인 국민적 에고이즘, 국가적
> 영광을 위해 집단적 잔혹성을 기꺼이 저지르려는 마음 등으로 나타
> 나는 것이다.66)

애국심이 결국 야만적 행위와 연결될 수 있다는 관점에서 컴포트는
오웰과 갈라졌고 이것이 첫 번째로 지적한 전쟁에 대한 두 사람의
태도를 갈라놓았던 것이다.

세 번째로 지적할 상이점은 사회주의에 대한 입장이다. 오웰은
자신의 사상에 대해 사회주의라는 용어를 적용했지만 컴포트는 자신
에게 사회주의라는 용어를 적용하지 않았다. 오웰은 초기에 토리
아나키즘을 표방하였지만 후기로 가면서 사회주의를 받아들였으며
자신을 민주적 사회주의자라고 표현하기도 했다. 그리고 그는 개혁의
내용으로 집단주의적 프로그램을 제시하는 모습도 보여주었다. 그는
6개의 개혁 프로그램을 구체적으로 제시했다.67) 즉 오웰은 자본주의
가 만들어낸 문제들을 포착하고 있었다. 빈곤한 노동계급의 삶, 거대
한 빈부 격차, 불결한 주거환경 등 그는 자본이 야기한 문제를 지적하
고 이를 해결하기 위해 집단주의 정책의 가능성에 눈을 돌린 것이다.
따라서 오웰의 사상은 집단주의적 사회주의의 요소를 안고 있는
아나키즘이라고 할 수 있다.

반면 컴포트는 자신의 사상에 사회주의라는 표현을 쓰지 않았고
사망할 때까지 사회주의를 받아들이지 않았다.68) 이는 그가 산업통제
의 문제에 대해 관심을 갖지 않았으며, 집단주의적 사회주의를 받아들
이지 않았다는 점을 의미한다.69) 그의 아나키즘은 넓은 의미의 사회주

의에 포괄되었던 초기 아나키즘과도 다른 아나키즘이었다. 초기 아나키즘은 자본에 대한 항의를 표시하였고 자본주의가 제기한 문제에 대한 대응으로 제시된 이념이었으므로 그 안에서 계급투쟁적 아나키즘과 개인주의적 아나키즘으로 갈라지기는 하였지만 모두 넓은 의미의 사회주의에 포괄될 수 있었다. 1880년대의 사회주의 단체에서 예를 들자면 페이비언 협회 같은 곳에서 집단주의자들과 아나키스트들이 함께 활동했던 현상이 이를 잘 보여준다. 하지만 컴포트의 아나키즘은 자본주의에 대한 항의가 아니라 전쟁에 대한 항의로 나타난 것이므로 국가에 대한 비판이 자본주의를 우회하면서 이루어지고 있다. 그 결과 컴포트의 아나키즘은 맑스를 비판하는 대목들이 나오기는 하지만 맑스에 대한 대안 같은 것을 말하기보다는 맑스의 사회분석틀이 잘못된 것으로 비판할 따름이다. 그래서 그의 논의에는 자본의 모순에 대한 논의는 등장하지 않는다. 컴포트는 전쟁을 없애는 것이 모든 문제를 해결하는 출발점이라고 생각하고 있는데 이는 아마도 그가 2차대전의 시기와 이어서 나타난 핵전쟁의 위기 시대 속에서 살았기 때문일 것이다. 컴포트의 아나키즘은 자본의 문제를 언급하지 않고 사회주의를 표방하지 않는 아나키즘이다.[70]

네 번째의 상이점으로는 혁명에 대한 입장을 들어볼 수 있다. 흥미롭게도 이 두 사람은 모두 혁명을 주장했다. 그리고 두 사람의 혁명이 모두 고전적인 혁명 개념과는 거리가 멀었다는 점 역시 공통적이다. 그러나 그 혁명의 내용은 상이하다. 오웰의 경우 혁명은 부르주아와 노동계급간의 갈등이 터져 나오는 방식으로 진행되는 혁명이 아니었다. 그의 혁명은 무엇보다도 애국심이 혁명의 밑바탕에서 작용하면서 진행되어야 했다. 여기서 그의 애국심은 권력에 대한 충성심을 의미하

282

는 애국심이 아니라 자신이 살고 있는 지역의 자연 환경과 삶의
방식에 대한 애정을 의미하는 애국심이었다. 혁명은 파시스트와의
전쟁을 치르면서 자신이 살고 있는 삶의 자연적, 정신적 영역을 지키
기 위한 노력으로 나타나는 것이었다. 그런데 현실의 정부는 부패하고
무능하여 현실을 그냥 두고는 파시스트를 물리칠 수 없는 것이다.
이런 현실 인식 위에서 오웰의 혁명은 일어나게 되는 것이다. 그리고
그는 혁명의 주체세력은 중간계급과 노동계급이 연대한 형태로 나타
나게 될 것이라고 주장했다. 오웰은 1940년 하반기 덩커크의 패배
이후 영국 사회에서 형성된 일렁이는 애국심을 바탕으로 혁명적
상황이 조성되어 있다고 판단했다. 그는 이 혁명의 폭력성에 대해서는
결정적이지 않다고 보았지만 혁명은 완전히 새로운 권력을 교체시킬
것이라고 전망했다.[71]

　오웰의 혁명은 혁명의 주체세력과 혁명을 이끄는 정신이 특별하기
는 하지만 혁명은 결국 권력을 교체시키는 하나의 거대한 사건이었다.
하지만 컴포트의 혁명은 권력을 교체시키는 것이 아니라 사회를
권력 추구 사회에서 생명 추구 사회로 변화시키는 것이었다.[72] 그것은
개인의 책임을 회복하는 과정, 책임감 있는 시민을 만들어내는 과정을
의미했다.[73] 이것은 홉즈, 로크 등에 의해 구성된 허구적 사회계약
개념을 해체하는 것이며[74] 대면적 관계가 결여된 채 권력자들에게
위임한 권력을 되찾아 오는 과정이기도 했다.[75] 혁명은 이런 과정을
통해 무사회의asocial 사회를 극복하고 무책임 사회를 탈피하도록 만드
는 것이다. 컴포트의 혁명은 모든 진보정당이 추구하는 혁명 성취
후의 전제적 권력을 추구하지 않는다는 점에서도 기존 혁명 개념과는
전혀 다르다고 할 수 있다.[76]

혁명은 내용에서도 차이가 있지만 방법에서도 커다란 차이를 보여 주는데 컴포트의 혁명은 일회성의 혁명이 아니라 계속되는 혁명을 의미했기 때문이다. 컴포트의 혁명은 개인의 연대가 강화되면서 불복종과 직접행동이 확대되어 나가는 가운데서 일어나는 끊임없는 변화를 의미했다.[77] 혁명은 단번에 달성되는 것이 아니며 그 목표도 단일하게 설정되는 것이 아니었다. 혁명은 계속하여 전개되어 나가는 것이며 그 목표는 사건이 전개되어 나가면서 계속 수정되어 나가는 종류의 혁명이었다. 그는 다음과 같이 주장했다.

> 이 아나키즘은 오래된 혁명 이론과는 별로 공통점을 갖지 않는다. … 그것은 교조적이거나 메시아적이라기보다는 경험적이고 시험적인 것이다. … 이러한 종류의 혁명은 황금시대가 뒤따라오는 변혁과 복수의 단일 행위가 아니다. 이 혁명은 그것의 목표들이 혁명이 진행되면서 뒤로 물러나게 되는 끊임없는 인간행동인 것이다.[78]

컴포트의 혁명은 개인의 주체성이 살아 있어야 한다는 점에서 개인이 집단에 매몰된 상태에서 전개되어 나가는 대중봉기 형태의 혁명과는 전혀 다른 혁명이라고 할 수 있었다. 그 혁명은 이탈 행위이며, 직접행동이며, 개인의 운동이었다.[79] 컴포트의 혁명은 끊임없이 권력을 붕괴시켜 나가면서 다른 한편으로는 끊임없이 새로운 질서를 만들어 나가는 이중적 행위의 의미를 지닌다는 점에서 오웰의 혁명과 다르다.

다섯 번째의 상이점으로는 제도의 변화와 개혁의 관계에 대한 입장 차이를 들 수 있다. 오웰은 제도의 변화를 통한 개혁을 일정부분 받아들였다. 그는 『사자와 유니콘』의 세 번째 파트인 "영국혁명 English Revolution"에서 6개의 개혁 프로그램을 제시하면서 경제적 정치적 제도의 변화를 추구했다.[80] 여기서 제시된 개혁들은 국가 간섭을 통해 제도를 변화시키려는 의도를 보여주었다. 오웰은 국유화를 통해 토지제도를 변화시키려 했으며 소득제한을 통해 급여제도를 변화시키려고 했다.[81] 오웰은 제도의 변화가 혁명 과정에서 한 요소가 된다는 점을 인정하고 있는 셈이다.

반면 컴포트에게는 아나키즘은 태도이지 프로그램이 아니었다.[82] 그는 제도의 변화가 진정한 혁명을 이루어내지 못한다는 입장을 보여준다. 그는 제도의 변화에 대한 자신의 입장을 다음과 같이 밝히고 있다.

> 무사회asocial 사회는 여전히 제도를 강조하고 있다. 정부와 혁명운동은 모두 제도를 구원의 수단으로 간주하는 경향이 있다. 그러나 법law의 오래된 패턴들은 궁극적으로 그룹의 전통적 도덕mores에 기초한다. … 여기서 제도institutions들은 점차 고립되어 존재한다. 그러한 제도들이 행동을 결정하는 데 미치는 역할은 극히 제한되어 있다. 이것은 특히 성性적 태도에서 명백하다. 개인적 차원의 도덕은 법과 거의 관련이 없고 법에 의해 거의 영향을 받지 않는다.[83]

그는 개인의 도덕은 법과 거의 관련이 없고 사람들의 행동을 제도로 변화시킬 수 없다고 보는 것이다. 혁명은 개인의 책임을 회복시키는 과정을 통해 인간의 태도가 변화됨으로써만 실현 가능했다.[84] 그래서 그에게는 제도를 변화시키는 것보다는 사람들 사이의 사회적 응집성을 높이는 노력이 중요했다. 제도를 아무리 변화시켜도 개인의 책임이 회복되지 않고, 개인이 집단에 매몰되는 현상이 바뀌지 않으면 혁명이 실현되지 않는다는 그의 생각에서 이런 결론이 나왔을 것이다. 컴포트는 사회주의 혁명이 일어난 나라에서 일어난 여러 가지 제도적 변화들이 사회를 야만의 상태에서 벗어나게 하지 못했을 뿐 아니라 오히려 새로운 야만 상태를 조성했다고 보는 것이다.[85]

여섯 번째의 상이점은 과학에 대한 태도이다. 오웰은 기계화되어가는 사회에 대하여 비판적 입장을 가지고 있었다. 따라서 과학의 수용을 거부하지는 않는다 하더라도 기계화되어 가는 경향과 고도화되어 가는 산업사회에 대해 비판적 태도를 보여준다. 오웰은 사회주의에 대한 편견을 바로잡으려는 시도를 하면서 사회주의가 기계화를 의미하지 않는다고 주장했을 뿐 아니라 기계화는 사람들의 미적 감각taste을 타락시키고 그것이 더 큰 기계화를 부르는 악순환을 야기한다고 주장했다.[86] 그는 산업화가 고도화되어가는 경향보다는 전원사회의 환경이 유지되고 농촌 사회의 전통문화가 보존되는 상태를 바라고 있다. 이런 점을 놓고 보면 오웰은 과학이 사회를 지배하는 것을 원하지 않았던 것으로 보인다.

반면 컴포트의 사상은 과학을 바탕으로 하여 진행되고 있으며 과학적 결론이 그를 아나키즘으로 이끌었다.[87] 우선 그는 초월적인 존재에 자신을 연결시키는 행위를 거부했다. 개인은 죽음에 대항해 싸워야 했지만 자신의 죽음을 받아들이는 용기를 가져야 했다. 이러한 주장은 좀 더 거슬러 올라가 보면 19세기 중후반의 세속주의secularism(탈종교 합리주의)와 자유사상free-thought 운동과 이어진다. 그리고 이 사상들은 19세기 후반 리버테어리언libertarian 아나키즘 혹은 개인주의적individualistic 아나키즘으로 연결되었다. 이렇게 합리주의를 근거로 종교를 파악하려는 노력은 나아가 합리주의를 근거로 하여 권력을 파악하려는 노력으로 이어졌고 한 발 더 나아가서는 합리주의를 근거로 관습을 파악하려는 노력으로 이어졌던 것이다.88) 컴포트역시 과학을 근거로 하여 생물학적 죽음과 사회적 죽음을 극복하려하며 인간을 해명하려는 노력을 하고 있다. 컴포트는 의학이 질병의 공격으로부터 인간을 구해내는 과학이듯이 아나키즘이 권력의 공격으로부터 인간을 구해내는 과학이라고 보고 있는 듯하다. 그의 이념은 마치 의학이 "인간의 신체"에 대해 작용하듯이 아나키즘이 "인간의 사회"에 대해 작용할 것을 기대했다. 즉 아나키즘은 사회변화에 대한 과학적 결론이라고 보고 있는 것이다. 컴포트의 아나키즘에서 과학이 중요한 요소로 작용한다는 점을 놓고 볼 때 자연과학과 사회과학을 넘나들며 만들어낸 그의 생산물 예컨대 "노화"에 대한 연구나 "권력"에 대한 연구가 모두가 과학의 산물이라고 볼 수 있다. 심지어 성sex의 긍정적 역할에 대한 그의 주장도 과학(영장류학)에 근거하여 전개되고 있다. 컴포트는 성sex에 대한 마르쿠제의 유사한 주장에 대해 언급하면서도 그는 맑시스트이며 과학적인 뒷받침을 가지고 주장하지 않는다는 점을 지적하며 자신과 차별화했다.89)

단지 그에게는 과학이 중시되었지만 인간을 살리는 과학이 되어야한다는 인문학적 관점이 여기에 결합되어 있었다는 점이 중요하다.90) 그는 과학자의 책임을 강조하는데91) 특히 그가 반핵운동을 벌이면서핵과학자들에게 아나키즘의 불복종 운동을 요구한 것이 이러한 점을잘 보여준다. 그리고 보면 컴포트에게 아나키즘은 사회에 대해 과학이처방한 질서였던 셈이다.

일곱 번째의 상이점은 성sex에 대한 입장의 차이인데 이는 보다
넓게는 관습에 대한 입장의 차이를 드러내며 나아가 보수성의 문제와
연결된다. 오웰은 대중문화를 긍정적으로 평가하며 술을 마시고 홍등
가를 어슬렁거리는 노동자들의 거친 문화도 수용했지만 성적 억압에
대한 분석으로 나아가지는 않았다. 그는 성과 관련된 문제들 즉 성적
자유나 성적 해방, 동성애나 결혼제도에 대한 특별한 관심을 제기하지
않는 점에서 컴포트에 비해 한계를 지닌다. 오히려 오웰의 사상에는
성에 대해 전통과 편견을 받아들이는 요소가 내재한다. 오웰은 전통적
인 영국 가족제도를 옹호하고 있다. 그는 여성의 전통적 역할에 대한
미련을 가지고 있다. 즉 그의 여성상은 앞치마를 두르고 부엌에 서
있는 여성상인 것이다. 동성애에 대한 편견도 나타나는데 그가 자신의
주변 인물들에 대한 평가를 하면서 이들을 차별화시켜 놓은 것을
발견할 수 있기 때문이다. 오웰이 오웰 리스트92)를 만들면서 붙인
동성애 꼬리표에 대해 곤란해 하지 않고 오웰을 방어하는 사람도
있기는 하다. 히친스가 대표적인데 그는 오웰이 동성애자로 표기한
사람 중 톰 드리버그Tom Drieberg의 경우를 들면서 "그에 대해 단순히
'동성애자'라고 적혀 있는 것을 보고 크게 웃었다"고 기술했다.93)
히친스가 오웰을 변호하고 있기는 하지만 오웰이 동성애에 대해
편견을 가지고 있었다는 점은 분명한 것 같다. 그가 여성과 동성애자
에 대한 편견을 가졌다는 점은 그가 관습을 받아들이는 태도를 가졌음
을 보여주며 그에게 보수적 속성이 있음을 드러내고 있다고 할 수
있다. 오웰이 무신론을 표명했음에도 불구하고 기독교적인 태도를
유지한 점 역시 그의 보수적 요소를 시사하고 있다.94) 오웰이 자신을
규정한 토리 아나키즘에서 토리적 요소는 정치적 의미에서보다 사회

적 의미에서 더 뚜렷하게 나타나는 것으로 보인다.

이에 비해 컴포트는 권력과 관련하여 성에 대한 관심을 표명하며, 성에 대한 관습적 가치관에서 벗어나려 한다는 점에서 오웰과의 차이를 지적해 볼 수 있다. 컴포트는 성에 대한 전통적 사고를 깨뜨리는 작업을 했다. 그는 『코카샤스트라』를 번역하는 작업에서부터 『성의 기쁨』이란 책을 쓰기까지 이런 작업을 지속했다. 그러한 근거는 과학이었다. 그는 진화에 대한 발견만큼이나 프로이드의 연구로부터 얻게 된 발견은 우리 자신에 대한 평가를 바꾸어 놓았다고 지적했다.[95] 그는 프로이드의 연구나 영장류학의 성과에서 나타난 과학적 조사와 발견을 바탕으로 하여 성과 관련된 여러 금기를 깨뜨리려 시도하였을 뿐 아니라 한 발 나아가 성적 욕망을 건강하다고 단정했다. 성적 욕망은 개인의 자발성spontaneity의 근원이었다.[96] 그는 더 나아가서 성이 지닌 사회적 정치적 의미를 찾아내려는 노력을 했다.[97] 영장류학 연구자들의 성과에 의하면 개체가 집단을 형성하는 과정에서 결정적으로 중요한 역할을 하는 것은 성적 유혹이었다.[98] 컴포트는 영장류학에 근거해 다음과 같이 지적했다.

> 무엇이 인간을 완전히 사회적인 존재로 만드는 사회적 정신적 힘인가. … 심리학적 증거는 영장류를 사회화하고, 우리의 개인적이고 사회적 행동을 동기화한 동일한 힘을 지적하는데 그것은 성적 사랑sexual love인 것이다.[99]

성적 충동은 인간의 진화 과정 속에서도 종의 연대에 필수적인 요소로 작용하는 것이다.[100] 그래서 그는 성이 개인성을 그대로 유지하면서 자아경계를 허물어뜨리고 다른 사람과의 관계에 대한 새로운 감각을 얻게 만드는 사회적 기능을 갖는다고 보는 것이다. 이런 주장은 성이 사회적 응집력 social cohesion을 강화시키는 측면을 부각시키면서 성의 해방이 야만의 사회를 극복하는 과정과 연관성을 가진다는 주장으로 이어졌다. 그에 따르면 성적 욕망 즉 "에로스란 개념은 삶에 대한 사랑 love of living과 이웃에 대한 사랑 love for your neighbour으로 전화되는 사랑의 개념"인 것이다."101)

컴포트의 성에 대한 관심과 주장은 보다 넓게는 권력과 관습에 대한 도전과 연결되는데, 그 바탕에는 과학으로 정치적 권력과 사회적 권력의 근거를 검토해 보려는 그의 태도가 깔려 있다고 할 수 있다. 『성의 기쁨』은 1,200만부가 팔려 나가면서 그를 대중 작가로 인식되게 만들었지만 그가 진정으로 의도한 것은 관습으로부터의 개인의 자유였다.102) 그는 정치적 억압과 관습적 억압이 공동의 병리현상을 갖는다고 보았으며 라이히 Wilhelm Reich처럼 개인의 도덕과 개인적 성에서의 혁명은 사회 질서에서의 동일한 급진적 혁명을 요구한다고 주장했던 것이다.103) 하지만 컴포트의 경우 성은 긍정되지만 그것과 필연적으로 연관되는 제도인 결혼에 대한 분석이 나타나지 않는다는 점에서 성에 대한 그의 논의는 여전히 한계를 지니고 있음을 지적해 볼 수 있다.104)

여덟 번째로 지적할 상이점은 개인과 집단을 매개하는 힘에 대한 생각이다. 오웰에게는 개인과 개인을 연결시키는 힘으로서 형제애에 대한 믿음이 한편으로 존재했지만 개인과 집단을 연결시키는 힘, 즉 공동체 감각을 낳을 수 있는 힘은 "오웰의 애국심"으로 표현되었다.105) 즉 자신의 고향 환경과 전통문화에 대한 애정으로서의 애국심이 개인을 집단과 연결시키는 요소가 될 수 있었던 것이다. 반면 컴포트에게는 개인에 대한 애정이 아닌 다른 요소로 자신을 집단에 연결시킬 수 있는 추상적인 힘은 존재하지 않았다. 그에게는 개인과 집단이 연결되는 방식은 오로지 개인들 사이의 응집성이 연결되고 확대되는 과정을 통해서였으며 여기에는 성의 긍정적 기능이 포함되었다. 개인들을 연결시키고 집단에 대한 애정을 도출해 낼 수 있는 요소가 오웰과 컴포트의 경우 서로 다른 것이다. 오웰의 경우에는 민족주의의 요소가 남아 있지만 컴포트의 경우에는 주체적인 개인들의 상호작용만이 남아 있을 따름이다.

마지막으로 지적하고 싶은 상이점은 이들을 자극한 동기이다. 오웰이 억압과 빈곤에 대한 항의에서 무정부주의와 사회주의로 나아갔다면 컴포트는 전쟁에 대한 항의에서 무정부주의로 나아간 경우이다. 오웰은 버마에서의 경찰 경험에서 국가권력에 대한 비판적 인식을 가지게 되었고 이것이 그를 무정부주의로 이끌었다. 그리고 프랑스와 영국에서 그가 체험한 하층민과 노동자의 삶에서 빈곤의 문제에 대한 인식을 갖게 되었고 이것이 그를 윤리적 사회주의로 이끌었다. 반면 컴포트는 1차대전이 보여준 참상에서 갖게 된 반전 사상과 2차대전의 위협이 그를 무정부주의로 이끈 것이다. 빈곤의 문제에 대한 인식을 하지 못한 점에서 컴포트는 한계를 보여주지만 사회주의 권력을 포함하여 개인을 억압하는 모든 정치적 사회적 권력에 대해 비판하고 있다는 점에서 그는 오웰보다 철저하다.

4. 맺음말

서론에서 지적하였듯 니콜라스 월터는 직접행동에 관한 글의 마지막 문단에서 오웰과 컴포트 그리고 간디를 함께 인용했다.

> 마침내 지식인들은 조지 오웰이 말했듯이 방아쇠가 당겨졌을 때 어딘가 다른 곳에 있지 않을 명분을 찾게 되었다. 그리고 마침내 우리는 알렉스 컴포트가 수년 전 전망했던 상태의 가능성 즉 많은 사람들이 죽음에의 초대를 수용하기보다 이를 거부하고, 전쟁이라는 말을 꺼낼 때 사람들이 공장을 비우고 거리를 가득 채울 가능성을 보기 시작했다. … 나는 간디의 "완전한 비폭력의 기초에서 조직되고 운영되는 사회가 가장 순수한 무정부상태anarchy가 될 것이다"라는 발언을 기억하며 희망을 가지고 있다.106)

오웰과 컴포트가 서로 논쟁을 벌이기는 했지만 행동하는 지식인으로서의 두 사람의 진심은 서로 통한다는 점을 월터는 지적하고 있는 것이다. 이 두 사람은 모두 현실의 부당함을 발견하고 그것을 바로잡아야 한다고 주장한 사람들이다. 그리고 이들은 모두 변화의 중요성을 강조하여 자신들이 추구하는 변화를 혁명이라고 표현했다. 하지만 이들의 혁명은 18~19세기의 자유주의자와 사회주의자 혹은 무정부주의자가 주장한 혁명과는 방법과 내용에서 상이했다. 이들은 폭력으로 혁명을 관철시키고, 혁명 이후에 만들어낸 강력한 권력으로 변화를 강제하려 한 기존의 혁명관을 따르지 않았다. 20세기의 영국에서 일어날 혁명은 계급혁명도 아니었고 폭력혁명도 아니었고 강력한 정부의 수립도 아니었다. 오웰의 혁명은 유혈혁명이 아니었으며, 컴포트의 혁명은 평화적 행위가 누적되는 과정으로 진행되는 것이었다. 오웰은 혁명 이후 국가간섭이 최소화될 것을 원했으며 컴포트에게는 혁명 자체가 중앙집권적 국가를 서서히 해체시켜 나가는 과정이었다.

오웰과 컴포트의 20세기 혁명은 자유주의 혁명과 사회주의 혁명이 공통적으로 추구한 중앙집권적 국가에 대해 비판하며 이를 해체시키려고 했다. 오웰은 중앙집권적 국가가 몰고 올 엘리트 지배의 위험성에 대해 경고했고 컴포트는 중앙집권적 국가의 권력자들이 아예 병리적 현상을 보여줄 수밖에 없다고 주장했다. 파시즘이나 공산주의만이 아니라 대의 민주주의 체제에서도 중앙집권화를 추구하는 국가는 동일한 위험을 제기할 수 있다는 점을 이들은 주장하는 것이다. 이들이 되살리려고 한 것은 이데올로기나 교조적 이론 혹은 집단에 매몰되어 내려지는 결정이 아니라 주체성을 가진 개인이었으며, 관료적 조직에 대항하는 자발적 조직이었다.

오웰과 컴포트의 사상은 구체적인 부분에서 여러 가지 차이가 있기는 하지만 제국주의, 자본주의, 파시즘 등 오웰이 발견한 문제들이나 중앙집권화, 거대 도시화, 파시즘 및 전쟁 등 컴포트가 발견한 문제들이 여전히 해결되지 않고 있는 상황을 고려해 볼 때 이들이 제기하는 현실에 대한 비판과 경고는 공통의 수렴점을 가지며 현실에 대해 커다란 의미를 부여한다고 보아야 할 것이다.

참고문헌

Armsden, J. "An Exposé of Anarchy and Economic Phenomena I : A Letter to a Friend," *The Revolutionary Review,* vol.1, no.1 (Jan. 1889).

Armsden, J. "An Exposé of Anarchy and Economic Phenomena II : A Letter to a Friend," *The Revolutionary Review*, vol.1, no.2 (Feb. 1889).

Armsden, J. "Association," *Revolutionary Review* vol.1, no.3 (March 1889).

Armsden, J. "Theosophy and Anarchistic Morality," *The Revolutionary Review*, vol.1, no.8 (1889).

Barkan, Joanne ""My Mother, Drunk or Sober": George Orwell on Nationalism and Patriotism," *Dissent* (Winter 2003).

Bass, Robert. Review of *The Debates of Liberty: An Overview of Individualist Anarchism, 1881-1908* by Wendy McElroy, *Journal of Libertarian Studies*, vol.19, no.3 (summer 2005).

Beauchamp, Gormon. "Orwell Now," Review of *Why Orwell Matters* by Christopher Hitchens, New York: Basic Books, 2002, *Michigan Quarterly Review*, vol.42, no.3 (Summer 2003).

Bevir, Mark. *The Making of British Socialism*(Princeton, New Jersey: Princeton University Press, 2011).

Boos, Florence. and Boos, William. "Orwell's Morris and 'Old Major's' Dream," *English Studies*, 4 (1990).

Breton, Rob. "Crisis? Whose Crisis? George Orwell and Liberal Guilt," *College Literature*, vol.29, no.4 (Fall 2002).

Claeys, Gregory. "The Lion and the Unicorn, Patriotism, and Orwell's Politics,"

Review of Politics, vol. 47, no. 2 (Apr. 1 1985).

Clarke, Ben. "Orwell and Englishness," *The Review of English Studies* vol. 57, no. 228 (2008).

Comfort, Alex. "An Exposition of Irresponsibility," *Life and Letters Today*, October 1943 in *Against Power and Death*, ed. David Goodway (London: Freedom Press, 1994).

Comfort, Alex. "October, 1944," *Now*, 1944 in *Against Power and Death*, ed. David Goodway (London: Freedom Press, 1994).

Comfort, Alex. "Anarchism and Law," *War Commentary*, 5th May 1945 in *Against Power and Death*, ed. David Goodway (London: Freedom Press, 1994).

Comfort, Alex. "Criminal Lunacy Exposed," *War Commentary*, 25th August 1945 in *Against Power and Death*, ed. David Goodway (London: Freedom Press, 1994).

Comfort, Alex. "Anarchist View: The Political Relevance of Pacifism ," *Peace News*, 7th December 1945 in *Against Power and Death*, ed. David Goodway (London: Freedom Press, 1994).

Comfort, Alex. "Preface to Kenneth Patchen," Kenneth Pachen, *Outlaw of the Lowest Planet*, Grey Walls Press, 1946 in *Against Power and Death*, ed. David Goodway (London: Freedom Press, 1994).

Comfort, Alex. "Imagination or Reportage?," *Readers News*, January 1946 in *Against Power and Death*, ed. David Goodway (London: Freedom Press, 1994).

Comfort, Alex. "Science Must Disobey," *Common Wealth Review*, June 1946 in *Against Power and Death*, ed. David Goodway (London: Freedom Press, 1994).

Comfort, Alex. "The Social Causes of Ill-Health," *Freedom*, 24th August 1946 in *Against Power and Death,* ed. David Goodway (London: Freedom Press, 1994).

Comfort, Alex. "Philosophies in Little," *Resistance*, October 1946 in *Against Power and Death*, ed. David Goodway (London: Freedom Press, 1994).

Comfort, Alex. *Art and Social Responsibility* (London: Falcon Press, 1946) in *Against Power and Death*, ed. David Goodway (London: Freedom Press, 1994).

Comfort, Alex. "The Kinsey Report," *Freedom*, 1st May 1948 in *Against Power and Death*, ed. David Goodway (London: Freedom Press, 1994).

Comfort, Alex. "Whither Israel?" *New Israel*, Summer 1948 in *Against Power and Death*, ed. David Goodway (London: Freedom Press, 1994).

Comfort, Alex. "On Defending a Telephone Exchange," *The New Statesman and Nation*, 6th November 1948 in *Against Power and Death*, ed. David Goodway (London: Freedom Press, 1994).

Comfort, Alex. "The Right Thing To Do," *Freedom*, 24th December 1948 in *Against Power and Death*, ed. David Goodway (London: Freedom Press, 1994).

Comfort, Alex. "The Wrong Thing To Do," Peace News Pamphlet, 1949 in *Against Power and Death*, ed. David Goodway (London: Freedom Press, 1994).

Comfort, Alex. "Keep Endless Watch," *Readers News* 1949 in *Against Power and Death*, ed. David Goodway (London: Freedom Press, 1994).

Comfort, Alex. "Criminals and Society," *Freedom*, 24th December 1949 in *Against Power and Death*, ed. David Goodway (London: Freedom Press, 1994).

Comfort, Alex. "Psychopaths in Power," *Freedom*, 14th October 1950 in *Against Power and Death*, ed. David Goodway (London: Freedom Press, 1994).

Comfort, Alex. "The Social Psychiatry of Cmmunism," *Freedom*, 25th November and 9th December 1950 in *Against Power and Death*, ed. David Goodway (London: Freedom Press, 1994).

Comfort, Alex. "The Russian Attitude to Child Sexuality," *Freedom*, 17th February 1951 in *Against Power and Death*, ed. David Goodway (London: Freedom Press, 1994).

Comfort, Alex. "What Can We Do to Stop Them?" *Freedom*, 14th April 1951 in *Against Power and Death*, ed. David Goodway (London: Freedom Press, 1994).

Comfort, Alex. "Social Responsibility in Science and Art" *Freedom*, 1st and 8th December 1951 in *Against Power and Death*, ed. David Goodway (London: Freedom Press, 1994).

Comfort, Alex. "The Individual and World Peace," *Resistance*, June 1954 (in *Against Power and Death*, ed. David Goodway (London: Freedom Press, 1994).

Comfort, Alex. "1939 and 1984: George Orwell and the Vision of Judgment," *On Nineteen Eighty-Four* edited by Peter Stansky, 1983 in *Against Power and Death*, ed. David Goodway (London: Freedom Press, 1994).

Comfort, Alex. Preface to *People without Government: An Anthropology of Anarchism* by Harold Barclay (Cienfuegos Press, 1982).

Comfort, Alex. *Authority and Delinquency* (London; Zwan, 1987).

Conquest, Robert. "Orwell, Socialism and the Cold War" in *The Cambridge Companion to George Orwell* edited by John Rodden (Cambridge: Cambridge University Press, 2007).

Crick, Bernard. Introduction of *The Lion and the Unicorn* (Penguin Books: Harmondsworth, Middlesex, England, 1982).

Crothers, Lane. "George Orwell and the Failure of Democratic Socialism: The Problem of Political Power," *Soundings* 77:3-4 (Fall/Winter 1994).

Davis, Laurence. Review of *Rebel Alliances: The Means and Ends of Contemporary British Anarchisms* by Benjamin Franks, *Anarchist Studies*, vol.16, no. 2 (2008).

Dawson, Oswald, ed., *The Bar Sinister and Licit Love: The First Biennial Proceedings of the Legitimation League* (London, 1895).

"Free-Love," *The Anarchist* (Nov. 1886).

Frost, Ginger. "'Love is always free': anarchism, free unions, and utopianism in Edwardian England," Anarchist Studies, vol. 17, no. 1 (2009).

Goodman, David. "Orwell's 1984: The Future Is Here," *Insight on the News*, vol. 17, no. 49 (Dec. 31 2001).

Goodway, David. Anarchist Seeds beneath the Snow: Left-Libertarian Thought and British Writers from William Morris to Colin Ward, (Oakland, CA: PM Press, 2012).

Greenway, Judy. Review of *Anarchist Seeds Beneath the Snow: Left-Libertarian Thought and British Writers from William Morris to Colin Ward* by David Goodway, Anarchist Studies, vol. 16, no. 2 (2008).

Hinley, Susan. "Charlotte Wilson, the "Woman Question," and the Meanings of Anarchist Socialism in Late Victorian Radicalism," *International Review of Social History*, no. 57 (2012).

Hitchens, Christopher. "George Orwell and Raymond Williams," *Critical Quarterly*, vol. 41, no. 3 (1999).

Hitchens, Christopher. *Why Orwell Matters* (New York: Basic Books, 2002).

Holdefer, Charles. "Orwell's Hippopotamus, or The Writer as Historical Anarchism," *New England Review*, vol. 32, no. 3 (2011).

Honeywell, Carissa. *A British Anarchist Tradition* (London: Bloomsbury, 2011).

Humphreys, Anne. "The Journal That Did: form and content in The Adult (1897-1899)," *Media History*, vol. 9, no. 1 (2003).

Ingle, Stephen. "A Note on Orwellism," *Political Studies*, vol. 28, no. 4 (Dec. 1980).

Ingle, Stephen. Review of *Orwell's Victory* by Christopher Hitchens, *Modernism*, vol. 10, no. 2 (Apr. 2003).

Ingle, Stephen. *Social and Political Thought of George Orwell: A Reassessment* (Florence, KY, USA: Routledge, 2006).

Laurie, G. D. "Free Love and Sex Relations," *The Revolutionary Review*, vol. 1, no. 8 (1889).

Marks, Peter. "Reputations George Orwell," *Political Quarterly*, vol. 70, no. 1 (Jan.-Mar. 1999).

Marsden, Gordon. "Orwell and Burke: Strange Bedfellows?" *History Today*, vol. 53, no. 7 (July 2003).

Marshall, P. *Demanding the Impossible: A History of Anarchism* (London: Harper Perennial, 2008).

Martin, Douglas. "Alex Comfort, 80, Dies; a Multifaceted Man Best Known for Writing 'The Joy of Sex'," *The New York Times* (Mar. 29 2000).

McElroy, Wendy. "The Chism between Individualist and Communist Anarchism in the Nineteenth Century," *Journal of Libertarian Studies*, vol. 15, no. 1 (Fall 2000).

Mount, Ferdinand. "Orwell and the Oligarchs," *Political Quarterly*, vol. 82, no. 2 (April-June 2011).

Newsinger, John. "Life After Death: The Relevance of George Orwell," *Journal of Contemporary History*, vol. 48, no. 4 (2013).

Orwell, George. *The Complete Works of George Orwell* (London: Secker & Warburg, 1986).

Orwell, George. *The Road to Wigan Pier* (London, 1937).

Orwell, George. *Homage to Catalonia* (NY: Harcourt Brace Jovanovich, 1952).

Orwell, George. *Inside the Whale and Other Essays* (Aylesbury, Bucks: Hazell Watson & Viney, 1976).

Orwell, George. *The English People* (New York: Haskell House Publishers Ltd., 1974).

Orwell, George. *The Lion and the Unicorn* (Harmondsworth, Middlesex, England: Penguin Books, 1982).

Packer, George. "The Independent of London," Review of *Why Orwell Matters* by Christopher Hitchens, *New York Times Book Review* (Sep. 29 2002).

Pauli, Benjamin Jacob. "Modern Rebels: The Political Thought of the New Anarchists" (Ph.D. dissertation, The State University of New Jersey, 2014).

Pearce, Robert. "Orwell Now," *History Today*, vol. 47, no. 10 (Oct 1997).

Pearson, T. "Individual or Common Property: A Discussion," *Freedom* 42 (May 1890).

Pope, Cornor. George Orwell: from Tory Anarchist to Democratic Socialist labourist.org/2010/11/george-orwell-from-tory-anarchist-to-democratic-socialist/

Prichard, William. "Orwell Matters," *The Hudson Review*, vol. 56, no. 1 (Spring 2003).

Quail, J. *The Slow Burning Fuse* (London: Paladin, 1978).

Rieff, David. "Orwell Abuse," *Columbia Journalism Review*, vol. 46, no. 4 (Nov/Dec 2007).

Rodden, John. "Fellow Contrarians? Christopher Hitchens and George Orwell," *The Kenyon Review*, vol. 28, no. 1 (Winter 2006).

Rossi, John. "The Enduring Relevance of George Orwell," *Contemporary Review* vol. 283, no. 1652 (Sep. 2003).

Rossi, John. "'My Country, Right or Left': Orwell's Patriotism" in *The Cambridge Companion to George Orwell* edited by John Rodden (Cambridge: Cambridge University Press, 2007).

Rossi, John. "Orwell on Fascism," *Modern Age* 54:1-4 (Winter-Fall 2012).

Ryley, Peter. "Individualist Anarchism in late Victorian Britain," *Anarchist Studies*, vol. 20, no. 2 (2012).

Salmon, Arthur E. *Alex Comfort* (Boston: Twayne Publishers, 1978).

Seymour, Henry. "Editorial," *The Anarchist*, no. 1 (March 1885).

Seymour, Henry. "Anarchy: its teachings and tendencies," *The Anarchist*, no. 2 (April 1885).

Seymour, Henry. "Anarchism: Communistic & Mutualistic," *The Anarchist*, no. 5 (July 1885).

Seymour, Henry. "Labor and Capital," *The Anarchist*, no. 5 (July 1885).

Seymour, Henry. "Anarchism: Communistic & Mutualistic," *The Anarchist*, no. 5

(July 1885).

Seymour, Henry. "An Open Letter to a Freethinker," *The Anarchist* no. 11 (January 1886).

Seymour, Henry. "The True Theory of Value," *The Anarchist*, no. 11 (January 1886).

Seymour, Henry. "The Philosophy of Anarchism I," *The Anarchist*hist, no. 22 (December 1886).

Seymour, Henry. "Capital," *The Anarchist*, no. 23 (January 1887).

Seymour, Henry. "The Philosophy of Anarchism II," *The Anarchist*, no. 23 (January 1887).

Seymour, Henry. "Anarchy and Communism," *The Anarchist* 7.

Seymour, Henry. "A Free Currency," *The Anarchist*, no. 28 (June 1887).

Seymour, Henry. "Is Anarchy Practical?: A Debate" *The Anarchist*, no. 31 (September 1887).

Seymour, Henry. "Is Anarchy Practical?: A Debate" *The Anarchist*, no. 32 (October 1887).

Seymour, Henry. "What is Anarchy?" *The Anarchist*, no. 33 (November 1887).

Seymour, Henry. *Anarchy: Theory and Practice* (London, 1888).

Seymour, Henry. "The Malthusian Theory," *The Anarchist*, no. 36 (Feb. 1888).

Seymour, Henry. "The Malthusian Theory," *The Anarchist* 37 (March 1888).

Seymour, Henry. "Free Co-operation," *The Anarchist* (March 1888).

Seymour, Henry. "Economic Contradictions," *The Anarchist*, no. 37 (March 1888).

Seymour, Henry. "The Commune of Paris," *The Anarchist*, no. 37 (March 1888).

Seymour, Henry. "The Anarchy of Love," *The Anarchist* (July 1888).

Seymour, Henry. "The Anarchy of Love: or, The Science of Sexes," *The Anarchist*, no. 40 (August 1888).

Seymour, Henry. "What is a Revolutionist," *The Anarchist*, no. 40 (August 1888).

Seymour, Henry. "Egoism and Anarchy," *The Anarchist*, no. 40 (August 1888).

Seymour, Henry. "Editorial Prolegomena," *The Revolutionary Review*, vol. 1, no. 1 (1889).

Seymour, Henry. "Rights versus Governments," *The Revolutionary Review*, vol. 1, no. 4 (1889).

Seymour, Henry. "Anarchy versus Government," *The Revolutionary Review*, vol. 1, no. 9 (1889).

Seymour, Henry. "Sex-Educational Reform," *The Revolutionary Review*, vol. 1, no. 9 (1889).

Seymour, Henry. "Introductory," *Free Exchange* (May 1892).

Seymour, Henry. "The Sophistry of Economic Rent," *Free Exchange* (June 1892).

Seymour, Henry. *The Monomaniacs: A Fable in Finance*, Free Currency Tracts 1 (London, 1895).

Shpayer-Makov, Haia. "Anarchism in British Public Opinion 1880-1914," *Victorian Studies* (summer 1988).

"Socialism and Sex," *Freedom* (Apr. 1887).

Spartacus, "Liberty versus Property," *The Revolutionary Review*, vol. 1, no. 3 (1889).

Sunshine, Spencer. Review of *Black Flame: Revolutionary Class Politics of Anarchism and Syndicalism* by Michael Schmidt and van der Walt, *Anarchist Studies*, vol. 18, no. 1 (2010).

Sweet, Matthew. "The Joy of Alex Comfort," *The Guardian* (Dec. 28 2012).

Tarn, Albert. "Competition," *The Commonweal* 56 (Feb. 5, 1887).

Tarn, Albert. "Money," *Freedom* 34 (September 1889).

Tarn, Albert. "From an Individualist Correspondent," *Freedom* 41 (April 1890).

Tarn, Albert. "Individual or Common Property," *Freedom* 45 (August 1890).

Tarn, Albert. "The Reward of Labour," *The Free Labour Gazette* 11 (September 1895).

Thomas, Matthew. "Anarcho-Feminism in late Victorian and Edwardian Britain, 1880-1914," *International Review of Social History* 47 (2002).

van der Walt, Lucien and Schmidt, Michael, *Black Flame* (Oakland, CA: AK Press, 2009).

van der Walt, Lucien. Review of *New Perspectives on Anarchism, Labour and Syndicalism: the Individual, the National and the Transnational* by David Berry and Constance Bantman(eds.), *Anarchist Studies*, vol. 20, no. 1 (2012).

Vaninskaya, Anna. "The Bugle of Justice: The Romantic Socialism of William Morris and George Orwell," *Contemporary Justice Review* vol. 8, no. 1 (March 2005).

Vaninskaya, Anna. "The Orwell Century and After: Rethinking Reception and Reputation," *Modern Intellectual History*, vol. 5, no. 3 (2008).

Verax, "The Logic of Free-Love," *The Anarchist* (Oct. 1887).

Verax, "Is Free Love a Failure?" *The Revolutionary Review*, vol. 1, no. 1 (1889).

Verax, "Monogamy Unmasked," *The Revolutionary Review*, vol. 1, no. 3 (1889).

Verax, "The Ethics of Landlordism," *The Revolutionary Review*, vol. 1, no. 7 (1889).

Walter, Nicolas. "Direct Action And New Pacifism," *Anarchy*, no. 13 (Mar. 1962).

Watner, Carl. "The English Individualists as They Appear in *Liberty*," *The Journal of Libertarian Studies*, vol. vi, no. 1 (winter 1982).

Watson, George. "Orwell and the Spectrum of European Politics," *Journal of European Studies*, vol. 1, no. 3 (Sep. 1971).

White, Richard. "George Orwell: Socialism and Utopia," *Utopian Studies*, vol. 19, no. 1 (2008).

Wilkin, Peter. *The Strange Case of Tory Anarchism* (Faringdon, Oxfordshire: Libri Publishing, 2010).

Wilkin, Peter. "George Orwell: The English Dissident as Tory Anarchist," *Political Studies*, vol. 61 (2013).

Williams, Ian. "Orwell and the British Left" in *The Cambridge Companion to George Orwell* edited by John Rodden (Cambridge: Cambridge University Press, 2007).

김명환, 『영국 사회주의의 두 갈래 길』(서울 : 한울, 2006).

주

1장

1) Bertrand Russel, *Roads to Freedom. Socialism, Anarchism, Syndicalism* (London: George Allen & Unwin LTD, 1919), p.11.

2) Henry Seymour, "What is Anarchy?" *The Anarchist*, no.33 (November 1887), p.7.

3) 그녀만이 그러했던 것이 아니라 다른 개혁운동가들의 경우도 자신의 사상 속에 이 두 경향이 융합되어 있다는 점을 보여주는 경우가 많았다. 아니 베산트도 그러한 예로 들 수 있다. 베산트는 자신을 국가사회주의자라고 불렀지만 그녀의 이상적 국가는 국가 내의 개별 시민과 동의어가 될 수 있을 정도로 민주적으로 변화된 기구로 정의되었다. 그녀에게 국가사회주의는 "완전한 개인의 자유"와 동일한 개념으로 이해되었다. Susan Hinley, "Charlotte Wilson, the "Woman Question", and the Meanings of Anarchist Socialism in Late Victorian Radicalism," *International Review of Social History*, no.57 (2012), p.6, p.16.

4) 여기에는 윌리엄 모리스 같은 문필가들과 노동계급 출신의 존 번스도 있었다. 그리고 하벨록 엘리스나 칼 피어슨 같은 성의학자와 우생학자들과 샬롯 윌슨의 친구였던 H. H. 애스퀴스도 있어서 새로운 사상들이 얽혀 있었음을 보여준다. 여러 사상들의 초기 융합상태를 보여주고 있다고 생각된다. 한 가지 더 흥미로운 점은 페이비언 협회 초기에는 심지어 페이비언 협회 안에도 집단주의자들 못지않게 무정부주의자들이 많았다는 점이다. 버나드 쇼가 이런 사실을 인정하고 있다. Hinley, "Charlotte Wilson, the "Woman Question", and the Meanings of Anarchist Socialism in Late Victorian Radicalism," p.13, p.15.

5) 러셀도 『자유로의 길』에서 무정부주의를 설명하였지만 영국 무정부주의에 대해서는 전혀 언급하지 않았다.

6) 무신론자이며 무정부주의적 공산주의자였던 조지프 래인, 댄 채터튼의 경우도 들 수 있는데 무신론은 자유사상의 중요한 특징이었다. Peter Ryley, "Individualist Anarchism in late Victorian Britain," *Anarchist Studies*, 20 no.2 (2012), p.74.

7) 자유사상가Freethinker는 국가에 반대하지 않으면서 교회에 반대하는 논리를 만들어 낼 수 없다고 지적한다. Henry Seymour, "An Open Letter to a Freethinker," *The Anarchist*, no.11 (22 January 1886), p.3.

8) 이들은 1881년 미국의 벤자민 터커가 발행한 『리버티』에 기고를 하면서 등장했는데, 『천천히 타는 도화선』이란 책으로 영국 무정부주의를 연구한 존 퀘일은 신문 『리버티』를 영국 무정부주의 운동의 시작점으로 보고 있다. Ryley, "Individualist Anarchism in late Victorian Britain," p.73.

9) Ryley, "Individualist Anarchism in late Victorian Britain," p.72.

10) Carl Watner, "The English Individualists as They Appear in *Liberty*," *The Journal of Libertarian Studies*, vi, no.1 (winter 1982), p.77.

11) Henry Seymour, "Anarchy: its teachings and tendencies," *The Anarchist*, no.2 (April 1885), p.2.

12) Spartacus, "Anarchy versus Government," *The Revolutionary Review*, 1, no.9 (1889), p.140.

13) Henry Seymour, "The Malthusian Theory," *The Anarchist*, no.36 (Feb. 1888), p.4.

14) 평등한 자유의 법칙은 스펜서가 주장한 원리이기도 했다. Seymour, "Anarchy: its teachings and tendencies," p.2.

15) *Ibid*.

16) Henry Seymour, "Editorial," *The Anarchist*, no.1 (March 1885), p.2.

17) Seymour, "Anarchy: its teachings and tendencies," p.2.

18) Henry Seymour, "The Philosophy of Anarchism II," *The Anarchist*, no.23 (January 1887), p.4.

19) 대의 민주주의를 표방하는 많은 국가들이 또 현실 사회주의로 등장했던 많은 나라들이 실제로는 독재 권력을 행사했다는 사실을 두고 보면 그의 주장에 주목할 필요가 있다. Henry Seymour, "The Philosophy of Anarchism I," *The Anarchist*, no.22 (December 1886), p.4.

20) 그는 스펜서가 입법의 해악에 대해 수많은 예를 제시했다는 점을 지적한다. Seymour, "The Philosophy of Anarchism II," p.4.

21) *Ibid*.

22) *Ibid*.

23) *Ibid*.

24) *Ibid*.

25) Seymour, "Anarchy: its teachings and tendencies," p.2.

304

26) Seymour, "The Philosophy of Anarchism I," p.4.

27) 가장 단순한 자유연합의 형태는 바로 부부였으며 무정부주의자들 중에는 자유연합 형태의 부부관계를 실험하기도 했다. Seymour, "The Philosophy of Anarchism I," p.4; Ginger Frost, "'Love is always free': anarchism, free unions, and utopianism in Edwardian England," *Anarchist Studies*, 17, no.1 (2009).

28) Henry Seymour, "Is Anarchy Practical?: A Debate," *The Anarchist*, no.31 (September 1887), p.5.

29) Henry Seymour, "Editorial Prolegomena," *The Revolutionary Review*, 1, no.1 (1889), p.2.

30) Ryley, "Individualist Anarchism in late Victorian Britain," p.79.

31) *Ibid*. 알버트 탄Albert Tarn이 세이무어와 함께 이런 비판적 경향을 대표하고 있다.

32) 세이무어는 권리가 편의성expediency에 종속되어 있음을 인정하고 있어 벤담적 사고를 하고 있음을 알 수 있다. 아울러 이기심도 강조하고 있는데 단지 계몽된 이기심을 주장한다. Henry Seymour, "Egoism and Anarchy," *The Anarchist*, no.40 (August 1888), p.4.

33) Henry Seymour, "Capital," *The Anarchist*, no.23 (January 1887), p.4.

34) Ryley, "Individualist Anarchism in late Victorian Britain," p.80.

35) 허버트 스펜서가 그의 "위대한 정치적 미신"이라는 글에서 밝히고 있는 내용이다. Spartacus, "Anarchy versus Government," *The Revolutionary Review*, 1, no.9 (1889), p.139.

36) Ryley, "Individualist Anarchism in late Victorian Britain," p.80.

37) 그는 이러한 명제를 진리라고 주장했다. Seymour, "Is Anarchy Practical?: A Debate," p.4.

38) Henry Seymour, "Labor and Capital," *The Anarchist*, no.5 (July 1885), p.2.

39) Seymour, "Labor and Capital," p.2.

40) "요람에서 무덤까지"라는 말은 비버리지를 앞서고 있고 다른 맥락에서 쓰이고 있다. Ryley, "Individualist Anarchism in late Victorian Britain," p.81.

41) Seymour, "The Philosophy of Anarchism II," p.4.

42) Henry Seymour, *Anarchy: Theory and Practice* (London,1888), p.7. Peter Ryley, "Individualist Anarchism in late Victorian Britain," *Anarchist Studies*, 20, no.2 (2012), p.81에서 재인용.

43) Henry Seymour, "Is Anarchy Practical?: A Debate" *The Anarchist*, no.31 (September 1887), p.4.

44) Ryley, "Individualist Anarchism in late Victorian Britain," p.81.

45) Seymour, "The Philosophy of Anarchism I," p.4.

46) 세이무어는 보상은—예컨대 토지에 대한 보상— 독점의 도덕성을 받아들이는 행위라고 간주했다. Seymour, "Is Anarchy Practical?: A Debate," p.4.

47) Ryley, "Individualist Anarchism in late Victorian Britain," p.88.

48) Henry Seymour, "The True Theory of Value," *The Anarchist*, no.11 (22 January 1886), p.2.

49) Seymour, "The Philosophy of Anarchism II," p.4.

50) Seymour, "Labor and Capital," p.2.

51) Henry Seymour, "Anarchism: Communistic & Mutualistic," *The Anarchist*, no.5 (July 1885), p.2.

52) Seymour, "The Philosophy of Anarchism II," p.4.

53) Henry Seymour, "Is Anarchy Practical?: A Debate" *The Anarchist*, no.32 (October 1887), p.3.

54) Henry Seymour, "The Commune of Paris," *The Anarchist*, no.37 (March 1888), p.1.

55) Verax, "What is a Revolutionist," *The Anarchist*, no.40 (1 August 1888), p.5.

56) Ryley, "Individualist Anarchism in late Victorian Britain," p.88.

57) 그는 수동적 저항passive resistance이 장기적으로 볼 때 가장 안전하고 성공적인 방법이라고 보았다. Henry Seymour, "Egoism and Anarchy," p.4.

58) 그는 테러와 같은 방법으로 국가를 파괴하려는 사람들을 격렬하게 비판한다. Henry Seymour, "Introductory," *Free Exchange* (May 1892), p.2.

59) Ryley, "Individualist Anarchism in late Victorian Britain," p.88.

60) Seymour, "The Philosophy of Anarchism I," p.4.

61) Seymour, "Anarchism: Communistic & Mutualistic," p.2.

2장

1) Carissa Honeywell, *A British Anarchist Tradition* (London:Bloomsbury, 2011), p.2.

2) *Ibid.*, p.5.

3) Peter Ryley, "Individualist Anarchism in late Victorian Britain," *Anarchist Studies* 20.2 (2012), p.96; Honeywell, *A British Anarchist Tradition*, p.9. 리버테어리언 Libertarian이라는 용어에 대해서는 주의해야 할 부분이 있다. 이 경향 안에 두 가지 다른 갈래가 있기 때문이다. 그 중 하나는 자본주의를 옹호하고 이와 결합된 형태로 등장한다. 여기에 비해 개인주의적 무정부주의는 자본주의를 비판하는 경향으로 출현하고 있다. 리버테어리언은 자유를 절대적 가치로 추구하는 사람을 의미한다. 우리 말로 자유만능주의자, 자유지상주의자 등으로 옮겨지고 있지만 그것의 구체적 의미가 다를 수 있음에 유의해야 하겠다.

4) 'What Socialism Is'(Fabian Tract no.4, 1886). Honeywell, *A British Anarchist*

Tradition, 9에서 재인용. 집단주의적 사회주의의 전형을 보여주는 페이비언 협회 안에서조차 초기에는 집단주의적 사회주의자들과 무정부주의자들이 섞여서 활동했던 것을 알 수 있다. Susan Hinley, "Charlotte Wilson, the "Woman Question", and the Meanings of Anarchist Socialism in Late Victorian Radicalism," *International Review of Social History* 57 (2012), p.15.

5) 무정부주의자들 스스로도 자신을 사회주의자로 인식하고 있었던 것 같다. 개인주의적 무정부주의자였던 알버트 탄A. Tarn은 "우리 사회주의자들"us Socialists이라는 표현을 사용하고 있다. Albert Tarn, "Competition," *The Commonweal* 56 (Feb. 5, 1887), p.42.

6) P. Marshall, *Demanding the Impossible: A History of Anarchism* (London: Harper Perennial, 2008), p.490. 사회적 무정부주의는 집단주의적 무정부주의 혹은 계급투쟁적 무정부주의, 공산주의적 무정부주의로 표기하기도 한다. 공동 체적 무정부주의, 혁명적 무정부주의도 대체로 이들을 의미한다. 하지만 사회적 무정부주의자들이 활동한 나라에 따라 그 양상은 달랐기 때문에 용어를 혼용해 쓰는 데는 주의를 기울여야 한다. 예를 들어 러시아, 독일에서 는 공산주의적 무정부주의자들은 폭력을 사용하는 전략을 썼지만 영국에서 공산주의적 무정부주의자들은 폭력을 선호하지 않았다. 베비어는 바쿠닌 은 폭력을 선호했지만 크로포트킨은 폭력을 거부했다는 점을 강조하고 있다. Mark Bevir, *The Making of British Socialism*(Princeton, New Jersey: Princeton University Press, 2011), p.267; Wendy McElroy, "The Chism between Individualist and Communist Anarchism in the Nineteenth Century," *Journal of Libertarian Studies* 15.1 (Fall 2000), p.97.

7) Ryley, "Individualist Anarchism in late Victorian Britain," p.78.

8) Henry Seymour, "The True Theory of Value," *The Anarchist* 22 (January 1886), p.2.

9) Henry Seymour, "Is Anarchy Practical?: A Debate," *The Anarchist* (September 1887), p.4.

10) 김명환, 『영국 사회주의의 두 갈래 길』(서울:한울, 2006), pp.30~53.

11) 세이무어는 쇼가 공산주의자라고 고백해야 한다고 주장했다. Henry Seymour, "The Sophistry of Economic Rent," *Free Exchange* (June 1892), p.8.

12) 세이무어는 크로포트킨 무정부주의Kropotkinian anarchism라는 용어를 쓰면서 이를 비판함을 밝히고 있다. Henry Seymour, "Economic Contradictions," *The Anarchist* 37 (March 1888), p.3.

13) Henry Seymour, "Anarchy and Communism," *The Anarchist* (May 1887), p.4.

14) 개인주의적 무정부주의자들은 이기심의 동력을 인정하고 있었다. 존 배드 콕, 존 바실 반힐, 알버트 탄, 헨리 세이무어, 로쓰롭 위씽튼 등과 함께 개인주의적 무정부주의자 그룹의 중요한 한 인물이었던 존 암스덴은 자신 을 위한 노동이 자유를 증가시킨다고 주장했다. J. Armsden, "An Exposé

of Anarchy and Economic Phenomena I : A Letter to a Friend," *The Revolutionary Review* 1 (Jan. 1889), p.12.

15) T. Pearson, "Individual or Common Property: A Discussion," *Freedom* 42 (May 1890), p.21.

16) Albert Tarn, "The Reward of Labour," *The Free Labour Gazette* 11 (September 1895), p.5.

17) *Ibid*.

18) *Ibid*.

19) Ryley, "Individualist Anarchism in late Victorian Britain," p.90.

20) Spartacus, "Liberty versus Property," *The Revolutionary Review* 1.3 (1889), p.39.

21) Henry Seymour, "Labor and Capital," *The Anarchist* (July 1885), p.2.

22) Henry Seymour, "The Philosophy of Anarchism I," *The Anarchist* (December 1886), p.4.

23) Henry Seymour, "Rights versus Governments," *The Revolutionary Review* 1.4, (April 1889), p.63.

24) Verax, "The Ethics of Landlordism," *The Revolutionary Review* 1.7 (1889), p.109.

25) 세이무어와 탄 모두 legal property라는 표현을 썼지만 세이무어의 경우는 "합법적 재산"이라고 표기하고 탄의 경우에는 "법률적 재산"이라고 표기한 것은 세이무어의 경우는 재산이 합법적으로 취득되었다는 점을 강조하고 있는 반면 탄의 경우에는 재산이 법에 의해 보호되고 있다는 점을 강조하고 있기 때문이다.

26) Ryley, "Individualist Anarchism in late Victorian Britain," p.82.

27) *Ibid*., p.83.

28) Albert Tarn, "From an Individualist Correspondent," *Freedom* 41 (April 1890), p.18.

29) "Individual or Common Property: A Discussion," *Freedom* 39 (February 1890), p.7.

30) 라일리는 이를 두고 독특한 평등개념이라고 지적하고 있다. Ryley, "Individualist Anarchism in late Victorian Britain," p.84.

31) Tarn, "From an Individualist Correspondent," p.18.

32) Ryley, "Individualist Anarchism in late Victorian Britain," p.83.

33) Albert Tarn, "Individual or Common Property," *Freedom* 45 (August 1890), p.33.

34) 개인주의적 무정부주의자들은 각종 독점 및 독점적 지위를 이용해 벌어들이는 수입은 개인의 재산으로 인정할 수 있는 정당한 수입이 아니라고 보고 있는 것이다. 범죄적 행위로 벌어들이는 수입을 개인의 재산으로 인정하지 않는 논리와 동일한 연장선 위에 서 있다고 볼 수 있다. *Ibid*.

35) Tarn, "From an Individualist Correspondent," p.18.

36) Ryley, "Individualist Anarchism in late Victorian Britain," p.84.

37) *Ibid.* 물론 여기서 사회주의는 집단주의적 사회주의를 의미하고 있다.

38) Spartacus, "Liberty versus Property," p.39.

39) 혁명의 의미에 대해서도 의견은 상이했다.

40) 전자는 보수파로 후자는 혁명파로 나아갔지만 세이무어는 양 쪽을 모두 거부했다.

41) 크로포트킨이 공산주의를 아나키의 본질이라고 주장한 것에 대해 비판하면서 정치적 공산주의는 새로운 형태의 정부라고 지적하고 있다. Seymour, "Anarchy and Communism," p.4.

42) *Ibid.*, p.5.

43) Henry Seymour, "A Free Currency," *The Anarchist* (June 1887), p.4.

44) Albert Tarn, "Money," *Freedom* 34 (September 1889), p.41.

45) J. Armsden, "Association," *Revolutionary Review* 3 (March 1889), p.44. 헨리 세이무어, 암스덴 등은 자유 화폐 선전기구Free Curency Propaganda에 연루된 사람들이었는데 이들은 1844년 은행법을 폐지하고 통화관련법들을 폐지하자는 주장을 폈다. 아울러 영국은행의 통화공급 독점권을 폐지할 것을 주장했다. Carl Watner, "The English Individualists as They Appear in *Liberty*," *The Journal of Libertarian Studies* vi.1 (winter 1982), p.60.

46) Henry Seymour, *The Monomaniacs: A Fable in Finance*, Free Currency Tracts 1 (London, 1895), p.3.

47) *Ibid.*, p.4.

48) *Ibid.*, p.5.

49) *Ibid.*, p.6.

50) *Ibid.*

51) *Ibid.*, p.7.

52) *Ibid.*

53) *Ibid.*

54) *Ibid.*, p.8.

55) *Ibid.*

56) *Ibid.*

57) Seymour, "A Free Currency," p.4.

58) *Liberty* 9 (May 5, 1894). Watner, "The English Individualists as They Appear in *Liberty*," p.72에서 재인용.

59) Henry Seymour, "Introductory," *Free Exchange* (May 1892), p.2.

60) Henry Seymour, "The Malthusian Theory," *The Anarchist* 37 (March 1888), p.3.

61) Henry Seymour, "The Philosophy of Anarchism II," *The Anarchist* (January 1887), p.4.

62) Tarn, "Money," p.41.

63) Seymour, "The Philosophy of Anarchism II," p.4.

64) Tarn, "Individual or Common Property," p.33.

65) Henry Seymour, "Anarchy: its teachings and tendencies," *The Anarchist* (April 1885), p.2.

66) 그러므로 자유 화폐는 노동시간labor-time으로 표기되어야 했다. J. Armsden, "An Exposé of Anarchy and Economic Phenomena I: A Letter to a Friend," p.12.

67) Seymour, "Introductory," p.2.

68) Seymour, "Anarchy: its teachings and tendencies," p.2.

69) Seymour, "Introductory," p.2.

70) Tarn, "Individual or Common Property," p.33.

71) 화폐는 일반적인 은행 수표의 형태를 띨 것인데 한 번 사용하고 난 후 폐기될 수도 있고, 혹은 여러 번 교환할 수 있도록 만들어질 수도 있을 것이다. Seymour, "A Free Currency," p.4.

72) Henry Seymour, "Free Co-operation," *The Anarchist* (March 1888), p.10.

73) Seymour, "A Free Currency," p.4.

74) Seymour, "Is Anarchy Practical?: A Debate," p.4.

75) Seymour, "The Sophistry of Economic Rent," p.8. 세이무어는 낮은 가격만이 사실상 행복의 수준을 높이는 유일한 지렛대라고 보았다. 가격의 하락이 잉여가치를 재분배한다는 생각은 독점이 사라지면서 가격수준이 떨어지는 것을 관찰할 때 일리가 있다고 보여진다. 임플란트는 초기에 고가였지만 경쟁이 진행되면서 차츰 가격이 현저히 떨어지는 현상을 보여주었는데 한 예가 될 수 있을 것 같다.

76) Ryley, "Individualist Anarchism in late Victorian Britain," p.86. 그러나 여기서 혁명이라는 용어가 폭력을 의미하는 것은 아니었다.

77) J. Armsden, "An Exposé of Anarchy and Economic Phenomena II: A Letter to a Friend," *The Revolutionary Review* 2 (Feb. 1889), p.29.

3장

1) Mark Bevir, *The Making of British Socialism* (Princeton University Press, 2011), p.267; Wendy McElroy, "The Chism between Individualist and Communist Anarchism in the Nineteenth Century," *Journal of Libertarian Studies*, vol.15, no.1 (Fall 2000), p.97; Haia Shpayer-Makov, "Anarchism in British Public Opinion 1880-1914," *Victorian Studies* (summer 1988), p.488.

2) 허미아 올리버와 존 퀘일은 무정부주의는 어떤 것도 성취하지 못했다고 지적했다. 피터 마샬은 무정부주의는 노동운동에 거의 파고들지 못했다고 유사한 평가를 했다. 홉스봄은 영국에 의미있는 무정부주의가 존재하지

않았다고 주장했다. 하지만 무정부주의자들이 페미니스트 이론에는 독창적이고 일관된 기여를 했다는 점이 지적된다. Matthew Thomas, "Anarcho-Feminism in late Victorian and Edwardian Britain, 1880-1914," *International Review of Social History* 47 (2002), p.2.

3) Verax, "The Logic of Free-Love," *The Anarchist* (Oct. 1887), p.4.

4) *Ibid*.

5) Verax, "The Logic of Free-Love," p.5.

6) Thomas, "Anarcho-Feminism in late Victorian and Edwardian Britain, 1880-1914," p.20.

7) Verax, "The Logic of Free-Love," p.5.

8) "Free-Love," *The Anarchist* (Nov. 1886), p.3.

9) Thomas, p.18.

10) *Ibid*., p.19.

11) Anne Humphreys, "The Journal That Did: form and content in The Adult (1897-1899)," *Media History*, vol.9, no.1 (2003), p.75.

12) 자유결합을 실천했던 가이 알드레드는 이런 점을 포착해 결혼을 계약에 의한 강간rape by contract이라고 보았다. Ginger Frost, "'Love is always free' p.anarchism, free unions, and utopianism in Edwardian England," *Anarchist Studies*, vol.17, no.1 (2009), p.79.

13) 무정부주의는 이 부분에서 페미니즘과 만나고 있다. 그런데 페미니즘 역시 무정부주의와 만나는 부분이 있다. 그것은 로스 윗콥이 참정권론자들을 비판한 부분이다. 중요한 것은 의회에 들어가는 것이 아니라 가부장적 사회의 권력을 깨뜨리는 것이라는 점을 주장했을 때 그녀는 무정부주의와 만나고 있었던 것이다. Thomas, "Anarcho-Feminism in late Victorian and Edwardian Britain, 1880-1914," pp.22, 28.

14) Frost, "'Love is always free': anarchism, free unions, and utopianism in Edwardian England," p.77.

15) Henry Seymour, "The Anarchy of Love: or, The Science of Sexes," *The Anarchist*, vol.2, no.6(no.40) (August 1888), p.3.

16) G. D. Laurie, "Free Love and Sex Relations," The Revolutionary Review, vol.1, no.8 (1889), p.125; Verax "Monogamy Unmasked," *The Revolutionary Review*, vol.1, no.3 (1889), p.48; "Free-Love," p.3.

17) Verax, "The Logic of Free-Love," p.4.

18) Peter Ryley, "Individualist Anarchism in late Victorian Britain," *Anarchist Studies*, vol.20, no.2 (2012), p.92.

19) Henry Seymour, "The Anarchy of Love," *The Anarchist* (1 July 1888), p.3. 사실 당시의 결혼제도 자체를 결혼의 노예제로 보고 있다.

20) "Free-Love," p.3.

21) Seymour, "The Anarchy of Love," p.3.

22) 아울루스 젤리우스의 견해를 소개하고 있다. 그리스와 로마인들이 그런 이유로 반지를 꼈다는 것이다. Seymour, "The Anarchy of Love: or, The Science of Sexes," p.3.

23) *Ibid.*

24) 이런 관점에서 본다면 간통과 관련된 법을 만든 국가는 관습과 사람들의 편견에 기초해 간섭을 하고 있는 셈이었다. 또 다른 예를 들자면 금주운동을 들 수 있다. 알버트 탄은 이런 경향을 시대의 가장 나쁜 징표 중의 하나라고 주장했다. Ryley, "Individualist Anarchism in late Victorian Britain," p.85.

25) 과거에는 있었지만 폐지된 것이다. Verax, "Is Free Love a Failure?" *The Revolutionary Review*, vol.1, no.1 (1889), p.5.

26) Humphreys, "The Journal That Did : form and content in The Adult(1897-1899)," p.77.

27) Verax, "The Logic of Free-Love," p.5.

28) 자유 결합을 시도했던 가이 알드레드는 어떤 사람을 영원히 사랑한다는 약속은 어처구니없다는 점을 지적했다. 그는 두 사람이 만나서 영원히 살겠다는 약속을 하지 않는다고 해서 비도덕적인 구석은 없다고 보았다. 그러한 약속은 처음부터 무효인데 왜냐하면 어느 쪽도 그것이 영원히 지속될는지를 알지 못하기 때문이다. Frost, "'Love is always free': anarchism, free unions, and utopianism in Edwardian England," p.79.

29) Verax, "Monogamy Unmasked," *The Revolutionary Review*, vol.1, no.3 (1889), p.48.

30) 하지만 새로운 가정에 대한 적극적인 설명이 없다는 점이 지적되어야 할 것이다. 특히 자녀와 관련해서 해명되어야 할 부분이 남아 있다. Verax, "The Logic of Free-Love," p.5.

31) Verax, "Is Free Love a Failure?", p.6.

32) *Ibid.*

33) Verax, "Monogamy Unmasked," p.47.

34) *Ibid.*

35) "Free-Love," p.3.

36) 질투란 소유물을 잃는 것에 대한 두려움이라고 보고 있다. *Ibid.*

37) *Ibid.*

38) Henry Seymour, "Sex-Educational Reform," *The Revolutionary Review*, vol.1, no.9 (1889), p.136.

39) *Ibid.*, p.137.

40) Seymour, "The Anarchy of Love: or, The Science of Sexes," p.3.

41) *Ibid.*

42) "Free-Love," p.3.

43) *Ibid*.

44) Seymour, "The Anarchy of Love: or, The Science of Sexes," p.3.

45) 두 사람이 산책을 나갔을 때 한 경찰이 로즈 윗콤을 매춘부라고 공격한 적도 있었다. 알드레드는 강력하게 항의했고 결국 경찰은 사과를 했다. 그러나 로즈는 충격을 받았고 알드레드 역시 낙인이 찍혔다. 그는 10대의 여성과 자유연애를 하는 사람으로 이름을 얻게 되었다. 가이의 어머니는 가이와 함께 밖에 나가는 것을 거부했고 친구들은 그를 멀리 하기 시작했다. 그는 철부지 같은 사람으로 간주되었다. Frost, "'Love is always free': anarchism, free unions, and utopianism in Edwardian England," pp.82~83.

46) "Free-Love," p.3.

47) J. Armsden, "Theosophy and Anarchistic Morality," *The Revolutionary Review*, vol.1, no.8 (1889), p.121.

48) 세이무어는 후기에 축음기 개발과 관련해 업적을 남겼는데 이는 과학에 대한 그의 관심을 잘 보여준다.

49) 아이러닉한 것은 관상학과 골상학이 정작 무정부주의자들에게는 이들을 부정적으로 인식하는 데 활용되었다는 점이다. Haia Shpayer-Makov, "Anarchism in British Public Opinion 1880~1914," pp.507~510.

50) Ryley, "Individualist Anarchism in late Victorian Britain," p.78.

51) 그는 돈을 받고 이런 서비스를 했는데 지금으로 치면 일종의 결혼정보업체 혹은 궁합검사를 해 주는 업체를 운영한 셈이다. *Ibid*.

52) Humphreys, "The Journal That Did: form and content in The Adult(1897 ~1899)," p.77.

53) *Ibid.*, p.67.

54) Henry Seymour, "Anarchy: its teachings and tendencies," *The Anarchist*, no.10, (1 Jan. 1886)(fortnightly): 1; Carl Watner, "The English Individualists as They Appear in *Liberty*," *The Journal of Libertarian Studies*, vol.vi, no.1 (winter 1982), p.60.

55) Ryley, "Individualist Anarchism in late Victorian Britain," p.76.

56) 용어를 그대로 번역하면 서자합법화연맹이 되지만 여기서 "리지티메이션" 은 서자의 불법적 존재, 합법적 존재를 따지는 의미를 담고 있기보다는 서자의 정당한 권리를 되찾아 주자는 의미를 지니고 있으므로 그 의미를 살려 서자 권리회복연맹이라고 옮겼다.

57) Thomas, "Anarcho-Feminism in late Victorian and Edwardian Britain, 1880~ 1914," p.21.

58) Watner, "The English Individualists as They Appear in *Liberty*," p.60.

59) Oswald Dawson, ed., *The Bar Sinister and Licit Love p.The First Biennial Proceedings of the Legitimation League* (London, 1895), p.8.

60) 개인의 권리 운동은 1864, 1866, 1869년의 전염병 예방법에 대한 저항에서

나온 것이었다.

61) 세속주의자와 자유사상가는 거의 같은 말로 사용되었다. 이들에 대한 보다 적절한 용어는 탈종교합리주의자라고 생각된다.

62) The Adult EP85.Ad937.897a: Finding aid prepared by Ellen Williams (University of Pennsylvania, 2012), p.5.

63) Humphreys, "The Journal That Did: form and content in The Adult(1897-1899)," p.63; Dawson, ed., *The Bar Sinister and Licit Love*, p.185.

64) Humphreys, "The Journal That Did: form and content in The Adult(1897-1899)," pp.63~65.

65) Dawson, ed., *The Bar Sinister and Licit Love*, p.112.

66) *Ibid.*, p.142.

67) *Ibid.*, p.8.

68) 에디스 란체스터는 그녀의 가족에게 그녀가 설리반과 결합하려 한다는 사실을 알렸는데 동거가 시작되기 하루 전날 아침 정신과 의사가 집에 찾아와 그녀와 30분 동안 대회를 한 다음 그의 신호에 따라 그녀는 강제로 끌려나와 정신병동으로 옮겨졌다. *Ibid.*, p.259.

69) 그녀는 자유결합으로 두 아이를 낳았고 이 아이들 중에는 영화배우 엘자 란체스터가 있었다. 이 둘의 결합은 1945년 설리반이 사망할 때까지 계속되었다. Humphreys, "The Journal That Did: form and content in The Adult(1897~1899)," p.65.

70) 에디스 란체스터 사건은 이 책의 27장부터 31장까지 상세히 기술되어 있어서 연맹이 이 사건에 큰 관심을 가지고 있었음을 보여준다. Dawson, ed., *The Bar Sinister and Licit Love*.

71) *Ibid.*, p.230.

72) Thomas, "Anarcho-Feminism in late Victorian and Edwardian Britain, 1880~1914," p.22.

73) Watner, "The English Individualists as They Appear in *Liberty*," p.76.

74) The Adult EP85.Ad937.897a, 5.

75) Humphreys, "The Journal That Did: form and content in The Adult(1897~1899)," p.66.

76) 오스왈드 도슨의 파트너였던 글래디스 도슨은 연설에서 '우리는 자유 무역Free Trade이나 자유 우편Free Post, 자유 언론Free Press과 같은 의미, 같은 방식으로 프리 러브를 지지한다고 선언했다. *Ibid.*, p.65.

77) *Ibid.*, p.67.

78) The Adult EP85.Ad937.897a, 5.

79) Humphreys, "The Journal That Did: form and content in The Adult(1897-1899)," p.66.

80) *Ibid.*, p.68.

81) *Ibid.*, p.78.

82) 독점monopoly이라는 표현을 쓰지는 않았지만 배타성 exclusiveness이라는 용어는 사용했다. "Free-Love," *The Anarchist* (Nov. 1886), p.3.

83) *Ibid.*

84) Henry Seymour, "The Philosophy of Anarchism I," *The Anarchist*, no.22 (December 1886), p.4.

4장

1) CIA와 IRD(Information Research Department)는 오웰의 두 책을 냉전에서 소련을 공격하는 선전무기로 사용했다. CIA는 미국, IRD는 영국의 정보 부처이다. John Newsinger, "Life After Death: The Relevance of George Orwell," *Journal of Contemporary History*, 48:4 (2013), p.897.

2) Lane Crothers, "George Orwell and the Failure of Democratic Socialism: The Problem of Political Power," *Soundings* 77:3-4 (Fall/Winter 1994), p.390.

3) 1937년 7월 13일로 표기된 KGB 문서는 오웰을 트로츠키주의자로 규정하고 있다. Christopher Hitchens, *Why Orwell Matters* (New York: Basic Books, 2002), p.67.

4) Peter Wilkin, "George Orwell: The English Dissident as Tory Anarchist," *Political Studies*, vol.61 (2013), p.197; Richard White, "George Orwell: Socialism and Utopia," *Utopian Studies*, 19:1 (2008); Anna Vaninskaya, "The Bugle of Justice: The Romantic Socialism of William Morris and George Orwell," *Contemporary Justice Review* 8:1 (March 2005).

5) Peter Marks, "Reputations George Orwell," *Political Quarterly* 70:1 (Jan.-Mar. 1999), p.83.

6) Norman Podhoretz, "If Orwell Were Alive Today," *Harper's* (Jan. 1983), pp.30~37.

7) 오웰은 공산주의 동조자라고 의심되는 사람들의 명단을 간직하고 있다가 죽기 직전에 그의 친구 셀리아 커완Celia Kirwan의 요청에 따라 친서방 선전을 하는 데 믿고 맡길 수 없는 것으로 규정된 사람들의 명단 일부를 정보조사국(IRD)에 넘겼다. Anna Vaninskaya, "The Orwell Century and After: Rethinking Reception and Reputation," *Modern Intellectual History* 5:3 2008, p.606.

8) Rob Breton, "Crisis? Whose Crisis? George Orwell and Liberal Guilt," *College Literature*, 29:4 (Fall 2002), p.49.

9) *Ibid.*, p.50.

10) 월터는 그는 모든 입장들의 불완전성을 깨달은 사람이었고, 오직 그 자신의 내면의 빛만을 믿은 정치적 퀘이커였다고 지적한다. Nicholas Walter, *George*

Orwell: At Home and Amongst The Anarchists (London: Freedpm Press, 1998), pp.74~75.

11) David Rieff, "Orwell Abuse," *Columbia Journalism Review*, 46:4 (Nov/Dec 2007), p.29. 이런 주장이 흥미롭게 들리는 것은 오웰의 『1984』가 페이비언 협회 창건 100년 후의 영국을 의미한다는 주장이나, 루즈벨트의 NIRA(산업부흥 법)나 TVA(테네시계곡공사) 정책이 지닌 전체주의를 노출시켰다는 주장을 볼 수 있기 때문이다. David Goodman, "Orwell's 1984: The Future Is Here," *Insight on the News*, 17:49 (Dec. 31 2001), p.22; Hitchens, *Why Orwell Matters*, p.99.

12) Vaninskaya, "The Bugle of Justice," p.17.

13) Bernard Crick, Introduction of *The Lion and the Unicorn* (Penguin Books: Harmondsworth, Middlesex, England, 1982), p.16.

14) Wilkin, "George Orwell: The English Dissident as Tory Anarchist," p.201.

15) *Ibid.*, p.198.

16) Ian Williams, "Orwell and the British Left" in *The Cambridge Companion to George Orwell* edited by John Rodden(Cambridge: Cambridge University Press, 2007), p.101.

17) Wilkin, "George Orwell: The English Dissident as Tory Anarchist," p.197.

18) Crick, Introduction of *The Lion and the Unicorn*, p.10.

19) Wilkin, "George Orwell: The English Dissident as Tory Anarchist," p.198.

20) Peter Wilkin, *The Strange Case of Tory Anarchism*(Faringdon, Oxfordshire: Libri Publishing, 2010), p.34. 버트란드 러셀을 토리 무정부주의자로 간주하는 입장도 있다.

21) *Ibid.*, pp.15~17. 마지막 항목인 미학적 측면의 경우 오웰의 기초는 휴머니즘 으로부터 나왔으며 또 다른 토리 무정부주의자였던 이블린 워의 경우에는 가톨릭으로부터 나왔다.

22) Wilkin, "George Orwell: The English Dissident as Tory Anarchist," pp.199, 203.

23) George Orwell, *Homage to Catalonia* (NY: Harcourt Brace Jovanovich, 1952), p.27.

24) Gregory Claeys, "The Lion and the Unicorn, Patriotism, and Orwell's Politics," *Review of Politics*, 47:2 (Apr. 1 1985), p.188.

25) Vaninskaya, "The Bugle of Justice," p.16.

26) George Orwell, *Animal Farm* (London: Penguin, 2000), appendix.

27) *Ibid.*

28) Anna Vaninskaya, "The Orwell Century and After: Rethinking Reception and Reputation," *Modern Intellectual History* 5:3 (2008), p.614.

29) Williams, "Orwell and the British Left," p.103.

316

30) Charles Holdefer, "Orwell's Hippopotamus, or The Writer as Historical Anarchism," *New England Review*, 32:3 (2011), p.108. 그는 거의 2400개의 달걀을 모았던 것으로 추정된다.

31) 그가 무신론자임을 놓고 보면 세이무어와 같은 개인주의적 무정부주의자들처럼 전통에 대해 합리적 태도를 취할 수 있는 기반은 공유하고 있었다고 보여진다. 하지만 오웰은 이 한계를 뛰어넘지 못한 것으로 보인다. John Rodden, "Fellow Contrarians? Christopher Hitchens and George Orwell," *The Kenyon Review*, 28:1 (Winter 2006), p.145.

32) George Orwell, *The Lion and the Unicorn: Socialism and The English Genius* (Penguin Books: Harmondsworth, Middlesex, England, 1982), p.54.

33) William Prichard, "Orwell Matters," *The Hudson Review*, 56:1 (Spring 2003), p.185; Stephen Ingle, Review of *Orwell's Victory* by Christopher Hitchens, *Modernism* 10:2 (Apr. 2003), p.406.

34) Wilkin, "George Orwell: The English Dissident as Tory Anarchist," p.206.

35) 이 표현은 그가 엘리트 출신이면서도 경계선에 서 있는 엘리트 계급이라는 점을 시사하려는 것으로 보인다. 그의 아버지는 식민지(인도)의 마약국 내에서 고위 행정직을 맡고 있었다.

36) Hitchens, *Why Orwell Matters*, p.82.

37) 오웰은 영국 동부 지역의 강 이름이며 조지는 영국의 가장 흔한 이름 중 하나이다. 그의 본래 이름은 에릭 블레어Eric Blair이다.

38) Williams, "Orwell and the British Left," p.104.

39) Wilkin, "George Orwell: The English Dissident as Tory Anarchist," p.197.

40) Breton, "Crisis? Whose Crisis? George Orwell and Liberal Guilt," p.63.

41) Robert Conquest, "Orwell, Socialism and the Cold War" in *The Cambridge Companion to George Orwell* edited by John Rodden (Cambridge: Cambridge University Press, 2007), p.127.

42) Crothers, "George Orwell and the Failure of Democratic Socialism," pp.389~403.

43) Vaninskaya, "The Bugle of Justice," p.19. 트레셀Tressel은 헤이스팅스에서 일하는 로버트 누난Robert Noonan이라는 페인트공이 『누더기를 입은 자선가』라는 책을 썼을 때 사용한 필명이다. 그의 책은 노동계급문학의 고전이 되었다.

44) 『영국의 윤리적 사회주의』에서 데니스와 핼시는 오웰을 6명의 사람들 중 한 사람으로 제시했다. 그 외에 그들은 토마스 모어, 윌리엄 코벳, L. T. 홉하우스, T. H. 마샬, R. H. 토니를 꼽았다. Stephen Ingle, *Social and Political Thought of George Orwell: A Reassessment* (Florence, KY, USA:Routledge, 2006), p.162.

45) 모리스는 북구Norse 기원을 가지고 있는 fellowship이란 용어를 썼지만 라틴 Latinate 단어인 fraternity가 같은 의미로 쓰인다. fraternity가 윤리적 사회주의

자의 필수조건인 것이다. 단지 fraternity와 liberty는 오직 평등과 함께 있을 때만 유지될 수 있다. *Ibid.*, p.163.

46) Florence Boos and William Boos, "Orwell's Morris and 'Old Major's' Dream," *English Studies*, 4 (1990), p.364.

47) Ingle, *Social and Political Thought of George Orwell: A Reassessment*, p.163에서 재인용.

48) Wilkin, "George Orwell: The English Dissident as Tory Anarchist," p.207.

49) 정치사가들은 대체로 독립노동당과 로버트 블래치포드의 잡지 『클라리온』을 윤리적 사회주의의 범주 아래 놓는다. 독립노동당은 오웰이 참여했던 유일한 정당이었다. Vaninskaya, "The Bugle of Justice," p.18.

50) Ingle, *Social and Political Thought of George Orwell*, p.165.

51) *Ibid.*, p.166.

52) *Ibid.*

53) *Ibid.*

54) Breton, "Crisis? Whose Crisis? George Orwell and Liberal Guilt," p.53.

55) White, "George Orwell: Socialism and Utopia," p.78.

56) Breton, "Crisis? Whose Crisis? George Orwell and Liberal Guilt," p.55.

57) White, "George Orwell: Socialism and Utopia," p.75.

58) White, "George Orwell: Socialism and Utopia," p.78에서 재인용.

59) *Ibid.*, p.82.

60) Crothers, "George Orwell and the Failure of Democratic Socialism," p.393에서 재인용.

61) White, "George Orwell: Socialism and Utopia," p.80에서 재인용.

62) George Orwell, *The Road to Wigan Pier in The Complete Works of George Orwell*, vol.5 (London: Secker & Warburg, 1986), p.201.

63) Cornor Pope, George Orwell: from Tory Anarchist to Democratic Socialist http://labourist.org/2010/11/george-orwell-from-tory-anarchist-to-democratic-socialist/

64) White, "George Orwell: Socialism and Utopia," p.85.

65) Orwell, *The Road to Wigan Pier*, p.164.

66) 그는 자신의 책에서 생산과 소비의 불균형, 잉여생산물의 문제, 상존하는 실업 등에 대해 논의하고 있다. 그와 가까웠던 사람들도 그가 맑스를 폭넓게 읽었다고 지적한다. Orwell, *The Lion and the Unicorn*, p.75; Williams, "Orwell and the British Left," p.105.

67) Orwell, *The Road to Wigan Pier*, p.154.

68) Orwell, *The Lion and the Unicorn*, p.74.

69) *Ibid.*, p.105.

70) *Ibid.*, p.106.

71) *Ibid.*, p.104.

72) *Ibid.*, p.107.

73) *Ibid.*

74) *Ibid.*, p.108.

75) 오웰은 소득의 평등에 '소득의 적절한 평등'approximate equality of incomes이라는 표현을 썼다. *Ibid.*, p.75.

76) Pope, George Orwell: from Tory Anarchist to Democratic Socialist labourist.org/2010/11/george-orwell-from-tory-anarchist-to-democratic-socialist/

77) Hitchens, *Why Orwell Matters*, p.23.

78) Williams, "Orwell and the British Left," p.111.

79) Crothers, "George Orwell and the Failure of Democratic Socialism," p.398.

80) Hitchens, *Why Orwell Matters*, p.31.

81) Wilkin, *The Strange Case of Tory Anarchism*, p.141.

82) Orwell, *The Lion and the Unicorn*, p.104.

83) *Ibid.*, p.108.

84) *Ibid.*, p.109.

85) *Ibid.*

86) *Ibid.*

87) *Ibid.*, p.110.

88) *Ibid.*, p.114.

89) 그가 사회주의를 세계체제로 인식하면서 유럽의 질서 전체에 대한 구상으로 유럽 사회주의 연방United Socialist States of Europe을 주장한 점은 제국을 해체하려는 의도를 보여주고 있다. 그러나 식민지 문제에 대한 처방은 제국에서 완전히 벗어나 있지 않은 것으로 보인다. Newsinger, "Life After Death: The Relevance of George Orwell," p.891.

90) Hitchens, *Why Orwell Matters*, p.32.

91) George Orwell, *The English People* (New York: Haskell House Publishers Ltd., 1974), p.33.

92) 이런 점에서 무정부주의, 국가사회주의, 신디칼리즘 사이에서 절충점을 찾으려 했던 러셀, 국가사회주의와 신디칼리즘의 중간 지점에서 길드사회주의를 주장한 코울, 권력의 정당성과 지식인의 역할에 대해 지속적으로 의문을 제기하는 촘스키의 입장 등은 오웰과 공통분모를 가지고 있는 것으로 보인다.

5장

1) Bernard Crick, Introduction to *The Lion and the Unicorn* (Penguin Books: Harmondsworth, Middlesex, England, 1982), pp.8, 16.

2) George Watson, "Orwell and the Spectrum of European Politics," *Journal of European Studies* 1:3 (Sep. 1971), p.194; John Newsinger, "Life After Death: The Relevance of George Orwell," *Journal of Contemporary History*, 48:4 (2013), p.893.

3) 오웰은 1941년 출판된 『사자와 유니콘』에서 이런 의견을 밝혔다. 이 책이 오웰의 저서 중 가장 무시된 책이라는 사실을 지적하기 위해 클레이는 거의 반 페이지를 할애해 연구자 명단을 열거하고 있다. Gregory Claeys, "The Lion and the Unicorn, Patriotism, and Orwell's Politics," *Review of Politics*, 47:2 (Apr. 1 1985), pp.186, 208.

4) George Orwell, *The Road to Wigan Pier* (London, 1937), p.204.

5) *Ibid.*, p.204.

6) *Ibid.*, p.176.

7) *Ibid.*, p.191.

8) *Ibid.*, pp.201, 204.

9) *Ibid.*, p.162.

10) 오웰의 이런 지적은 전통과 관습에 반대되는 모든 주장이나 경향에 대해 사회주의로 간주하는 1930년대 영국의 분위기를 보여주고 있다.

11) George Orwell, *The Road to Wigan Pier*, p.205.

12) *Ibid.*, p.214.

13) *Ibid.*, pp.202, 204.

14) George Orwell, *The Lion and the Unicorn: Socialism and The English Genius* (Harmondsworth, Middlesex, England: Penguin Books, 1982), p.81.

15) 오웰은 영국이 잠재적 혁명의 단계로 접어들었다고 믿었다. John Rossi, "'My Country, Right or Left': Orwell's Patriotism" in *The Cambridge Companion to George Orwell* edited by John Rodden (Cambridge: Cambridge University Press, 2007), p.94.

16) Orwell, *The Lion and the Unicorn*, p.79.

17) *Ibid.*, pp.80, 103.

18) *Ibid.*, p.102.

19) Rossi, "'My Country, Right or Left': Orwell's Patriotism," p.93.

20) Orwell, *The Lion and the Unicorn*, pp.98~99.

21) George Orwell, *The English People* (New York: Haskell House Publishers Ltd., 1974), p.21.

22) Orwell, *The Lion and the Unicorn*, p.96.

23) *Ibid.*, p.112.

24) *Ibid.*, p.111.

25) Rossi, "'My Country, Right or Left': Orwell's Patriotism," p.97.

26) Orwell, *The Lion and the Unicorn*, p.111.

27) *Ibid.*

28) *Ibid.*, p.84.

29) Orwell, *The English People*, pp.21, 40.

30) Orwell, *The Lion and the Unicorn*, p.112.

31) *Ibid.*, p.113.

32) *Ibid.*

33) Rossi, "'My Country, Right or Left': Orwell's Patriotism," p.88.

34) Orwell, *The English People*, p.21.

35) Orwell, *The Lion and the Unicorn*, p.100.

36) Christopher Hitchens, *Why Orwell Matters* (New York: Basic Books, 2002), p.83.

37) Orwell, *The Lion and the Unicorn*, pp.96, 100.

38) Joanne Barkan, ""My Mother, Drunk or Sober": George Orwell on Nationalism and Patriotism," *Dissent* (Winter 2003), p.84.

39) Orwell, *The Lion and the Unicorn*, p.122.

40) *Ibid.*

41) *Ibid.*, pp.85, 100.

42) John Rossi, "Orwell on Fascism," *Modern Age* 54:1-4 (Winter-Fall 2012), p.208.

43) Orwell, *The Lion and the Unicorn*, p.57.

44) *Ibid.*, p.59.

45) *Ibid.*, p.82.

46) 오웰은 인텔리겐차는 거의 대부분 좌파의 범주에 들어간다고 보고 있다.

47) Orwell, *The Lion and the Unicorn*, pp.62~63.

48) *Ibid.*, p.66.

49) *Ibid.*, p.66.

50) 라디오 프로그램은 모든 사람에게 동일하게 제공되며, *Punch*는 중간계급과 상층계급을 상대한 신문이지만 *Picture Post*는 특정 계층을 겨냥하지 않고 있다. Orwell, *The English People*, p.30.

51) *Ibid.*, p.30.

52) Orwell, *The Lion and the Unicorn*, p.67.

53) *Ibid.*, p.68.

54) Orwell, *The English People*, p.10.

55) *Ibid.*, p.29.

56) 코크니는 가장 광범위한 방언이지만 가장 경멸당하는 방언이다. 한 예가 ain't인데 이 표현은 훨씬 약한 형태인 aren't로 바뀌면서 포기되었다. 그러나

오웰은 전자가 80년 전에는 훌륭한 영어였다는 점을 지적한다. 빅토리아 여왕도 이렇게 표현했을 것이라고 지적한다. Orwell, *The English People*, pp.35, 44.

57) Orwell, *The Lion and the Unicorn*, p.69.

58) Orwell, *The Road to Wigan Pier*, p.215.

59) *Ibid.*, p.209.

60) 오웰 자신의 소득은 연 150파운드 정도였지만 인도 마약국의 관료였던 그의 아버지의 소득은 연 500파운드 정도였을 것으로 추정된다. 그는 자신을 상층 중간계급의 하층lower upper middle class이라고 규정했다. John Rossi, "The Enduring Relevance of George Orwell," *Contemporary Review* 283:1652 (Sep. 2003), p.29.

61) Orwell, *The Road to Wigan Pier*, p.210.

62) *Ibid.*, p.212.

63) 버나드 크릭은 하부 중간계급의 역할을 중시한 점에서 오웰의 독창성을 평가하고 있다. Bernard Crick, Introduction to *The Lion and the Unicorn*, p.21.

64) Ian Williams, "Orwell and the British Left" in *The Cambridge Companion to George Orwell* edited by John Rodden(Cambridge: Cambridge University Press, 2007), p.103.

65) Gregory Claeys, "The Lion and the Unicorn, Patriotism, and Orwell's Politics," p.191.

66) Barkan, ""My Mother, Drunk or Sober": George Orwell on Nationalism and Patriotism," p.83.

67) Ben Clarke, "Orwell and Englishness," *The Review of English Studies* 57:228 (2008), p.88.

68) Richard White, "George Orwell: Socialism and Utopia," *Utopian Studies*, 19:1 (2008), p.81.

69) 자연에 대한 사랑은 결국 환경에 대한 사랑을 의미한다는 점에서 오웰의 애국심은 환경운동과 연결될 수 있는 소지를 가지고 있다.

70) Orwell, *The Lion and the Unicorn*, p.37.

71) *Ibid.*, p.36.

72) Rossi, "'My Country, Right or Left': Orwell's Patriotism," p.89.

73) Orwell, *The Lion and the Unicorn*, p.39.

74) 이런 부분을 지적하는 점에서 오웰은 개인주의적 무정부주의자들과 닮아 있다.

75) Orwell, *The Lion and the Unicorn*, p.39.

76) *Ibid.*, p.39.

77) Orwell, *The English People*, p.10.

78) *Ibid.*, p.11.

79) Orwell, *The Lion and the Unicorn*, p.39.

80) Orwell, *The English People*, p.9.

81) Orwell, *The Lion and the Unicorn*, p.40.

82) Orwell, *The English People*, p.17.

83) 오웰은 '그것은 법에 어긋나는 것이다'고 말하는 것이 영국의 분위기라고 주장했다. Orwell, *The English People*, p.9; Orwell, *The Lion and the Unicorn*, p.45.

84) Orwell, *The English People*, p.14.

85) Orwell, *The Lion and the Unicorn*, pp.40, 41.

86) Orwell, *The English People*, p.14.

87) *Ibid.*, p.8.

88) Orwell, *The Lion and the Unicorn*, pp.41, 42.

89) 이 부분에 대해서는 비판할 소지가 있다. 오웰도 영제국과 반군국주의가 배치된다는 사실을 알고 있었다. 그가 이 모순을 설명하기 위해 끌어들인 논리는 영국인은 위선적이라는 주장이었다. 그러나 이런 해석은 나이브하다고 할 수 있다. 그는 애써서 제국주의의 군국주의적 요소를 영국성과는 분리시키려 하고 있지만 이를 설명하기 위해서는 새로운 논리가 필요한 것으로 보인다. 오웰은 또 영국의 경우 육군보다 해군이 강력하기 때문에 군사독재가 부재했다는 점을 지적하고 있지만 육군이 약하다는 점이 반군국주의를 설명한다고 할 수는 없다. Orwell, *The Lion and the Unicorn*, p.43.

90) Orwell, *The English People*, p.40.

91) Claeys, "The Lion and the Unicorn, Patriotism, and Orwell's Politics," p.186.

92) Orwell, *The Lion and the Unicorn*, p.115.

93) *Ibid.*, p.63.

94) *Ibid.*, p.64.

95) 그러나 오웰은 이들의 지성이 애국심과 결합할 가능성을 완전히 배제하지는 않았다. 2차대전 속에서 벌이고 있는 영국전쟁이 블룸즈베리의 지식인들을 애국심과 결합시키는 결과를 낳을 수 있을 것이라는 희망을 보여주었기 때문이다. *Ibid.*, p.65.

96) *Ibid.*, p.85.

97) Claeys, "The Lion and the Unicorn, Patriotism, and Orwell's Politics," p.189.

98) *Ibid.*, p.203에서 재인용.

99) *Ibid.*, p.194.

100) Clarke, "Orwell and Englishness," p.101.

101) Orwell, *The English People*, p.44.

102) Claeys, "The Lion and the Unicorn, Patriotism, and Orwell's Politics," p.196.

103) Orwell, *The English People*, p.44.

104) Orwell, *The Lion and the Unicorn*, p.50.

105) Anna Vaninskaya, "The Bugle of Justice: The Romantic Socialism of William Morris and George Orwell," *Contemporary Justice Review* 8:1 (March 2005), p.16.

6장

1) 컴포트는 평화주의는 오직 아나키즘의 역사이론에 의존한다고 믿었다. Alex Comfort, *Peace and Disobedience*, Peace News Pamphlet, 1946, pp.2~3. in *Against Power and Death*, ed. David Goodway (London: Freedom Press, 1994), pp.79~80.

2) utilitarianism을 공리주의로 번역하고 있지만 여기서는 효용주의로 표기한다. 컴포트는 자신의 입장에 대해 낙관적 효용주의agathistic utilitarianism라는 표현을 쓰고 있다. Alex Comfort, *Art and Social Responsibility* (London: Falcon Press, 1946) in *Against Power and Death* ed. David Goodway (London: Freedom Press, 1994), p.64.

3) 그에 대한 연구서로는 Salmon의 전기가 있다. Arthur E. Salmon, *Alex Comfort* (Boston: Twayne Publishers, 1978).

4) 컴포트만이 그러한 것은 아니다. 반전 사상과 아나키즘과는 밀접한 관련성이 있다. 1935년 출범한 평화공약연합Peace Pledge Union은 1940년 4월까지 그 회원이 13만 6천 명으로 늘어났는데 그들 중 상당수가 아나키스트가 되었다. C. Honeywell, *A British Anarchist Tradition* (London: Bloomsbury Academic, 2013), pp.18~20.

5) 봉건 폴란드나 로마제국이나 볼셰비키 소련이나 다를 바가 없다고 보는 것이다. Comfort, *Art and Social Responsibility*, p.55.

6) Alex Comfort, "What Can We Do to Stop Them?" *Freedom*, 14th April 1951 in *Against Power and Death* ed. David Goodway (London: Freedom Press, 1994), p.137.

7) 컴포트는 파시즘을 국가의 이익을 위해 시민들을 군사적 질서로 편입하는 계서제적 사회체제라는 넓은 의미로 사용하고 있다. Honeywell, *A British Anarchist Tradition*, pp.81, 107.

8) Alex Comfort, *Authority and Delinquency* (London: Zwan, 1987), p.25.

9) Honeywell, *A British Anarchist Tradition*, pp.82~83, 94. 책임감을 가진 사람이라면 불복종 운동을 하게 될 것이다.

10) Comfort, *Art and Social Responsibility*, p.60.

11) Alex Comfort, "Anarchist View: The Political Relevance of Pacifism," *Peace News*, 7th December 1945 in *Against Power and Death* (London: Falcon Press, 1946) ed. David Goodway (London: Freedom Press, 1994), p.50.

12) Comfort, *Authority and Delinquency*, p.11.

13) *Ibid.*, p.25.

14) Alex Comfort, "The Individual and World Peace," *Resistance*, June 1954 in *Against Power and Death*, p.149.

15) 컴포트는 중앙집권적 권력과 권력계서제가 출현한 배후에는 거대도시의 성장이 자리잡고 있다는 주장을 한다. 도시의 성장은 행정법률의 범위를 넓혔으며 이것은 형법의 제재에 의해 뒷받침되었다. 이 법의 목적은 사회를 유지하는 것이었고 결국 입법자의 의도에 따라 사회를 유지하는 법을 만들어낼 수 있는 권력체계가 출현하게 되는 것이다. Comfort, *Authority and Delinquency*, p.18.

16) Comfort, "The Individual and World Peace," p.151.

17) Alex Comfort, "Whither Israel?" *New Israel*, Summer 1948 in *Against Power and Death*, p.106.

18) Benjamin Jacob Pauli, "Modern Rebels: The Political Thought of the New Anarchists" (Ph.D. dissertation, The State University of New Jersey, 2014), pp.112~115.

19) Comfort, *Art and Social Responsibility*, p.61.

20) David Goodway, *Anarchist Seeds beneath the Snow* (Oakland, CA: PM Press, 2012), p.245.

21) Alex Comfort, "Keep Endless Watch," *Readers News* 1949 in *Against Power and Death*, p.118.

22) Alex Comfort, "The Right Thing To Do," *Freedom,* 24th December 1948 in *Against Power and Death*, p.112.

23) Honeywell, *A British Anarchist Tradition*, p.97.

24) Alex Comfort, "Criminals and Society," *Freedom*, 24th December 1949 in *Against Power and Death*, p.121.

25) *Ibid.*, p.122.

26) Alex Comfort, "Psychopaths in Power," *Freedom*, 14th October 1950 in *Against Power and Death*, pp.123~124.

27) 권력자들은 그들의 병리적 현상을 마치 범죄를 지속적으로 저지르는 사람과도 같이 동일한 패턴으로 보여주고 있다. 컴포트는 영국의 통치자들은 아일랜드의 경험을 거쳤으면서도 팔레스타인, 사이프러스, 인디아, 수에즈에서 동일한 잘못을 반복하고 있다는 점을 지적한다. Comfort, *Authority and Delinquency*, p.29.

28) *Ibid.*, p.21.

29) *Ibid.*, p.24.

30) *Ibid.*, p.21.

31) Comfort, *Art and Social Responsibility*, p.67

32) Comfort, "The Right Thing To Do," p.112.

33) 전쟁이 성취한 것에 대해 컴포트는 "전쟁은 기근, 파괴, 억압을 억압, 파괴, 기근으로 대체시켰다"고 풍자했다. Honeywell, *A British Anarchist Tradition*, p.109.

34) Goodway, *Anarchist Seeds beneath the Snow*, p.243.

35) Alex Comfort, "October, 1944," Now, 1944 in *Against Power and Death*, p.38; Alex Comfort, "Criminal Lunacy Exposed," *War Commentary*, 25th August 1945 in *Against Power and Death*, p.48.

36) Alex Comfort, "Anarchism and Law," *War Commentary*, 5th May 1945 in *Against Power and Death*, p.47.

37) Honeywell, *A British Anarchist Tradition*, p.95.

38) *Ibid.*, p.110.

39) 오웰과 컴포트는 서로를 비판했다. *Ibid.*, pp.105~107.

40) *Ibid.*, p.93.

41) 컴포트는 다가오는 시대의 거대한 적은 계급이 아니라 사회라는 점을, 자본주의 사회나 사회주의 사회가 아니라 사회 그 자체라는 점을 공언했다. Comfort, "October, 1944," pp.39~40.

42) *Ibid.*, p.41.

43) *Ibid.*, p.39.

44) Alex Comfort, "On Defending a Telephone Exchange," *The New Statesman and Nation*, 6th November 1948 in *Against Power and Death*, p.106.

45) 컴포트는 무정부주의는 폭탄을 던지는 급진주의자와 아무 관련이 없다고 지적한다. Alex Comfort, Preface to *People without Government: An Anthropology of Anarchism* by Harold Barclay (Cienfuegos Press, 1982).

46) Comfort, *Art and Social Responsibility*, p.69.

47) *Ibid.*, p.74.

48) *Ibid.*, p.68.

49) *Ibid.*, p.62.

50) 집단적 충성을 거부한 컴포트는 일인국가a one man nation라는 용어를 사용하기도 했다. *Ibid.*, p.60; Pauli, "Modern Rebels: The Political Thought of the New Anarchists," p.119.

51) Honeywell, *A British Anarchist Tradition*, pp.82, 98.

52) *Ibid.*, p.101.

53) Alex Comfort, *Authority and Delinquency*, p.109.

54) Comfort, *Art and Social Responsibility*, p.69.

55) Comfort, "October, 1944," p.41.

56) Alex Comfort, "Science Must Disobey," *Common Wealth Review*, June 1946 in *Against Power and Death*, p.93; Alex Comfort, "The Social Causes of Ill-Health," *Freedom*, 24th August 1946 in *Against Power and Death*, p.96. 과학자들이야말로

326

핵시대에 인류를 방어하는 혁명가가 되지 않으면 안 된다고 보았다.

57) Comfort, "October, 1944," p.41.

58) Comfort, *Art and Social Responsibility*, p.62.

59) Alex Comfort, "The Individual and World Peace," *Resistance*, June 1954 in *Against Power and Death*, p.153.

60) Alex Comfort, "The Wrong Thing To Do," Peace News Pamphlet, 1949 in *Against Power and Death*, p.116.

61) Alex Comfort, "Anarchist View: The Political Relevance of Pacifism," p.51.

62) Alex Comfort, "What Can We Do to Stop Them?" *Freedom*, 14th April 1951 in Against Power and Death, p.138.

63) 컴포트는 개인들에 의해 이루어진 대중적 저항의 모델을 2차대전 중 프랑스의 마키스Maquis에게서 발견했다. 어떤 나라와도 연관이 되지 않았던 이 저항운동은 컴포트에게 큰 영감을 주었다. Goodway, *Anarchist Seeds beneath the Snow*, p.243.

64) Honeywell, *A British Anarchist Tradition*, 2011, p.96에서 재인용.

65) 사실 이런 행위는 불필요했다. 그는 14살에 화학실험을 하다가 엄지를 제외한 왼쪽 손가락들을 모두 잃어 버렸기 때문이다. Matthew Sweet, "The Joy of Alex Comfort," *The Guardian* Dec. 28 2012.

66) Honeywell, *A British Anarchist Tradition*, p.80.

67) *Ibid.*, p.113.

68) Comfort, "Anarchist View: The Political Relevance of Pacifism," p.51.

69) Goodway, *Anarchist Seeds beneath the Snow*, p.247에서 재인용.

70) Comfort, *Art and Social Responsibility*, pp.58, 78.

71) Comfort, "The Individual and World Peace," p.154.

72) 컴포트는 15세까지는 부모의 양심이 우리의 양심이라는 점을 지적하고 있다. Alex Comfort, "The Right Thing To Do," p.110.

73) Comfort, "On Defending a Telephone Exchange," p.107.

74) Honeywell, *A British Anarchist Tradition*, pp.83, 121.

75) 도덕이 대체로 종교에 기초하고 있다는 점을 고려하면 이는 기독교에 대한 도전이기도 했다. *Ibid.*, p.101.

76) Alex Comfort, "The Kinsey Report," *Freedom*, 1st May 1948 in *Against Power and Death*, p.101. 킨제이 보고서는 여기에 대한 통계를 남성은 90% 이상 여성은 60% 이상으로 보고하고 있다.

77) *Ibid.*, pp.101~102.

78) *Ibid.*, p.103; Honeywell, *A British Anarchist Tradition*, 2011, p.120.

79) Comfort, "The Kinsey Report," p.102.

80) Salmon은 성에 관한 이러한 생각이 100인 위원회의 동료이기도 했던 버트란드 러셀과 유사했음을 지적한다. 두 사람은 1961년 트라팔가 광장에서

반핵연좌시위를 조직한 것으로 함께 수감되기도 했다. 컴포트는 여기서 러셀에게 아일랜드 공화군의 노래를 가르쳐 주었다고 한다. 한편 Goodway 는 올더스 헉슬리와의 공통점을 지적하고 있다. *Ibid.*, p.103; Salmon, *Alex Comfort*, p.23; Goodway, *Anarchist Seeds beneath the Snow*, p.238.

81) Matthew Sweet, "The Joy of Alex Comfort," *The Guardian* 28th Dec. 2012.

82) Alex Comfort, "The Russian Attitude to Child Sexuality," *Freedom*, 17th February 1951 in *Against Power and Death*, p.134.

83) 컴포트만이 성의 해방이 지니는 적극적 의미를 부각시켰던 것은 아니다. 현실원칙 reality principle과 쾌락원칙 pleasure principle을 구분한 마르쿠제도 유사한 견해를 제시했다. 하지만 둘 사이에는 몇 가지 차이가 있다. 첫째 컴포트는 프로이드의 승화 sublimation 개념을 받아들이지 않았다. 컴포트에게는 성적 욕망과 같은 능동적 감정의 좌절은 파괴적인 욕구 표현으로 나가는 것으로 간주되었다. 둘째 마르쿠제와는 달리 컴포트는 맑스주의자가 아니었다. 셋째 컴포트는 과학에 근거하여 자신의 주장을 전개한다는 점을 강조했다. Comfort, "The Kinsey Report," p.102; Honeywell, *A British Anarchist Tradition*, p.121; Salmon, *Alex Comfort*, p.39.

84) Salmon, *Alex Comfort*, p.36; Honeywell, *A British Anarchist Tradition*, p.121.

85) Salmon, *Alex Comfort*, p.37.

86) *Ibid.*, p.38.

87) *Ibid.*, p.39.

88) *Ibid.*, p.40.

89) *Ibid.*, p.41.

90) *Ibid.*, p.34에서 재인용.

91) 사회가 도덕적 책임감을 폐기하고 사람이 기어들어가 영원히 살게 되는 자궁과 같은 것이 되어서는 안 되었다. Comfort, *Art and Social Responsibility*, p.59.

92) Honeywell, *A British Anarchist Tradition*, p.82.

93) Comfort, "The Social Causes of Ill-Health," p.96.

94) Honeywell, *A British Anarchist Tradition*, p.116.

95) 이 부분은 19세기 후반의 개인주의적 아나키즘과 공통점을 보여주는 부분이다. 개인주의적 아나키스트들도 과학을 근거로 하여 탈종교 탈국가 탈관습의 주장으로 이어졌던 것이다. 헨리 세이무어는 세속주의(탈종교합리주의)secularism로부터 출발하여 아나키스트가 되었다. 과학에 근거해 성에 대한 논의를 전개해 간 부분도 유사하다. Henry Seymour, "Anarchy: its teachings and tendencies," *The Anarchist*, no.10 (1 Jan. 1886)(fortnightly); Peter Ryley, "Individualist Anarchism in late Victorian Britain," *Anarchist Studies*, 20 no.2 (2012), p.74; 김명환, 「영국의 개인주의적 무정부주의와 사회적 자유-결혼(marriage)과 성(sex)의 문제」, 『영국연구』 34 (2015).

96) Alex Comfort, *One World*, Aug.-Sep. 1950. Goodway, *Anarchist Seeds beneath the Snow*, p.249에서 재인용.

97) 컴포트는 뉴아나키즘의 선구적 역할을 하였지만 뉴아나키즘은 북친, 촘스키 등으로 계속 이어지고 있다.

98) 컴포트는 시간만 충분하다면 자신도 자본론과 같은 책을 써낼 수 있다는 자신감을 드러낸 적이 있다. 이런 점을 놓고 보면 그가 논의를 더 확대시켰을 여지가 있었다고 생각된다. David Goodway, *Anarchist Seeds beneath the Snow*, p.253.

99) 이 점에서도 컴포트의 사상은 19세기 후반 영국의 개인주의적 아나키스트의 사상과 맥이 닿아 있다. 개인주의적 아나키스트들도 사회계약설을 비판하면서 우리가 태어날 때 언제 사회계약을 맺었느냐고 지적했다. 비폭력 저항운동이란 방법에서도 유사성을 보여준다. Henry Seymour, "Egoism and Anarchy," *The Anarchist*, no.40 (August 1888), p.4; Henry Seymour, "Introductory," *Free Exchange* (May 1892), p.2; Ryley, "Individualist Anarchism in late Victorian Britain," p.85.

100) 인문학, 사회과학, 자연과학 모두에 걸쳐 나타나는 관심과 생산물을 놓고 볼 때 그의 학문 세계 역시 르네상스적이라고 볼 수 있다.

7장

1) George Orwell, review of Alex Comfort's *No Such Liberty, Adelphi*, 1941 in Sonia Orwell and Ian Angus(eds), *The Collected Essays, Journalism and Letters of George Orwell, Volume 3* (New York: Secker & Warburg, 1968), pp.166~167.

2) Alex Comfort, in D. S. Savage, George Woodcock, Alex Comfort, George Orwell, "Pacifism and the War. A Controversy," *Partisan Review* (Sep. 1942), p.417.

3) 1986년인데 이 해는 오웰의 소설 『1984』에서 2년이 지난 시점이다.

4) 평화주의를 공언했지만 히틀러가 신의 더러운 일을 하고 있다고 주장한 사람이다. 그는 오웰이 비난했던 전형적인 '파시스트 평화주의자Fascifist'였다. 컴포트는 이들이 스페인과 패탱의 프랑스에서 보게 되는 종교적 우파를 떠올리게 한다고 지적한다. Alex Comfort, "1939 and 1984: George Orwell and the Vision of Judgment," *On Nineteen Eighty-Four* ed. Peter Stansky, 1983 in *Against Power and Death* ed. David Goodway (London: Freedom Press, 1994), p.158.

5) Comfort, "1939 and 1984: George Orwell and the Vision of Judgment," pp.156~157.

6) *Ibid.*, p.156.

7) Nicolas Walter, "Direct Action And New Pacifism," *Anarchy*, no.13 (Mar. 1962),

p.95.

8) 그는 1950년 46세의 나이로 사망했다.

9) C. Honeywell, *A British Anarchist Tradition*(London: Bloomsbury Academic, 2013), p.96.

10) 부콜로시는 200편이 넘는 오페라를 작곡하였지만 오직 「메뚜기의 춤」으로 만 기억되는 음악가이다. Douglas Martin, "Alex Comfort, 80, Dies; a Multifaceted Man Best Known for Writing 'The Joy of Sex'," *The New York Times* Mar. 29, 2000.

11) 컴포트는 엄지만 남은 자신의 왼쪽 손이 때때로 부인과 처치uterine inversion에 유용했다고 밝히기도 했다.

12) Richard White, "George Orwell: Socialism and Utopia," *Utopian Studies* 19, no.1 (2008), p.78.

13) Alex Comfort, "Keep Endless Watch," *Readers News* 1949 in *Against Power and Death* ed. David Goodway (London: Freedom Press, 1994), p.118; Alex Comfort, *Authority and Delinquency* (London: Zwan, 1987), pp.21, 24.

14) Peter Wilkin, "George Orwell: The English Dissident as Tory Anarchist," *Political Studies* 61 (2013), p.197.

15) 컴포트의 아나키즘에 대하여는 김명환, 「알렉스 컴포트의 뉴아나키즘에 대한 몇 가지 검토」, 『역사와 경계』 104 (2017)를 참고하라.

16) 특히 뉴레프트의 라파엘 새뮤얼과 뉴아나키즘의 콜린 워드의 교류를 지적 할 수 있다. David Goodway, "Colin Ward and the New Left," *Anarchist Studies* 19, no.2 (2011), p.52.

17) 굿웨이는 알렉스 컴포트와 폴 굿맨을 1940년대에 등장한 뉴아나키즘의 선구자로 간주하며 20세기 후반 콜린 워드, 머레이 북친 등이 이들의 뒤를 잇고 있다고 본다. David Goodway, *Anarchist Seeds beneath the Snow* (Oakland, CA: PM Press, 2012), p.254.

18) 나치의 위협을 받은 유럽이 결국 정신을 차리고 민주주의의 이름으로 반격 을 했고 처칠의 지도로 승리하게 되었다는 식의 해석을 의미한다. Comfort, "1939 and 1984: George Orwell and the Vision of Judgment," p.155.

19) 컴포트는 전후에 밝혀진 사실을 제시한다. 윈터보탐Winterbotham은 전쟁이 일어나기 전 비밀정보국에서 일한 요원이었는데 그는 히틀러로부터 직접 나치의 완전한 계획에 대해 들었다고 한다. 히틀러의 기본적 계획은 세계는 세 개의 강대국에 의해 통치되어야 한다는 것인데 그 세 제국은 영제국, 대 아메리카, 대 독일제국을 의미했다. 그는 '히틀러가 독일은 러시아를 정복함으로써 공산주의를 파괴할 것이라는 확신을 주었다'고 밝혔다. 이 계획에서 히틀러는 영국의 중립에 의존하고 있었음을 알 수 있다. 윈터보탐 은 이 중요한 정보를 1935년 체임벌린 내각에 전달했다. 체임벌린은 이런 사실을 알고 뮌헨으로 갔다는 것이다. Comfort, "1939 and 1984: George

Orwell and the Vision of Judgment," p.159.

20) George Orwell, *The English People* (New York: Haskell House Publishers Ltd., 1974), p.41.

21) *Ibid*., pp.44~45.

22) Lane Crothers, "George Orwell and the Failure of Democratic Socialism: The Problem of Political Power," *Soundings* 77, no.3-4 (Fall/Winter 1994), p.402.

23) Comfort, *Authority and Delinquency*, p.11.

24) *Ibid*., p.25.

25) *Ibid*., p.25.

26) George Orwell, *The Lion and the Unicorn: Socialism and The English Genius* (Penguin Books: Harmondsworth, Middlesex, England, 1982), pp.103, 105, 107. 이 책은 1941년 2월 19일 Secker & Warburg 사에 의해 처음으로 출판되었다. 1부 *England Your England*는 1940년 12월 *Horizon*에 일부가 *The Ruling Class*라는 이름으로 실렸다.

27) 오웰은 버마에서 돌아온 후 『아델피*Adelphi*』의 편집장에게 자신을 토리 아나키스트로 규정했다. 이 용어는 오웰이 상류계급이었지만 권력을 경멸하고 귀족제를 비판한 조나단 스위프트를 규정하면서 쓴 용어였는데 동일한 용어를 자신에게 적용한 셈이다. 피터 윌킨은 권력을 누리는 상류사회의 질서 속에 안주할 수 있었지만 그런 삶을 택하지 않고 권력을 비판했던 토리 아나키스트들로 오웰을 비롯해 스위프트 Swift, 코벳 Cobbett, 이블린 워 Evelyn Waugh, 피터 쿡 Peter Cook, 리처드 잉그람스 Richard Ingrams, 스파이크 밀리건 Spike Miligan, 오버론 워 Auberon Waugh, 크리스 모리스 Chris Morris, 와튼 Michael Wharton 등을 들고 있다. 버트란드 러셀을 이 범주에 넣기도 한다. 하지만 토리 아나키스트들을 모두 반엘리트주의자라고 할 수는 없다. 이들 중에는 계서제와 불평등을 받아들인 자들도 있기 때문이다. Peter Wilkin, *The Strange Case of Tory Anarchism* (Faringdon, Oxfordshire: Libri Publishing, 2010), p.34.

28) 베번은 BBC가 조사한 '가장 위대한 웨일즈인 100인' 중 1위를 한 사람이다.

29) George Orwell, *The Road to Wigan Pier* (London, 1937), p.162.

30) Goodway, *Anarchist Seeds beneath the Snow*, p.245.

31) Alex Comfort, "Keep Endless Watch," *Readers News* 1949 in *Against Power and Death*, p.118.

32) Alex Comfort, "The Individual and World Peace," *Resistance*, June 1954 in *Against Power and Death* ed. David Goodway (London: Freedom Press, 1994), p.151.

33) Comfort, "The Individual and World Peace," p.154.

34) Orwell, *The Road to Wigan Pier*, p.167.

35) Alex Comfort, *Art and Social Responsibility* (London: Falcon Press, 1946) in *Against Power and Death* ed. David Goodway (London: Freedom Press, 1994), p.57.

36) Alex Comfort, "Social Responsibility in Science and Art," Freedom, 1st and 8th December 1951 in *Against Power and Death* ed. David Goodway (London: Freedom Press, 1994), p.139.

37) Honeywell, *A British Anarchist Tradition*, p.101.

38) 그는 죽을 때까지 주라Jura 섬에서 교배실험을 계속했는데 그는 거의 2천 4백 개의 달걀을 모았던 것으로 추정된다. Charles Holdefer, "Orwell's Hippopotamus, or The Writer as Historical Anarchism," *New England Review* 32, no.3 (2011), p.108.

39) 이들은 실패했지만 이 사상의 일부는 살아남아 이십년 후 앰니스티 인터내셔널Amnesty International의 기초로 나타났다. Cornor Pope, "George Orwell p.from Tory Anarchist to Democratic Socialist" last modified on Sep. 10, 2017, http//labourist.org/2010/11/george-orwell-from-tory-anarchist-to-democratic-socialist/

40) Crothers, "George Orwell and the Failure of Democratic Socialism: The Problem of Political Power," p.398.

41) Orwell, *The Lion and the Unicorn*, p.96.

42) Comfort, *Art and Social Responsibility*, p.55.

43) Orwell, The Lion and the Unicorn, pp.80, 103, 106, 107; Orwell, *The Road to Wigan Pier*, p.212.

44) 생활의 변화로 인해 역사적 힘에 대한 맑스의 분석은 더 이상 적절하지 않다고 본다. Alex Comfort, "On Defending a Telephone Exchange," *The New Statesman and Nation*, 6th November 1948 in *Against Power and Death* ed. David Goodway (London: Freedom Press, 1994), p.106.

45) Comfort, *Art and Social Responsibility*, p.74.

46) 여러 사람이 이 부분에 대해 동의하고 있다. Stephen Ingle, *Narratives of British Socialism* (Basingstoke: Palgrave Macmillan, 2002), p.51.

47) Stephen Ingle, *Social and Political Thought of George Orwell: A Reassessment* (Florence, KY, USA: Routledge, 2006), p.163에서 재인용.

48) 1942년 가을 「스페인 전쟁을 회고하며」라는 글에서 주장한 것이다. Gregory Claeys, "The Lion and the Unicorn, Patriotism, and Orwell's Politics," *Review of Politics* vol.47, no.2 (Apr. 1 1985), p.203에서 재인용.

49) 오웰은 『사자와 유니콘』과 『영국 국민』에서 영국성을 분석하면서 일반인들의 문화가 자생력이 있으며 외래적 힘에 물들지 않고 건강하고 튼튼하다고 주장했다. 영국성과 분리된 사람들은 오히려 엘리트들이었다. Orwell, *The Lion and the Unicorn*, pp.40, 45; Orwell, *The English People*, pp.8, 14.

50) Arthur E. Salmon, *Alex Comfort* (Boston: Twayne Publishers, 1978), p.35.

51) Salmon, *Alex Comfort*, pp.35, 36.

52) utilitarianism을 공리주의로 표기하지 않고 효용주의로 표기한다. "공리"는

utility를 번역한 것인데 여기서 공리는 공공의 복리가 아니라 효용을 의미하므로 효용주의로 표기하는 것이 이 용어에 대한 이해를 돕는다.

53) Florence Boos and William Boos, "Orwell's Morris and 'Old Major's' Dream," *English Studies* 4 (1990), p.364.

54) 바닌스카야는 윌리엄 모리스와 오웰을 윤리적 사회주의자로 규정하고 있다. Anna Vaninskaya, "The Bugle of Justice: The Romantic Socialism of William Morris and George Orwell," *Contemporary Justice Review* 8, no.1 (March 2005), p.19.

55) Claeys, "The Lion and the Unicorn, Patriotism, and Orwell's Politics," p.188.

56) Salmon, *Alex Comfort*, p.37.

57) *Ibid.*, p.34.

58) Crothers, "George Orwell and the Failure of Democratic Socialism: The Problem of Political Power," p.400에서 재인용.

59) Honeywell, *A British Anarchist Tradition*, pp.82, 98.

60) Comfort, *Art and Social Responsibility*, p.69.

61) Honeywell, *A British Anarchist Tradition*, p.107.

62) Benjamin Jacob Pauli, "Modern Rebels: The Political Thought of the New Anarchists" (Ph.D. dissertation, The State University of New Jersey, 2014), p.127.

63) Comfort, "1939 and 1984: George Orwell and the Vision of Judgment," p.158.

64) Joanne Barkan, ""My Mother, Drunk or Sober": George Orwell on Nationalism and Patriotism," *Dissent* (Winter 2003), p.85; Claeys, "The Lion and the Unicorn, Patriotism, and Orwell's Politics," p.191.

65) Honeywell, *A British Anarchist Tradition*, p.93.

66) Comfort, *Art and Social Responsibility*, p.62.

67) 6개의 조항 중 3개가 내부 정책에 관한 것으로 다음과 같다. 1. 토지, 철도, 은행, 주요 산업의 국유화이다. 2. 세금 없는 최고의 소득이 최하 소득의 열배를 넘지 않는 정도로 소득은 제한되어야 한다. 3. 교육제도를 민주적 노선을 따라 개혁하는 것이다. Orwell, *The Lion and the Unicorn*, pp.104~108.

68) 굿웨이 역시 컴포트는 결코 사회주의자가 아니라고 주장한다. Goodway, *Anarchist Seeds beneath the Snow*, p.253.

69) 사회주의와의 관련성을 굳이 찾아본다면 컴포트의 방법론이 협력의 철회라는 점에서 생디칼리즘의 방법론과 다소 닮아 있다는 점이다. Pauli, "Modern Rebels: The Political Thought of the New Anarchists," p.96.

70) 그러나 사회주의가 차츰 자본의 문제만이 아니라 환경, 여성, 생태계 등에 대한 관심을 표명하며 그 성격이 변화하는 모습을 보여주고 있으므로 아나키즘과 사회주의는 19세기의 접점과는 다른 영역에서 다시 넓은 접점을 형성하고 있는 것으로 보인다.

71) Orwell, *The Lion and the Unicorn*, pp.81, 84.

72) Comfort, "The Individual and World Peace," p.154.

73) Comfort, *Art and Social Responsibility*, p.62.

74) Pauli, "Modern Rebels: The Political Thought of the New Anarchists," pp.112~115.

75) Honeywell, *A British Anarchist Tradition*, pp.82~83, 94.

76) Comfort, *Art and Social Responsibility*, p.65.

77) *Ibid.*, p.69.

78) Comfort, *Authority and Delinquency*, p.109.

79) 테러리즘, 프롤레타리아 독재, 의회주의 달리 말하면 초기 아나키스트의 방법, 맑시스트의 방법, 사회민주주의자의 방법이 모두 혁명을 성취하지 못한다고 주장하는 점에서 뉴아나키즘의 방법은 결국 제4의 방법이 되는 것이다. Alex Comfort, "What Can We Do to Stop Them?" *Freedom*, 14th April 1951 in *Against Power and Death* ed. David Goodway (London: Freedom Press, 1994), 138; Pauli, "Modern Rebels: The Political Thought of the New Anarchists," p.84.

80) Orwell, *The Lion and the Unicorn*, p.104.

81) 토지소유의 상한선을 15에이커로 하는 토지제도, 최저 임금과 최대 임금의 격차를 10배로 규정하는 급여제도를 제안했다. Orwell, *The Lion and the Unicorn*, pp.106~107.

82) Alex Comfort, Preface to *People without Government: An Anthropology of Anarchism* by Harold Barclay (Cienfuegos Press, 1982).

83) Salmon, *Alex Comfort*, p.34.

84) Honeywell, *A British Anarchist Tradition*, p.119.

85) 중앙집권적인 자유민주주의 역시 개인의 사회적 책임에 초점을 맞추는 데 실패했다고 본다. Honeywell, *A British Anarchist Tradition*, p.97.

86) Orwell, *The Road to Wigan Pier*, pp.191, 214.

87) Goodway, *Anarchist Seeds beneath the Snow*, p.248.

88) 이러한 경향의 흐름은 찰스 브래들로우와 헨리 세이무어 등 19세기 후반의 사상가들과 연관성을 가지면서 버트란드 러셀 등 20세기의 사상가들과 이어졌다.

89) 영장류의 맥락에서 보지 않는 한 세계를 에로틱하게 만들 수 있다erotize는 생각은 기만적이라고 주장하는 것이다. Alex Comfort, *Nature and Human Nature* (London: Weidenfeld and Nicolson, 1966), p.200.

90) 과학자들은 자연의 영역만이 아니라 사회의 영역에서 해악을 없애는 노력을 해야 하는 것이다. 그 해악으로 컴포트는 권력과 전쟁을 들었다. Alex Comfort, "The Right Thing To Do," *Freedom*, 24th December 1948 in *Against Power and Death* ed. David Goodway (London: Freedom Press, 1994), p.112.

91) Alex Comfort, "Science Must Disobey," *Common Wealth Review*, June 1946 in

334

Against Power and Death ed. David Goodway (London: Freedom Press, 1994), p.93.

92) 오웰은 공산주의 동조자라고 의심되는 사람들의 명단을 간직하고 있다가 죽기 직전에 그의 친구 셀리아 커완Celia Kirwan의 요청에 따라 친서방 선전을 하는 데 믿을 수 없는 사람으로 생각되는 사람들의 일부 명단을 정보조사국 IRD에 넘겼다. 그가 버마에서 제국 경찰직을 수년간 수행했던 점을 고려한다면 그가 인적 사항에 대해 메모하는 습관을 가졌을 것이라는 점을 추측해볼 수 있다. 이 명단은 2003년 『가디언』에 실리면서 일반에게 알려지게 되었다. Anna Vaninskaya, "The Orwell Century and After: Rethinking Reception and Reputation," *Modern Intellectual History* 5, no.3 (2008), p.606.

93) 이것은 그의 다른 반쪽을 말하지 않았다는 점을 지적하는 것으로 히친스는 다른 글에서 드리버그가 의회에서 가장 신성한 구강성교 예술가라고 묘사한 바 있다. William Prichard, "Orwell Matters," *The Hudson Review* 56, no.1 (Spring 2003), p.185.

94) Orwell, *The Lion and the Unicorn*, p.113.

95) Comfort, *Authority and Delinquency*, p.9.

96) Alex Comfort, "The Russian Attitude to Child Sexuality," *Freedom*, 17th February 1951 in Against Power and Death ed. David Goodway (London p.Freedom Press, 1994), p.134.

97) Honeywell, *A British Anarchist Tradition*, p.120.

98) Salmon, *Alex Comfort*, p.39.

99) Comfort, *Nature and Human Nature*, p.182.

100) Salmon, *Alex Comfort*, p.41.

101) 그는 영장류학primatology에 근거하여 이런 주장을 제기한다. Comfort, *Nature and Human Nature*, p.182.

102) Matthew Sweet, "The Joy of Alex Comfort," *The Guardian* 28th Dec. 2012; Honeywell, *A British Anarchist Tradition*, p.122.

103) Peter Marshall, *Demanding the Impossible* (London: Harper Perennial, 2008), p.596.

104) 19세기말 개인주의적 아나키즘은 성에 대한 논의를 하는 과정에서 결혼제도에 대한 논의로 분석이 확대되었지만 컴포트의 경우는 성에 대한 논의가 결혼제도에 대한 논의로 이어지지 않고 있다는 점이 흥미롭다.

105) Ben Clarke, "Orwell and Englishness," *The Review of English Studies* 57, no.228 (2008), p.88; White, "George Orwell: Socialism and Utopia," p.81.

106) Walter, "Direct Action and the New Pacifism," p.95.

찾아보기

ㄱ

『가디언(*Guardian*)』 151
가정 131
가족제도 287
가촉성(tangibility) 276
가치 94
가톨릭 134
간디 291
간통 130
강제기구 234
개별 주권 70
개인 주권 70
개인의 운동 283
개인의 자유 30, 97, 214, 216
개인의 책임 252, 254, 257, 258, 279
개인의 힘 244
개인적 불복종 244
개인적 사고 245
개인적 저항 244
개인적 책임 242
개인주의 183, 210, 255, 269
개인주의적 무정부주의 19, 23, 24, 27, 31, 42, 63, 64, 72, 80, 85, 87, 102, 103, 111, 115, 117, 125, 126, 136, 138, 140, 145
개체성(individuality) 71
계급의 언어 205
결혼(marriage) 124, 126
결혼제도 26, 39, 128, 130, 132, 139, 141, 144, 253
경공업 지역 205
경쟁 85
경쟁의 자유 103
경제의 민주화 44
경제적 렌트(economic rent) 95, 115
경제적 자유주의 160
경찰 180
계급의식 168, 190
계급 적대감 231
계급투쟁 208, 240
계급혁명 291
계몽주의 139, 146
계서제 161
고댕(M. Godin) 118
고리대금업(usury) 113
고위관리 180
고전경제학 82

고향 38
고향의 전통 223
곧윈(Godwin) 19, 63, 91
골상학(phrenology) 30, 137
공동생활 38
공동체 210
공산주의 43, 178, 187, 189, 200, 245, 270
공산주의자 219
공장노동자 207
공장매니저 192
공정성 118
공정한 교육 177
공정한 교환(equitable exchange) 77, 111, 112
공화정 192
공화주의 198
과세 76
과학기술 237
관료계층 201
관상학(physiognomy) 137
관습 135
교육 83
교육과 민주주의 177
교조적 사회주의 158
교환 118
교환제도 106
국가권력 25, 28, 34, 39, 123, 159, 243
국가사회주의(state socialism) 72, 91, 173
국가사회주의자 81, 84
국교회 196, 215
국민국가 37
국민성 214, 220
국세 97

국유화 116, 168, 173, 175
국제주의 208
국토방위군(Home Guard) 153, 187, 277
군주정 231
권력 숭배(power-worship) 216
권력계서제(power hierarchy) 229, 231
권력정치 216
권력중심적 삶 250
귀족계급 199
그린리프(Greenleaf) 91
그린, 필립 155
근대 민주주의 44
금 78, 109
금본위제 110
금융가 112
금융시장 110
급진적 자유주의자 151
기계공 207
기계화 189
기독교 216
기업민주화 42
길드사회주의 72
끝없는 혁명 257

_ㄴ

나치 261
나치즘 200
낙관적 효용주의
    (agathistic utilitarianism) 273
노동 94
노동계급 111, 162, 183, 191, 199, 203, 204, 207, 214, 218, 219, 220, 222, 281, 282

노동당 13, 192, 193
노동문제 97, 116
노동불안기 14
노동시간 276
노동시장 77, 111
노동운동 24, 86
노동자교회(Labour Church) 168, 274
노동자문화 269
노동자조직 83, 84
노동조합 30, 97
노동조합회의(TUC) 214
노예제 97
노인학(gerontology) 227
농민층 202
농업경영자 192
농업 경작자(farmer) 174
농업 전문가 180
뉴레프트 운동 264
뉴아나키스트 46, 47
뉴아나키즘 28, 227, 255, 258, 261,
    262, 264
능력의 렌트(rent of ability) 94

_ㄷ

다겐함(Dagengham) 205
다수결 68
다원주의 86
단자론 70
담보물 109
대량생산 203
대부업 108
대의 민주주의 33, 43, 64, 67, 72,
    73, 229, 270, 292
대중 269

『더 아나키스트(The Anarchist)』 74,
    92
『더 클라리온(The Clarion)』 166
덩커크(Dunkirk) 187, 191, 278, 282
『데일리 해럴드(Daily Herald)』 178
도니스쏘프(Donisthorpe) 123, 141
도덕 감각 233
도박법 215
도박자 215
도슨, 오스왈스(Oswald Dawson) 141
도시 노동자 180
도적 99
독립노동당(ILP) 158, 168
독일 208
독재국가 37
독점 75, 79, 85, 86, 104, 118, 119
동료애(fellowship) 165, 274
『동물농장(Animal Farm)』 151, 157,
    171, 187, 262, 263, 265
동성애 144, 287
뮐로랑(Dulaurent) 135
드 그라프(De Graaf) 135
드니에프르댐 190
드레스덴 243, 246, 278
드레스덴 폭격 41, 236
드리버그, 톰(Tom Drieberg) 287
『디 애덜트(The Adult)』 128, 131, 140,
    143, 144
디오니스(Dionis) 135

_ㄹ

라 마르세에즈 167, 193
라디오 206
라이히(Wilhelm Reich) 289

라쿠카라차 193
란체스터, 에디스(Edith Lanchester) 141
러셀, 버트란드(Bertrand Arthur William Russell) 177
러시아 혁명 187
레비(J. H. Levy) 141
레세페어 81
레즈비어니즘 145
레치워쓰(Letchworth) 205
렌트 117
렌트 이론 94, 95
로오샤흐(Rorschach) 152
로즈, 조나단(Jonathan Rose) 160
로칠드(Rothschild) 112
로크 273, 282
리드, 허버트 227
리바이어던 232, 243
리버테어리어니즘(libertarianism) 22
리버테어리언(libertarian) 91, 285
리비아 194

_ㅁ

마다가스카르 178
마르쿠제 286
마리소(Mariceau) 135
마크스, 피터 151
마키스(Maquis) 245
마키아벨리 214, 216
만, 톰 62
말라테스타 64
맑스(K. Marx) 19, 61, 110, 197, 240, 272, 281
맑스, 엘리아노 142

맑스주의(맑시즘) 164, 168, 173, 193, 240, 272
맑스주의 통합노동자당(POUM: Partido Obrero de Unificación Marxista: Workers' Party of Marxist Unification) 157, 170, 275
맑시스트 81, 192, 219, 257, 262, 272, 286
머리, 미들턴(Middleton Murry) 262
모계사회 127
『모노매니악스(The Monomaniacs)』 105, 109, 110
모로아(Maurois) 201
모로코 178
모리스, 윌리엄(William Morris) 165, 274
모리스, 크리스(Chris Morris) 156
모순 80
모스크바 219
몰로토프-리벤트로프 조약(독소 불가침조약) 192, 208, 277, 278
몽테스키외 192
무거리지, 맬컴 196
「무고한 사람들의 학살(The Massacre of the Holy Innocents)」 247
무사회의 사회(asocial society) 250, 256, 274, 282
무상의 재화 101
무신론자(atheist) 24
무정부상태(anarchy) 18, 291
무정부주의 13, 20, 21, 37, 61, 74, 182, 290
『무정부주의자』 63
무정부주의적 사회주의 61, 92
무책임 사회 229

뮌스터성당 261
뮌헨 회담 266
미덕(virtue) 192
미혼모 27
민병대 158
민족주의 240
민주적 사회주의 183, 218, 261
민주적 사회주의자 154, 158, 208, 210, 264, 280
민주정 231
민주주의 32, 66
민주화 34, 35, 228, 239
밀(J. S. Mill) 146
밀리건, 스파이크(Spike Miligan) 156

_ㅂ

바넷(Barnet) 205
바닌스카야 164
바르셀로나 183
바실반힐, 존 63
바쿠닌 19, 61, 62, 64
반(反)독점 75, 85, 104, 124
반(反)엘리트주의 28, 265, 269
반(反)중앙집권화 265
반(反)집단주의 265
반(反)파시즘 265, 266
반전운동 228, 237, 269
반종교 합리주의 24
반핵운동 28, 237, 257, 269, 286
배드콕, 존 63, 128, 140
백인위원회(C100: Committee of 100) 245
버크 63
번식 251

범죄행위 238
법률 80, 81, 251
법률적 재산(legal property) 99
베네윅, 로버트 155
베드버로우(Bedborough) 143
베번, 아뉴린(Aneurin Bevan) 197
베산트, 아니(Anni Besant) 62, 137
베언스파더(Bairnsfather) 201
벨로우, 소울 151
벨록(Belloc) 201
보수당 155
보수성 161, 163
보수주의 35, 36, 182
보수파 16, 209, 218, 223
보통 선거 15
보헤미안 토리 151
복종 241, 242, 254
복지국가 86
볼셰비키 189
부르주아 202, 281
부르주아 이데올로기 164, 190
부족 40
부콜로시(Bucolossi) 263
분배 96, 102
분업 96
불가지론자(agnostic) 24
불복종 243, 247, 254, 257
불복종 운동 32, 47, 227, 242, 246, 269
뷔퐁(Buffon) 135
브래들로우, 찰스(C. Bradlaugh) 63, 138
브뤼겔 247
블래치포드 166, 274
블레어, 에릭(Eric Blair) 209
블림프(Blimp) 201

340

비국가 사회주의(non-state socialism) 91
비국교도 215
비시정부 198
비정규직 노동자 41
비폭력 저항운동 83
비폭력 혁명 86
빅터 골란즈(Victor Gollancz) 153, 177

_ㅅ

사기꾼 178
사기업 114
사랑 38, 252
사랑할 권리 26
사립기숙학교(퍼블릭스쿨) 176, 199, 268
사무직 노동자 192, 207
사생아 27
사생활(privateness) 213, 214
사업가 계층 191
사용권 101
사유재산 98, 101
『사자와 유니콘(The Lion and the Unicorn)』 181, 193, 194, 195, 199, 284
사적 사업 103
사춘기 128
사회개혁 209
사회계약 이론 232
사회계약설 25
사회민주주의 33, 245
사회민주주의자 257
사회성(sociality) 250, 273
사회적 권력 25, 29, 235

사회적 무정부주의(social anarchism) 23, 62, 94
사회적 무정부주의자(social anarchist) 92
사회적 응집(social cohesion) 274, 284, 289
사회적 합의 194
사회주의 20, 41, 61, 123, 189, 290
사회주의자 263
사회주의 주일학교 운동(Socialist Sunday School Movement) 167, 274
사회주의 혁명 292
사회화 252
산업노동자 168
산업통제 84, 116, 168
산업통제권 14, 30, 72
산업혁명 41, 227
산업화 203
살인 243
삶의 과학(life sciences) 256
상류계층 156
상품시장 110
상호 합의(mutual agreement) 96
상호부조 240, 244, 274
상호성 43
상호주의(reciprocity) 85
샌드스토운(Sandstone) 275
샌디슨, 알란(Alan Sandison) 152
생리학 132
생명 중심적(life-centered) 250
생명 추구 사회 282
생산수단 공유화 177
생산자 민주주의 14
생식기관 134
서자 27

서자권리회복(legitimation) 운동 64,
    125, 142
서자권리회복연맹(Legitimation
    League) 139, 140, 144
서자법(bastardy laws) 140
『서자와 합법적 사랑』 142
설리반, 제임스 142
성(sex) 38, 124, 250, 287
성도덕 26
『성의 기쁨(Joy of Sex)』 252, 263, 288,
    289
성의 자유 253
『성인』 63
성적 억압 252
성적 욕망(sexuality) 250
세계대전 40
세속주의(secularism) 16, 63, 285
세속주의자(secularist) 24, 138, 140
세이무어, 헨리(Henry Seymour) 27,
    30, 63, 64, 82, 94, 99, 102, 109,
    111, 128, 129, 134, 140
소규모 상업 174
소련 189, 192, 219, 266
소비재 204
소사업가 202
소유권 100
소자본가 180
소토지 보유계급 174
쇼, 버나드(Bernard Shaw) 62, 115
속물 리버테어리어니즘 32
순결 27
스미스, 아담 82, 110
스위프트, 조나단(Jonathan Swift) 155
스코틀랜드 159
스톡 포지스(Stock Poges) 213
스페인 내란 153, 208, 263

스페인 내전 157, 170
스펜서, 허버트(H. Spencer) 22, 23, 63,
    69, 76, 84, 123, 146
스펠링 30
슬로우(Slough) 205
시니시즘 243
시민 234
시민불복종 228, 242
시의회 97
시장 18, 84, 97, 98, 115
시장 무정부주의(아나키즘) 32, 84
시장의 모순 31
신데렐라 클럽(Cinderella Clubs) 167
신디칼리스트 14, 116
신디칼리즘 30, 42, 61, 72
신르네상스맨 258
신보수주의자(neo-conservative) 151
신분제 196
신용(credit) 83
신자유주의(Neo-liberalism) 34, 162,
    254, 255
실물 경제 107
실업 41, 110
실정법 215
실천 183
심리학 251

_ㅇ

아나코생디칼리즘 246
아나키(anarchy) 17, 65
아나키스트 263, 281
『아나키와 코뮤니즘』 95
아나키즘(anarchism) 36, 65, 227, 228,
    245

아델피(Adelphi)』 155
악센트 205
알드레드, 가이(Guy Aldred) 136
알바공작(the Duke of Alva) 247
암스덴, 존(John Armsden) 63, 105, 118, 137
애국심 32, 37, 38, 183, 184, 208, 209, 211, 217, 219, 220, 221, 223, 238, 278, 289
애완견 213
앰니스티 인터내셔널(Amnesty International) 177
야만성 47, 69, 86
야만적 사회(barbarian society) 240, 241
야만적 행위 280
양극화 222
양심적 병역거부 245
에고이즘 241
에일 211
엔지니어 180
엘리트 200, 222, 268
엘리트주의 161, 162, 194, 268
엥겔스(F. Engels) 240
여가 213
연방제 180
연속성 196
『영국 국민(The English People)』 181, 195, 199, 203, 267
영국성(Englishness) 29, 183, 211, 217, 219, 220, 221, 267, 273
영국적 무정부주의 24
영국전쟁 187, 198
영어 29, 181, 214
영장류학(primatology) 29, 252, 286, 288

영제국 192
영제국의 선한 전제(benevolent despotism) 178
영화 206
예인(Jasper Jain) 152
오웰, 조지(George Orwell) 29, 151, 209, 261
오웰 광장 183
오웰 리스트 287
오웰 혁명 199
오웰의 명단 151
옥스퍼드 130, 221
온순함(gentleness) 217
온전함(decency) 168, 169, 172, 272
올리비어, 시드니(Sydney Haldane Olivier) 62
와튼, 마이클(Michael Wharton) 156
월라스, 그래엄(Graham Wallas) 62
외국인 214
우드콕, 조지(G. Woodcock) 91
우생학(eugenics) 132, 137
우애(fraternity) 165, 170, 274
워, 오버론(Auberon Waugh) 156
워, 이블린(Evelyn Waugh) 156
워드, 콜린 91, 227
워씽튼, 로쓰롭 63
원시종교 233
원폭투하 237
월터, 니콜라스 152, 262, 291
웨스트 컨트리맨(West Countryman) 221
웨일즈 159
웹, 시드니(Sidney Webb) 62
『위건 부두로 가는 길(The Road to Wigan Pier)』 164, 171, 172, 188, 191

윌리암스, 레이몽(R. Williams)   152
윌슨, 샬롯(Charlotte Wilson)   61, 93
윌킨, 피터   155, 156
윗콥, 로즈   136
유기체   37
유토피아   240
유통   109
유희 행동   252
윤리적 사회주의   164, 182
윤리적 사회주의자   151
윤리학   135
은행가   174
은행법(Bank Charter Act)   113
응집력   253
의학   251
의회   61
이기심   129, 175
이데올로기   36, 208
이스라엘   232
이스트 앵글리아(East Anglia)   221
이신론자(deist)   24
이윤   74, 78, 79
이자   74, 79
이자소득   75
이탈리아   194
이탈리아인   212
이탈자(deserter)   245
인간과 시민의 권리선언   234
『인간의 권리(The Rights of Man)』   91
인간의 연대   272
인간의 존엄과 권리를 위한 연맹
     (League for the Dignity and Rights
     of Man)   177
인권   91
인도   179
인텔리겐차   201

일부다처제   133
일부일처제   128, 131, 132
임금제   86, 93, 116
입법   97
잉그람스, 리처드(Richard Ingrams)
     156
잉글랜드   196
잉여가치   94, 117
잉여생산물   95

_ㅈ

자기 결정권   71
자기인식   250
자바   178
자발성(spontaneity)   69, 252, 288
자본   75, 83
자본 독점   111
자본가   99
『자본론』   62
자본주의   74, 78, 85, 123, 193, 196,
     197
자생력   216
자아 경계   252
자연법(natural law)   70
자연적 재산(natural property)   99, 102
자연적 재산권   101
자원   86
자유 결합(free union)   142, 146
자유 경쟁   75, 77, 81, 83
자유 그룹   22
자유 민주주의   33
자유방임(laissez-faire)   214
자유사상(free-thought) 운동   63, 285
자유사상가(freethinker)   24, 63, 140

344

자유 시장 75

자유 화폐(free currency) 78, 104, 113, 114

자유 화폐 선전기구(Free Currency Propaganda) 111

자유로운 사랑(free love) 129

자유로운 연합(free federation) 147

자유만능주의적 자본주의(libertarian capitalism) 85

자유와 재산 방어 연맹(Liberty and Property Defense League) 104, 141

자유주의 32, 35, 36, 190

자유주의 혁명 292

자유통화(free currency) 64

자유화폐 선전단체(Free Currency Propaganda) 124

자유화폐론 93

자율 137

자치국(도미니언) 179

재산 99

재산권 30, 100, 101, 102, 130

저널리스트 206

저임금 41

적자생존 82

전쟁범죄 231

전체주의 86, 155, 246, 247

전통문화 279, 289

정교분리주의(secularism) 198

정규직 노동자 41

정의 98, 99

정절 27

『정치를 방어하며(In Defense of Politics)』 169

정치적 권력 235

정치적 민주주의 117

정치적 억압 252

『정치적 정의(Political Justice)』 91

정치제도 40

제1인터내셔널 61

제1차대전 201

제2차대전 191, 201, 208, 239

제3공화국 198

제국 212

제국주의 164, 178, 181, 182, 193

젠트리 215

조세핀 틸튼 64

『존 불의 꿈』 165

좌파 인텔리겐차 219

주라(Jura) 160

주체성 238

「죽음의 승리(The Triumph of Death)」 247

중간계급 176, 183, 191, 199, 204, 206, 207, 214, 218, 222, 282

중세 251

중앙집권 231

중앙집권화 229

즈워들링, 알렉스(Alex Zwerdling) 152

즉각성 276

증권거래소 112

지대 74, 75, 79

지도자 243, 245

지방 223

지방 중시 159

지방관리 180

지방세 97

지배계급 200

지식인 184

지주 174

직접 행동 228

직접성 276
직접행동(direct action) 47, 257, 269, 276, 283
직접행동위원회(DAC: Direct Action Committee) 245
진보파 16
질병과 주택문제 255
질투심 127, 129, 133
집단주의 24, 86, 154, 158, 162, 173, 177, 183, 197, 210, 269
집단주의적 무정부주의 19, 32, 42, 101, 103, 117
집단주의적 사회주의 21, 30, 84, 85, 94, 117, 125, 166, 182, 183, 187, 280
징집 230, 238, 243, 246
징집거부 257, 277

_ㅊ

참여 민주주의 33
채무 109
책임감 243
처녀성(virginity) 27, 135, 136
처칠 193, 236
『1984』 151, 157, 187, 262, 265
철회 243
첩 27
청교도 214
체임벌린 266
체터튼, 댄 92
초월적 실체 279
총파업 246
최저임금 176
추상적 선 238

충성심 238, 258
취미 213

_ㅋ

카아라일 216
『카탈로니아 찬가(Homage to Catalonia)』 170
컴포트, 알렉스(Alex Comfort) 30, 261
케임브리지 206, 221, 227, 264
켄싱턴(Kensington) 197
코민테른 19
코벳(Cobbett) 156
『코카샤스트라』 288
코크니(Cockney) 205, 206
쿡, 피터(Peter Cook) 156
쾨슬러, 아더(Arthur Koestler) 177
퀘이커교도 141
크로포트킨(Kroptkin) 62, 63, 64, 92, 93, 95, 104, 252
크릭, 버나드 155, 169, 187
클라리온(Clarion) 167
클라리온 사이클 클럽 166
클라리온 스카우트(Scouts) 166
클라리온 운동 274
킨제이보고서 251

_ㅌ

탄, 알버트(Albert Tarn) 63, 99, 105, 129, 138
탄광노동자 163
탈중앙집중화 221
탈집중화 267

터커, 벤자민(Benjamin Tucker) 22, 64
템플법학원(Inner Temple) 141
토리(Tory) 155, 194
토리 무정부주의(Tory Anarchism)
    155, 156, 157, 164, 210
토리 무정부주의자(Tory Anarchist)
    154
토리 아나키즘 261, 264, 268, 280
토지 100
토지공유화론 76
토차티 64
톰슨(E. P. Thompson) 152, 246
통제경제 192
트레버, 존(John Trevor) 167, 274
트로츠키주의자 151
특권 81
티모르 178

_ㅍ

파레(Paré) 135
파밀리스테어 드 기즈(Familistere de
    Guise) 118
파시스트 153, 197, 218, 222, 230,
    278
파시즘 41, 43, 178, 191, 197, 200,
    201, 227, 261, 270
파업 114
파워하우스(Power House)』 262
『파티잔 리뷰(Partisan Review)』 261
판사 180
팔핀(Palfyn) 135
『퍼스널 라이츠(Personal Rights)』 141
페미니즘 36, 125
페이비언 62, 92, 115, 173

페이비언 사회주의 13, 20, 81
페이비언 사회주의자 188
페이비언 협회 13, 281
페인, 톰(Tomas Paine) 23, 91
평등 101, 170
평등한 자유 77, 80
평등한 자유의 법칙(law of
    equalliberty) 66
평화주의 28, 228, 246, 261, 277
포드호레츠 151
포레, 세바스티안 64
포스터(E. M. Forster) 152
폭력 243
폭력혁명 291
프랑스 혁명 36, 234
프로테스탄트 134
프롤레타리아 202, 207
프롤레타리아 혁명 197
프루동 64
프루동 클럽 62
프리 러브(free love) 143, 144, 145
프리 유니온(free union) 143, 144
플레미시 247
피네우스(Pineus) 135
피라미드 40
피셔 140
피스타치오 190

_ㅎ

하만, 릴리안 141
하만, 모시스 141
하이에크 162
함부르크 243, 278
함스테드 역사 클럽(The Hampstead

Historic Club) 61
합리주의 25, 228, 286
해머스미스(Hammersmith) 196
핵무기폐기운동(CND) 245
핵전쟁 281
허구적 우애 171
헤이, 이안(Ian Hay) 201
헤이즈(Hayes) 205
혁명 61, 209
『혁명 리뷰』 63
혁명가 196
혁명주의자(revolutionist) 83
현실 사회주의 183
협동조합 보험 73
형제애(brotherness) 165, 274
홉즈 282

화폐 75
화폐단위 29
화폐독점 77, 104, 110, 111, 113, 115,
    117, 124
화폐적 보상 175
효용주의 228
히로시마 243
히친스 161, 287
히틀러 187, 191, 197, 233, 261

_A~Z

DIY(Do It Yourself) 모델 242
NHS(National Health Service:
    국민의료보험제) 255

김 명 환

서울대학교 서양사학과를 졸업했으며 동대학원에서 석사 및 박사 학위를 받았다. 2002~2003년 영국 케임브리지 대학 사학과에서 연구교수로 활동했으며, 2009~2010년에는 미국 컬럼비아 대학 사학과에서 연구교수로 활동했다. 영국사학회와 부산경남사학회의 회장직을 역임했으며 현재 신라대학교의 역사문화학과 교수로 활동하고 있다.

저서 | 『영국 자유주의 연구』, 『영국 노동불안기 연구』, 『영국의 위기 속에서 나온 민주주의』, 『영국의 위기와 좌우파의 대안들』, 『영국 사회주의의 두 갈래 길』, 『서양의 지적 전통』(공저), 『역사와 혁명』(공저), 『옥스퍼드 영국사』(공역), 『근대 세계 체제』(공역)

논문 | 「페이비언 사회주의의 렌트 개념」, 「제국주의에 대한 페이비언들의 태도」

영국 무정부주의 연구

김 명 환 지음

2018년 11월 30일 초판 1쇄 발행

펴낸이 · 오일주
펴낸곳 · 도서출판 혜안
등록번호 · 제22-471호
등록일자 · 1993년 7월 30일

㉾ 04052 서울 마포구 와우산로 35길 3. 102호
전화 · 3141-3711~2 / 팩시밀리 · 3141-3710
E-Mail hyeanpub@hanmail.net

ISBN 978-89-8494-619-4 93920

값 30,000 원